KB189596

삶을 바꾸는
5가지 명상법

삶을 바꾸는
5가지 명상법

혜봉 오상목 지음

불광출판사

길 위에 서서…

누구든지 불행한 삶을 살고자 하는 사람은 없을 것이다. 실패를 바라는 사람도 없을 것이며, 괴롭게 살고자 하는 사람도 없을 것이다. 그래서 죽는 날까지 대부분의 사람들은 자신이 원하는 바를 이루고 원하지 않는 삶에서 벗어나기 위해 혼신의 힘을 다해 노력하며 살아가고자 애쓴다. 아니면 도망을 가거나, 이도 저도 안 되면 자포자기하고 살아간다.

그렇다면 삶이란 무엇일까? 어떻게 사는 것이 행복하게 사는 것이며, 어떤 삶이 참으로 자신이 원하는 삶이 될까? 현재 자신의 삶이 만족스럽지 못하고, 뭔가 변화가 필요한 분들에게 있어서 자신의 삶을 바꿀 수 있는 방법이 있다면 이는 어두운 밤에 등불을 만난 것과 같고, 길을 잃고 헤매다가 길을 아는 사람을 만난 것과 같을 것이다.

그러면 우리들의 삶을 무엇이 만족스럽게 하고, 무엇이 행복하게 하고, 무엇이 즐겁게 할까? 혹자는 돈이나 권력, 또는 명예나 지식에 있다고 주장하기도 한다. 실제로 많은 분들이 자신의 행복과 성공을 위해 죽는 순간까지 집착하고 이루기 위해 애를 쓴다. 그럼에도 불구하고 돈이 많은 재벌도 자살하고, 최고 권력자의 자리에 올랐다 할지라도 이런저런 원치 않은 일 때문에 괴로워하니, 돈과 권력이 행복을 보장해 주는 방법이 아닌 것은 분명한 셈이다.

오늘날 선진국일수록 자살하는 사람들이 더 많고, 정신질환자가 더 많다는 것은 무엇을 의미하는가? 복권에 당첨된 사람들이 당첨 후에 불행해진 경우가 대다수라는 것이 무엇을 말해 주는지 깊이 새겨볼 일이다.

나 역시 한때는 돈이나 권력, 사회적 지위나 제도 또는 개인의 지적 수준이나 학력 내지는 능력에 행복을 보장하는 그 무엇이 있다고 생각하여, 이를 위해 고군분투했었다. 그래서 행복도 있었고, 원하던 것이 이루어져서 기쁘기도 했었다. 그러나 항상 뒤따르는 문제는 그 행복과 기쁨이 길게 가지 않았고, 심한 좌절과 괴로움을 맛봐야 했으며, 원하지 않던 일들이 다가오면 이런 고통들 때문에 괴로움을 반복했었다. 권력이나 돈은 그 속성이 본래부터가 일시적이며, 상대적이라서 원하는 것 속에 이미 원하지 않는 게 내포되어 있었다. 그래서 이런 문제들을 해결할 수 있는 방법을 찾아서 많은 시간을 보내야 했다.

그러던 중에 문제의 원인과 문제를 해결할 수 있게 되고, 길을 찾아 헤맬 때 길을 안내해 주던 분들의 가르침들을 통해서 어둡고 답답했던 삶의 감옥에서 벗어나게 되었다.

이름하여 선(禪)이라 하며, 명상이라 하고, 마음챙김 명상이라 하는 것이었고, 이것을 통해서 비로소 삶을 새롭게 보게 되었고, 전과는 전혀 다른 삶을 살게 된 것이다.

그런데 감옥에서 벗어나기 전에는 너무도 힘겹고 막막했던 것이 막상 벗어나고 보니 참으로 간단한 것이 자신을 옭아매고 있었고, 자신을 가두어 놓았으며, 모든 길을 가로막고 있었다. 이렇듯 나 자신의 삶을 자유롭게 하고, 고통에서 벗어나게 해주었던 것은 돈이나 권력이 아니고, 사회적 지위나 제도도 아니고 학력이나 지적 수준도 아니며, 능력과도 상관없는 일이었다. 상관이 있다 해도 조연에 불과하고, 핵심 원인은 오로지 자신의 마음에 있었다.

말하자면 인생의 모든 문제가 오직 마음 하나로 모인다는 사실을 알고, 여기서 벗어나는 길임을 알았던 것이다. 이것을 알았을 때 말할 수 없이 그 기쁨이 컸다. 그러나 마음의 실체를 몰라서 모든 사람들이 방황하게 되고, 인간이 추구하는 돈이나 권력이나 사회를 구성하는 제도마저도 인간의 마음이 만든다는 사실을 더 깊이 통찰하게 되었을 때, 한때는 이것을 어찌할까 하는 고민도 있었다.

그러나 마음 따라서 자신의 삶이 행복해지기도 하고 불행하게 되기도 하고, 귀한 삶을 살기도 하고 천한 삶을 살기도 한다는 것을 더 깊이 통찰하면 할수록 이것을 혼자만 누릴 수 없어서 주변의 가까운 사람들과 함께 그간의 명상을 통해 깨달았던 마음의 원리들을 함께 명상하게 되었고, 함께 명상하면서 주고받았던 이야기들을 이제 글로 드러내어 세상 사람들과 함께하게 되었다.

그리하여 자신을 옭아매고 속박하던 마음의 사슬에서 벗어나고, 우리가 함께 살아가야 할 이 사회를 자신의 마음을 가꾸고 다스리듯이 밝고 다툼이 없는 사회로 만들어가기를 소망해 본다.

이 책을 내면서 굴곡이 많았던 인생의 여정에서 생사가 본래 없는 도리를 깨닫게 해주시면서 만허(滿虛)라는 법호를 주셨던 서암 큰스님의 한없는 은혜에 깊이 감사드리며, 혹여라도 스님의 참뜻에 어긋나지 않기를 바라는 마음 간절하다. 아울러 무애(無碍)의 삶을 보여 주셨던 일휴 스님께도 감사를 드린다.

그리고 명상에 대하여 발심하여 길을 찾아 나섰을 때 마음을 바라보는 법을 처음으로 일깨워 주신 용타 스님께도 감사드리며, 감수성이 예민하여 방황이 컸던 십대 때 버팀목이 되어 주셨던 고등학교 은사이신 김재영 선생님, 신길교회 전도사님, 처음으로 불교를 알게 해주셨던 성열 스님, 보살의 길을 올곧게 가시는 법륜 스님, 구도의 과정에서 만났던 여러 스님들, 목사님, 교무님, 법사님들, 그리고 수행하는 과정에 함께 하면서 항상 거울이 되어 주시고, 스승이 되어 주셨던 수많은 벗들에게 깊은 감사를 드린다.

그리고 그동안 함께 명상해 왔던 사단법인 밝은 세상 명상 아카데미의 여러 도반들과 상처받고 고뇌하는 이 세상의 모든 이웃들과 지금 이 순간에도 구도의 길을 가고 있을 수많은 분들에게 모든 공덕이 회향되기를 바라마지 않는다. 또한 아카데미 도반들과 나누었던 법담들을 여러 해 동안 여과 없이 연재해 주었던 월간 『불광』의 노고에 감사드리며, 이 인연으로 보다 많은 분들이 명상의 길로 들

어서고, 우리 사회가 보다 밝고 서로 품어 안고 베풀며 사는 세상을
만드는 데 조금이라도 도움이 되기를 바라는 마음이다.

2003년 8월

혜봉(慧峰)

선생님 책을 다시 출판하며

선생님이 남기신 유일한 단행본인 『삶을 바꾸는 5가지 명상법』은 상좌부와 대승, 금강승과 선(禪)을 두루 수행하시고 회통하신 혜봉 선생님의 수많은 수행법을 만날 수 있는 유일한 수행서이다.

1년 365일을 몸과 마음이 괴로운 이들이 있는 곳이면 어디든 찾아가시고 한 명의 제자도 귀히 여기시어 묻고 또 묻는 질문에 같은 말씀을 하시고 또 하시며 잠시도 놓을 수 없는 핸드폰을 들고 평생을 수행지도 속에서 살아가신 선생님의 삶이 담긴 보물이기도 하다. 또한 이 책에 소개된 다섯 가지 명상법들은 자신을 자유롭게 하고 세상을 밝게 비춰 줄, 세상을 향한 선생님의 따뜻한 자비심 그 자체이다.

다시 책을 내면서 선생님이 쓰신 내용을 최대한 살리려고 했다. 다만 오래전에 수행 지도를 하시며 쓰셨던 내용들이라 약간의 수정이 불가피했다. 최근 수행지도를 하시며 사용하신 좀 더 따뜻한 표현과 모든 사람들이 사용하는 언어로 바꿔 선생님이 전하고자 하신 뜻을 살려 많은 이들이 쉽게 읽고 마음을 열 수 있도록 돕고자 했다. 어려웠던 부분은 한 문장 한 문장 선생님께 수행지도 받는 마음으로 다시 살피고 남겨주신 법문을 반복해 들으며 정리했다.

혹여 새로 나오는 책의 내용이 다소 이치에 맞지 않거나 잘못된 부분이 있다면 그것은 오로지 선생님 가르침을 그대로 기억하고 표현하지 못한 제자의 부족한 수행력이고 불찰일 것이다. 망설이며 조심스러운 마음을 알아차리며 선생님이 베푼 큰 지혜와 자비에 용기 내어 정리했으니 너른 아량으로 헤아려 주시길 바란다.

선생님의 책이 상처받고 아프고 힘든 모든 이들에게 따뜻한 위로와 희망이 되길 바란다. 또 이 모든 일이 가능하도록 함께 해준 가족이자 도반이며 평생을 함께 헌신해 주신 박서현 사모님과 책에 넣을 그림을 그려준 딸 수영 양, 추모기념관을 건립하며 원고를 쓰도록 배려해준 김성인 님과 추모사업회 도반들께 엎드려 절 올린다.

2023년 12월
혜봉 선생님 추모 기념 사업회 제자들

알아차림 명상

생각을 그치고
자신을 알아차려라

● 알아차림이란 무엇이며 어떻게 하는지 알고 싶습니다.

알아차림이란 통찰이고 주시이며 바라봄이고 관찰입니다. 물리학자들이 사물을 관찰하고 사물의 법칙을 관찰하듯, 생물학자들이 생물을 관찰하고 생물의 생존법칙을 관찰하듯, 명상 수련에 있어서 알아차림이라 함은 자신의 몸과 마음을 관찰해서 참다운 자기를 깨닫는 과정입니다.

그러면 참다운 자기를 깨닫기 위해서는 '몸과 마음을 어떻게 알아차릴 것인가?' 하는 구체적인 방법을 알아야 하고, 그 방법을 가지고 스스로 명상하면서 실제로 체험하고 체득해야 하는데 그것을 지금부터 말씀드리겠습니다.

첫째는 일체의 의도가 없어야 합니다.

이를테면 앉아 있을 때는 그냥 앉아 있고 걸을 때는 그냥 걷고, 일할 때는 그냥 일합니다. 밥 먹고 옷 입고 잠자고 쉬는 모든 행위에 일체의 마음이 없이 그냥 할 뿐이어야 합니다.

그런데 사람들은 보통 자신이 무엇을 할 때 무엇인가를 얻고자 하거나, 해결하고자 합니다. 옳다 그르다, 맞다 틀리다, 잘한다 못한다 합니다. 걱정하거나, 의심하거나, 싫어하거나, 집착하거나, 연연해하거나, 불편해 하면서 수없는 의도와 마음을 끊임없이 만들어서 판단하고 분별합니다. 그래서 이러한 시비분별 때문에 자신도 괴롭고 타인도 괴롭게 하면서 고통의 바다를 헤어나지 못하고 끝없이 윤회합니다.

괴로움이 반복되는 윤회의 고통은 어떻게 보는 것이 바르게 보는 것인지, 어떻게 생각하는 것이 바르게 생각하는 것인지, 어떻게 말하는 것이 바르게 말하는 것인지, 어떻게 행하는 것이 바르게 행하는 것인지, 어떻게 사는 것이 바르게 사는 것인지, 어떻게 닦는 것이 바르게 닦는 것인지를 모르기 때문입니다. 따라서 끊임없이 마음을 일으키고 만들고 붙이던 마음, 즉 시비하고 판단하고 분별하며 의도하는 마음을 일단 멈추는 것[止]이 필요합니다.

둘째는 마음을 일으키고 만들고 붙이고 의도하던 일체의 마음을 멈춘 상태에서 자신의 몸과 마음을 느끼고 관찰하면서 알아차리는 것입니다. 몸을 관찰하고 알아차린다 함은 몸의 상태에 따라 다릅니다. 이를테면 앉아 있을 때는 앉아 있는 몸의 상태를, 걸을 때는 걷는 몸의 상태를, 일할 때는 일하는 몸의 상태를 관찰하면서 알아차리는 것입니다. 앉아서 명상을 한다면 앉아 있는 몸의 상태를 있는 그대로 관찰하고 바라보며 알아차리는 것입니다.

몸을 알아차림 하면서 바라보고 있노라면 몸에서 다양한 현상들이 일어납니다. 예를 들면 통증, 가려움증, 따가움, 메스꺼움, 어지러움, 답답함, 굳어짐, 결림, 막힘, 간지러움 등과 같은 부정적인 현상과 시원함, 개운함, 따뜻함, 툭 터짐, 풀어짐, 뚫림 등과 같이 기분 좋은 현상이 일어날 때는 그 현상들을 그대로 인정하고 이것이 사라질 때까지 어떤 생각도 붙이지 않고 있는 그대로 알아차림 하면서 이러한 현상들이 어떻게 일어나고 사라지는지를 끝까지 느끼고 바라보면서 알아차리는 것입니다.

다음으로 마음을 관찰해보면 마음은 몸보다는 훨씬 더 복잡하고 많은 현상들이 일어납니다.

예를 들면 두려움, 고독, 외로움, 쓸쓸함, 슬픔, 좌절, 절망, 분노, 짜증, 미움, 증오, 울분, 저주, 살의, 수치감, 부끄러움, 죄의식, 한탄, 애통, 비굴함, 원망, 원한, 갈망, 갈애, 헐떡거림, 애욕, 질투, 들뜸, 산란심, 성욕, 아만, 열등감, 속이는 마음, 눈치 보는 마음, 미치는 마음 등 가지가지의 망념들이 이루 헤아릴 수 없을 정도로 많습니다.

그러나 이러한 마음들이 아무리 많다 해도 이를 그냥 다 인정하고, 이러한 마음 현상들이 어떻게 일어나는지 또 어떻게 사라지는지 있는 그대로 받아들이고 느끼면서 끝까지 주의를 두고 알아차리는 것입니다.

셋째 몸과 마음에서 일어나는 현상들을 있는 그대로 느끼고 바라보면서 이러한 현상에 대하여 붙어 있는 생각이나 과거에 있었던 기억, 또는 과거의 생각이 붙어 있으면 조금도 남겨두지 말고 버리는 일입니다.

버릴 때는 단호히 버리는데, 몸과 마음에서 일어나는 모든 현상들을 바라보면서 이 현상들의 원인을 살펴서 잡초를 뽑듯이, 마른 풀을 태우듯이, 더러운 때를 씻듯이, 낡은 집을 부수듯이, 쓰레기를 치우듯이, 불덩이를 놓듯이, 사슬을 끊듯이, 필요 없는 것을 버리듯이 일체를 버리고 다 버려서 더 이상 버릴 것이 없을 때까지, 모든 것이 다 사라지고 허공처럼 텅 빌 때까지 비우고 버리는 것입니다.

● 명상 중에 행복함, 편안함, 즐거운 마음 등과 같은 현상들은 어떻게 알아차림 하나요?

먼저 그러한 마음의 현상들도 집착하지 않습니다.

그러면 인생이 허무하잖아요.

인생이 허무하다 하는 것도 생각이니 허무하다는 그 생각도 알아차려야 합니다.

● 즐겁고 행복한 마음들을 왜 집착하지 말아야 하는지 알고 싶습니다.

명상을 했던 여자분인데 처음 명상을 시작할 때는 남편 때문에 마음고생이 심했습니다. 남편이 바람을 피우고 가정을 잘 돌보지 않는 문제가 있었습니다. 그래서 명상을 하면서 살펴보니 자신이 남편을 좋아하지도 않고 사랑하지도 않았다는 것을 알았습니다. 이유인즉, 자신이 좋아하고 사랑하는 남자 스타일이 있는데, 남편은 자신이 좋아하는 스타일이 아니며 자신이 요구를 하면 오히려 화내고 짜증을 내는 것입니다. 남편이 화내고 짜증을 내면 인간이 덜되어서 그렇다고 생각해서 더욱 미워하고 외면하고, 술 먹고 들어올 때는 밥도 해주지 않았다는 겁니다. 말하자면 당신이 받고 싶은 사랑을 남편이 해주지 않는다고 정작 본인이 남편한테 화내고 짜증만 냈지, 자신은 한 번도 남편을 사랑한 일이 없었던 것입니다.

그런데 더욱 놀라운 것은 대학 시절에 사랑하다가 헤어진 남자가 있었는데, 그 남자가 자신을 버리고 떠났기 때문에 배신감과 더불어 미워하는 마음만 있는 줄 알았는데 그 남자에 대한 그리움이 더 깊숙이 자리하고 있었답니다. 놀라서 그 이유를 살펴보니 그 남자의 성품이 따뜻하고 자상했는데, 따뜻하고 자상한 성품을 가진 그런 남자의 상에 자신이 묶여 살았다는 것을 알았습니다. 이야기를 듣고 나서 그 남자가 왜 떠나갔으며, 따뜻하고 자상한 남자를 좋아하게 된 마음은 언제 생겼는지 누구로부터 생겼는지 좀 더 깊이 명상하라고 했습니다.

그리고 나서 다시 이야기를 들어보니, 그때 떠난 그 남자도 역시 떠난 이유가 자신이 일방적으로 받기만 했지 상대에게 사랑을 준 일이 없었으며, 자신의 지나친 요구 때문에 떠났다는 것이었습니다. 그리고 따뜻하고 자상한 것을 좋아하게 된 까닭을 찾아보니 원인이 아버지에게 있었다는 것입니다. 사실 자기 자신은 아버지가 늘 바람을 피웠기 때문에 아주 싫어했고, 바람피우는 아버지를 싫어했기 때문에 아버지 같은 남자는 생각조차 하지 않았답니다. 그런데 좀 더 깊이 살펴보니 아버지가 어머니 때문에 바람을 피웠고, 정작 어릴 때의 아버지는 항상 자상하고 따뜻했으며 무엇이든지 자신이 원하는 것을 다 해주신 분이었답니다.

결국 바람피우는 아버지는 싫었지만 자신이 사랑한 것은 따뜻하고 자상했던 아버지였고, 오직 그와 같은 남자만 남자이고 그렇지 않은 남자는 남자 같지 않았던 것입니다. 또한 받기만 하고 자랐기 때문에 주는 것을 모르고 받으려고만 했던 자신의 마음이 지금의 인생을 만들었다는 것을 알았습니다.

그래서 받고자 하는 마음도 내려놓고, 따뜻하고 자상한 아버지에 대한 집착도 내려놓고, 바람피웠던 아버지에 대한 기억도 다 버리고, 남편에 대하여 일체 마음을 다 내려놓고 참회하고 화해하여 이혼하려던 상황에서 벗어났지요. 즉 아버지에게서 받은 따뜻하고 자상했던 과거 추억이 오히려 결혼 이후의 인생을 불행하게 만들었던 것입니다.

이와 같이 과거의 즐겁고 행복했던 추억이 결혼 이후의 인생을 불행하게 만드는 이유는, 사람들이 인생을 살아갈 때 행복하고 즐거운 현상에 집착하고, 그 기억을 소중히 여기고 그렇지 않은 것은 싫어하고 하찮게 여기기 때문입니다. 그렇기 때문에 지금 명상하는 중에 행복하거나 기분 좋은 현상이 일어났다 사라질 때 이것을 잡으려고 집착하는 마음을 단호히 버려야 하는 것입니다.

● 저는 앉아 있는 것이 너무너무 싫고, 명상하는 것도 싫고, 아무 것도 하기 싫은데 어떻게 하면 좋은지요?

싫다고 하셨는데 정말 싫은 이유가 뭔지 알아야 합니다. 지금 바로 자신의 마음을 가만히 들여다보세요. 그리고 자신에게 물어보 세요. '무엇을 싫어하는가?' 하고 말입니다.

● 여기에 있는 남자들이 싫습니다. 그래서 앉아 있으면 싫은 남자 들 얼굴만 자꾸 떠오르고 집중이 잘 안 됩니다. 제 머릿속에는 명상 이 안 된다는 생각만 가득합니다.

먼저 명상이 안 된다, 집중이 잘 안된다는 생각부터 놓아 버리 셔야 합니다. 그리고 싫어하는 남자들의 얼굴이 자꾸 떠오르면 이것 을 문제 삼지 말고 떠오르는 대로 그냥 바라보세요. 그리고 왜 싫어 하는지를 알아차려 보세요. 상대의 얼굴이 싫은지, 하는 행동이 싫 은지, 성격이 싫은지, 사고방식이 싫은지, 말투가 싫은지를 살펴보 세요.

그런 후에 자신의 인생에 있어서 이와 유사한 사람이 누구인지 를 살펴보세요. 그러면 마음이 일어나는 연유를 알게 될 것입니다. 마음이 일어나는 연유를 안다면 자신이 해야 할 바가 무엇인지를 알

것이며, 이것을 안다면 누구든지 마음의 결박에서 벗어날 수 있습니다. 또 말씀 가운데 집중이 안 된다, 명상이 안 된다고 말씀하셨는데 명상에 대하여 다시 말씀드리겠습니다.

명상(冥想)이란, 일체의 생각을 그치는 것[止]이며, 일체의 생각을 그치려면 의도, 즉 작위(作爲)가 없어야 합니다. 말하자면 얻고자 함이 없어야 하며[無所得], 무엇인가를 이루고자 하고 해결하고자 하고 잃지 않고자 하는 일체의 생각을 다 놓아 버려야 합니다. 좋은 것은 집착하며 잡으려 하고, 싫은 것은 외면하고 거부하며 연연해하고, 겁내고 두려워하며 도망가서는 안 됩니다. 문제 삼지도 말고 걱정하지도 말고 외면하지도 말고 타협하지도 말고 피하지도 말고, 죽음의 공포와 같은 두려운 현상이나 아파서 미칠 것 같은 현상이 일어나도 그 모든 것을 받아들여서 그대로 직면하며 느끼면서 알아차려야 합니다.

그러면 일어나는 마음의 실체를 알 것이고, 또한 그 마음이 어떤 연유로 일어났는지를 알게 되어 마음이 일어나지 않은 본래의 자리로 돌아갈 것입니다. 다시 말해서 명상이란 나도 없고 너도 없고 일체도 없고, 내 마음도 없고 네 마음도 없는 자리로 돌아가서 참다운 자기를 깨닫는 것입니다.

그래서 나를 버리고 내 마음을 버리라고 하는 것입니다. 나를 버린다는 것은 몸과 마음에 집착하지 않는 것이고 마음을 버리라고 함은 과거 현재 미래에 대해 집착하는 마음을 다 내려놓는 것입니다. 과거 마음을 버린다 함은 과거 살아온 인생에 대해 집착하는 마음을 다 내려놓은 것이고, 현재 마음을 버리라고 함은 현재 자신이 살고 있는 삶의 인연들과 관계 맺고 있는 모든 인연들에 대해 집착하는 마음을 다 내려놓은 것입니다. 미래 마음을 버린다 함은 내일 살 인생을 염려하지 않고 미래생에 대해 집착하는 마음을 다 내려놓는 것입니다.

이와 같이 과거, 현재, 미래 즉 삼세(三世)의 마음을 다 놓아 버림과 동시에 여기에 붙어 있는 모든 생각과 자신이 만들어 놓은 모든 삶의 영역들을 다 놓아 버려야 합니다.

생각의 틀이란 옳다 그르다, 맞다 틀리다, 좋다 싫다, 가깝다 멀다, 친하다 친하지 않다, 친구다 적이다, 잘한다 못한다, 밉다 곱다, 선이다 악이다, 행이다 불행이다, 있다 없다, 많다 적다 등 자신의 생각들로 구분지어 둘로 나눈 신념들을 말합니다.

또한 삶의 영역은 일과 사람들로 이루어진 돈과 권력, 명예와 부모와 자식, 남편과 아내, 형제자매, 스승과 제자, 상사와 부하, 친구와 동료 등의 인연들을 말하는 것입니다.

● 왜 인연을 끊으라고 하는지, 생각의 틀을 버리라고 하는지 이해가 되지 않습니다. 어떻게 하여 부모를 버리고 자식을 버려야 하는지 도무지 받아들일 수 없습니다.

산하대지(山河大地)와 천하만물(天下萬物)은 무엇을 할까, 무엇을 먹을까, 어떻게 할까, 어떻게 살까 하는 일체의 염려가 없습니다. 그래도 산천초목은 푸르고 하늘은 항상 그대로이고 태양은 늘 밝습니다. 일체의 시비분별이 없고 언제나 그대로며 늘 평화롭고 고요합니다. 사람도 이와 같이 일체의 시비분별이 없으면 천하만물과 다르지 않습니다. 차이가 있다면 사람에게는 깨달음이 있습니다.

그래도 왜 모든 것을 버려야 하는지 이해가 가지 않습니다.

(종을 들어 보이면서) 이 종은 진짜 종입니까, 가짜 종입니까?

진짜 종입니다.

진짜라는 것을 알려면 어떻게 하면 되지요?

종을 쳐보면 알 수 있습니다.

그러면 다시 묻겠습니다. 이 종이 보이지요?

예.

그러면 자신이 바라본 이 종은 자신의 마음속에 있습니까, 없습니까?

있습니다.

그렇다면 마음속에 있는 종은 진짜입니까, 가짜입니까?

진짜입니다.

어찌하여 진짜지요?

제가 지금 보고 있으니까요.

보고 있으니까 진짜다? 그러면 마음속에 있는 종을 끄집어내서, 모든 사람이 들을 수 있고 볼 수 있게 쳐보세요.

그것은 불가능합니다.

어찌해서 불가능합니까?

마음속에 있으니까요.

마음속에 있는 종이라도 진짜라면 눈앞에 드러내놓고 칠 수 있어야 하지 않나요?

마음속에 있는 것은 이미지인데요.

이미지인 것이 분명합니까? 마음속에 있는 것은 이미지라고 하셨는데 이미지가 진짜입니까?

참으로 마음속에 있는 종은 진짜 종이 아니라 마음속의 이미지요 그림자입니다. 즉 사진기나 영사기에 찍힌 영상과 같은 것이며, 이것은 실상이 아니라 허상입니다. 이와 같이 자신이 실제라고 생각하고 있는 자신의 삶이나 마음속에 있는 모든 부모 형제자매 모두가 그림자이고 허상입니다. 물론 자신이 생각하는 자기 자신도 역시 허상입니다.

지금 이 순간 자기 마음속에 있는 이 종에 대한 모든 마음과 일체의 영상을 다 지워 보세요. 그러면 제가 치는 이 종은 이와 같이 그냥 종소리가 났다가 사라질 뿐이며, 다만 이 소리가 일어났다 사라진다는 사실 그대로를 알게 되면 진실, 본질을 깨달을 수 있습니다.

일체가 환영이고 그림자인 삶과 집착하는 모든 것, 일체 생각, 일체의 시비를 다 놓아 버리세요. 그러면 누구든지 참다운 자기를 알게 되며, 미워하고 싫어하던 사람과도 참으로 만나게 되고 그 사람의 참된 모습도 알게 됩니다.

그러면 그 종 자체는 참다운 것입니까?

여러분 어떻습니까? 이 종을 용광로에 넣으면 어떻게 됩니까?

녹아서 없어집니다.

고체로 된 종은 없어지고 액체로 된 쇳물로 변합니다.

그러면 종과 쇳물 중에 어느 것이 참다운 것입니까? 종이라는 이 물건인가요? 쇳물인가요?

둘 다 참다운 것이 아닙니다.

아닙니다. 둘 다 참다운 것입니다.

둘 다 참다운 것이 아니다. 둘 다 참다운 것이다. 어느 것이 옳은 견해입니까? 둘 다 참답다고 하신 분, 이 종이 '나는 참답다'고 말하던가요?

아닙니다.

그러면 누가 참답다고 하나요?

제가 했습니다.

이 종은 말을 할 수 있습니까?

할 수 없습니다.

그렇습니다. 이 종은 말도 할 수 없고 생각도 할 수 없습니다. 그런데 어찌 참이라고 말할 수 있지요? 정말 어떻습니까?

참답지 않다고 하던 분들도 역시 마찬가지입니다. 이 종 자체는 참다움과 참답지 않음의 두 견해와는 상관이 없습니다. 종만 그러한 것이 아니라 이 종소리도 마찬가지입니다. 또한 제가 마시는 이 물도 그러하며, 지금 이 자리에 앉아 있는 몸도 그러하고, 삼라만상 일체 현상 모두가 '이것이다, 저것이다, 이것도 저것도 아니다'하는 일체의 견해에 묶여 있는 것이 아무것도 없습니다.

이와 같이 이러한 모든 견해를 내려놓고 자신을 보면 자신을 알 것이며, 하늘을 보면 하늘을 알 것이고, 천지만물 산천초목을 보면 만물 만상의 참 모습을 바로 보고 바로 알 것입니다. 그러니 어떤 견해도 다 내려놓고 '종이다, 참이다, 거짓이다'라는 망상된 생각이 없이 보게 된다면 누구든지 다 참다운 자기를 볼 수 있습니다. 즉 석가모니 부처님이 깨달으셨다는 깨달음의 성품을 깨달을 수 있습니다.

몸 알아차리기
명상

● '생각을 버리고 과거 기억을 버려라' 하는 뜻은 알겠는데, '몸을 버려라' 하는 말은 그 뜻을 모르겠습니다. 몸을 함부로 하라는 것인지, 몸에 신경을 쓰지 말라는 것인가요?

몸을 버리라고 할 때 잘못 아는 사람들은 몸을 학대하거나 함부로 하거나 몸에 신경을 쓰지 않는 것으로 아는 경우가 있는데 이것은 잘못된 오해입니다. 왜 그런가 하면, 몸은 그릇과 같고 집과 같기 때문입니다. 그릇에 물을 담으면 물그릇이 되고 독을 담으면 독그릇이 되며 비워 버리면 빈 그릇이 되듯이, 마음이 도둑놈 마음이 되면 도둑놈 몸이 되고 중생 마음이 되면 중생 몸이 되고 부처 마음이 되면 부처의 몸이 됩니다.

마찬가지로 집은 집일뿐이나 임금이 살면 궁궐이 되고 도둑이 살면 도둑의 소굴이 되는 법입니다. 그뿐만 아니라 집을 함부로 다루면 빨리 허물어지듯이 몸도 함부로 다루면 쉬 망가져서 참으로 해야 할 명상도 할 수 없게 됩니다. 그렇다고 집에 너무 집착하여 광내고 닦는 데 묶이면 집이 주인이 되고 사람은 집의 종이 되는 법입니다.

그런데 명상을 잘못 아는 사람들은 몸이라는 것은 허망한 고깃덩어리에 지나지 않으며, 썩어 없어질 몸이니 몸을 이루는 사대(四大: 흙의 요소, 물의 요소, 불의 요소, 바람의 요소 地·水·火·風)라는 것도 허망하다. 사대가 허망하니 지대를 이루는 밥도 허망하다. 밥이 허망하니 밥 먹는 것도 허망하고, 밥 먹는 것도 허망하니 먹고사는 것 자체가 허망하다. 그러니 살지 말고 죽자 하고 자살한 사람도 있습니다.

자살 외에도 자신의 성기를 자르고 손가락을 태워서 소신공양 했다고 주장하는 사람들도 있는데, 이런 것도 다 마구니에 홀린 것이며 참다운 수행과는 거리가 먼 이야기입니다. 죽으라고 했다고 해서 자살하고, 허망한 것이라는 말의 진의도 모른 채 밥을 굶고 성기를 자르고 손가락을 불에 태우고 몸을 함부로 하는 것은 너무도 어리석고 무지한 행위입니다. 물론 몸이 무상한 것은 사실입니다. 마음도 무상하고 삶도 무상하고 일체가 무상하여 허망하니 죽는 것도 허망합니다.

그런데 열반의 의미에서 보면 육신이 죽는 것도 열반(涅槃)이지만 보다 참된 의미는 일체의 번뇌망상과 아상이 소멸되어, 너니나니, 내 몸이니 네 몸이니, 내 마음이니 네 마음이니 하는 일체의 생각이 끊어져 없어지는 데 있습니다. 즉, 몸과 마음이 다 허망하다고 보는 것은 실체가 없음을 알고 집착을 하지 말며 일체의 망상을 짓지 말라는 의미이며, 망령되게 모양에 홀리지 말라는 의미입니다.

● 몸은 어떻게 알아차리고 버리는 것인지요?

몸을 알아차리고 버리라고 하는 것은 마음으로 몸을 버리는 것을 의미합니다. 자신의 마음에는 몸에 대한 온갖 정보가 입력되어 있습니다. 이를테면 '김 아무개' 하면 우리들은 상대의 마음보다는 몸을 먼저 떠올립니다. 이와 같이 자신의 마음에는 자신의 몸에 대한 기억과 이미지들이 있습니다. 따라서 버려야 할 것은 자신의 생각으로 만들어져서 입력되어 있는 과거 기억에 의해 형성된 자신의 몸을 버리는 것입니다.

지금 제가 여러분께 알려드리는 몸 버리는 방법은 부처님과 티베트의 성자였던 밀라래빠께서 명상 중에 했던 몸 내려놓기 명상법인데 좀 더 구체적으로 말씀드리겠습니다.

첫째는 몸을 부위별로 하나하나 느끼면서 알아차림 합니다. 이를테면 손끝, 손가락 하나하나, 손바닥, 손등, 손 전체, 팔목, 팔, 팔꿈치, 팔 전체, 어깨, 발가락, 발바닥, 발등, 발목, 장딴지, 정강이, 무릎, 허벅지, 엉덩이, 골반, 성기, 자궁, 콩팥, 항문, 대장, 소장, 신장, 간장, 비장, 췌장, 위장, 심장, 폐장, 식도, 가슴, 젖가슴, 목, 턱, 입, 혀, 코, 귀, 눈, 머리카락, 얼굴, 뒤통수, 골, 피부, 뼈 등을 부위별로 하나하나 느끼면서 알아차림 합니다.

아울러 부위별로 느껴보면 그 부위에 따라 통증, 가려움, 쑤심,

따가움, 빳빳함, 뒤틀림, 메스꺼움, 결림, 울렁거림, 묵직함, 딱딱함, 시원함, 상쾌함, 차가움, 뜨거움, 아림, 쓰림 등의 느낌과 이에 따른 생각과 과거 기억들이 지나갑니다. 따라서 이러한 현상들을 놓치지 말고 있는 그대로 받아들여 그대로 느끼면서 알아차림 합니다.

둘째는 몸의 부위와 기관들을 있는 그대로 느끼고 이에 따라 일어나는 온갖 현상들을 알아차림 하면서 부위별로 의사가 몸을 해부하듯이 해체합니다. 일체의 몸 조각들을 다 버리거나 동물들에게 먹이로 주어서 자신의 마음에 몸이 하나도 남지 않을 때까지 끝까지 해체하여 버리는 것을 알아차리며 바라보되, 몸에 대한 일체의 이미지와 일체의 생각과 느낌이 사라질 때까지 반복해서 명상합니다.

셋째는 몸이 통째로 죽고 썩어 없어지는 것을 명상하되 살과 뼈가 어떻게 썩어 없어지는지를 느끼면서 알아차림 합니다. 이를테면 몸이 썩어 없어질 때, 즉 살과 뼈는 썩어 흙으로 돌아가고 피와 점액 같은 것은 물로, 따뜻한 기운은 화기로, 산소는 공기로 사라져 없어지는 것을 알아차림 합니다. 그러면서 몸의 각 부위에 따라 일어나는 일체 현상을 알아차림 하되 일어나는 모든 기억을 다 버리고 모든 세포들의 느낌이 다 없어질 때까지 느끼면서 바라봅니다.

넷째는 마음속에서 태양을 떠올리거나 커다란 용광로 또는 활활 타는 장작불을 연상하여 자신의 몸을 그 불 속에 집어넣어 완전히 타서 재가 되고, 재마저 바람에 날려서 허공으로 사라져 없어지는 것을 그대로 느끼면서 알아차림 하십시오.

다섯째는 마음속으로 허공을 떠올려서 자신의 몸을 허공 속에 던집니다. 우주 가운데 있는 유성이 분해되어 사라지듯이 물방울이 허공 속에 분해되어 없어지듯이 자신의 몸도 그렇게 없어지는 것을 알아차림 하면서 느껴 보세요.

● 몸 내려놓기를 왜 그와 같이 해야 하는지요?

앞에서 잠시 언급했듯이 몸과 마음은 연결되어 있으며, 몸 부위에 따라 온갖 마음들이 입력되어 있습니다. 이를테면 눈과 간 또는 담에는 화·울분·격분·신경질과 같은 화나는 마음이 입력되어 있고, 혀와 심장 또는 소장에는 미움·시기·질투·외로움·허전함·쓸쓸함 등의 마음이 있으며, 입과 비장과 위장에는 근심·걱정·의심 등과 같은 마음이 저장되어 있습니다. 코와 폐장과 대장에는 허영·슬픔·좌절·비관·자책·절망 등과 같은 마음이 있으며, 귀와 신장과 방광에는 불안·공포·두려움·눈치·불평·불만 등의 마음이 있습니다.

몸 내려놓기를 하면 몸에 저장되어 있는 이와 같은 마음과 기억들이 함께 소멸하기 때문에 몸의 부위별로 느낌을 알아차림 하는 게 필요합니다. 몸의 각 부위에 있는 느낌이 사라지고 그 느낌을 만드는 생각들을 열심히 내려놓기를 하여 소멸되어 사라지는 명상을 하라는 것입니다.

알아차림 명상 중에
고통이 사라지다

● 선생님 말씀에 따라서 처음에는 호흡이 들어오고 나가는 현상을 알아차림 했는데 어깨가 묵직하게 누르는 것처럼 아프기 시작했습니다. 그래서 이 어깨가 왜 이렇게 아픈가 하면서 아픈 어깨를 그대로 느끼면서 알아차림 했습니다. 처음에는 묵직하다가 나중에는 모든 것을 그만두고 싶을 정도로 어깨가 아팠는데 그래도 피하지 않고 계속 알아차림 했습니다.

그런데 어깨 아픈 것을 알아차림하고 있는 중에 갑자기 어깨 위에서 어머니 영상이 떠오르면서 어릴 때부터 결혼해서 10년이 넘도록 짐스러웠던 과거 기억들이 주마등처럼 지나갔습니다. 그러면서 알게 된 것은, 평소에 어깨가 잘 굳고 목이 뻣뻣한 증세가 있었는데 병원에 가면 아무 이상이 없다며 신경성이라고만 하였는데 '어머니에 대해서 걱정했던 마음이 나를 이렇게 짓누르고 어깨를 무겁게 하고 목을 뻣뻣하게 했구나!' 하는 생각이 들었습니다. 그래서 그동안 어머니에 대해 생각하고 살았던 모든 생각을 놓아 버리고 어머니에게 가졌던 부정적인 과거 기억들도 모두 놓아 버렸습니다. 그랬더니 무거웠던 어깨가 가뿐하고 시원해졌습니다.

● 저 역시 명상 중에 어깨가 아파서 어깨를 알아차림 하는데, 아무리 알아차림을 해도 어깨 아픈 것이 없어지지 않고 계속 아팠습니다. 그래서 저는 어깨를 칼로 도려내어 해부하는 명상을 했습니다. 그랬더니 어깨에서 돈이 얼마나 나오는지 한도 끝도 없이 많이 나왔습니다. 너무 많아서 중도에 포기하려는 마음도 있었는데, 선생님께서 어떤 경우에도 포기하지 말라고 했던 말씀이 생각나서 '하루가 걸리고 이틀이 걸리고 한 달이 걸려도 좋다. 이 돈이 모두 사라질 때까지 다 버리자' 하는 마음으로 계속해서 버렸습니다. 그러다가 문득 '돈이 왜 이렇게 많이 나오는가?' 하는 의문이 들었습니다.

그래서 저 자신의 삶을 돌아보게 되었는데, 쉰 살이 넘도록 그동안 살아온 제 인생이 오직 돈, 돈 하며 돈만 벌기 위해 발버둥 치면서 살아왔다는 것을 알았습니다. 그동안의 인간관계를 살펴봐도 오직 돈과 관련이 되어 있었는데, 저와 친한 사람은 돈벌이에 이익이 되는 사람이고 원수진 사람은 모두가 돈을 손해 보게 했던 사람들이 있다는 걸 알았습니다. 특히 모든 근심, 걱정이 돈과 관련되지 않는 것이 하나도 없었습니다. 좌선 중에도 돈 생각 때문에 이런저런 번뇌들이 많았는데 처음에는 이것을 잘 몰랐습니다. 그래서 돈과 관련된 모든 것을 버리고 또 버렸는데 처음에는 잘 버려지지 않았습니다. 하도 힘이 들어서 선생님께 여쭈었더니 "돈 벌어서 원 없이 돈을 쓰고 싶었는데, 돈 쓰고 싶은 욕망이 채워지지 않아서 잘 사라지지 않는 것이니, 명상 속에서 쓰고 싶은 돈을 지겨울 때까지 원 없이 쓰고 난 후에 돈을 버리라"고 하셨습니다. 그렇게 했더니 돈도 다 버려지고 돈과 관련된 모든 기억들도 사라지고 돈에 대한 근심, 걱정도 사라지고 돈에 연연해 하던 마음도 다 사라졌습니다.

● 저는 평소에도 그렇지만 명상 중에도 해결되지 않는 것이 있습니다. 어떤 모임에서 만나 사귀던 여자 문제입니다. 지금은 그 여자 생각만 해도 온몸에 소름이 끼치고 징그럽고 숨이 꽉꽉 막히는데 그 여자는 죽자사자 하고 저에게 매달려 아무리 해도 속수무책입니다. 명상 중에서도 수없이 버렸는데 앉아 있기만 해도 그 여자가 떠올라서 미치겠습니다.

스스로 만든 인과입니다. 즉 그 여자와 인연이 그렇게 된 것도 깊이 살펴보면 다 본인이 만든 것입니다. 그러니 무조건 피하고 도망가는 마음으로는 오히려 점점 더 원수가 될 뿐이니 그 여자와의 인연은 자신이 그렇게 만든 것이라는 사실을 먼저 인정하셔야 합니다. 추호도 회피하지 마시고 '이것은 내가 모두 지었으니 내가 받겠다' 하고 인정하고 받아들여야 합니다. 그런 다음 그 여자와 처음 사귈 때로 돌아가서 가만히 알아차림 하면서 스스로 자문자답해 보세요.

'무엇 때문에 내가 그 여자에게 끌렸는가?' 그리고 '내가 그 여자를 싫어하게 된 것은 무엇 때문인가?' 하면서 상대방을 좋아했다가 싫어하게 된 이유들을 낱낱이 살펴보세요. 몸 때문인지, 마음 때문인지, 생각 때문인지, 생활방식 때문인지, 사회적 지위 때문인지 잘 알아차림 해 보세요.

그런 후에 좋아하는 것과 싫어하게 되는 이유들을 다 버리세요. 자신이 좋아하는 여자의 모습도 잘 살펴보면 자기 마음 안에 있고, 싫어하는 것도 잘 살펴보면 역시 자기 마음 안에 있다는 것을 스스로 알게 될 것이니, 잘 살펴보아서 추호도 집착하거나 거부하는 것이 없도록 다 놓아 버려야 합니다. 아울러 명상하면서 여자의 영상이 어떻게 변하는지, 어떻게 행동하는지를 가만히 지켜 보며 명상해 가세요.

● 저는 어떤 남자 때문에 고민을 했는데 제가 결혼하기 전까지 따라다니다가 제가 결혼하니까 그 남자도 결혼했습니다. 그런데 그 남자를 제가 좋아했던 것은 아니고 그 남자가 일방적으로 따라다녔기 때문에 그 남자만 문제가 있는 줄 알았습니다.

그런데 선생님 말씀이 제 마음속에 그 남자가 저를 좋아하게 만드는 마음이 있기 때문에 그 남자가 저를 따라다닌 것이며, 단지 내가 그것을 모르고 있을 뿐이라고 말씀하셨습니다. 그리고 제가 먼저 가지고 있는 남자에 대한 좋다 싫다 하는 좋고 싫은 개념과 그 개념이 만들어진 과거 삶에 대한 기억들을 낱낱이 다 찾아서 버리라고 하셔서 떠오르는 대로 다 버렸습니다. 그렇게 다 버리고 나니 한편으론 후련하기도 하고 무엇인가가 벗겨진 듯한 느낌이 들었습니다. 하지만 그 남자를 생각하면 여전히 떨리는 증세가 계속 남아 있습니다.

선생님께서 "명상 중에 그 남자가 떠오르면 그 남자가 어떻게 변하는지 어떻게 행동하는지를 가만히 지켜보라"고 하셨습니다. 그래서 명상에 들어갔는데 그 남자가 나타나더니 저에게 달려들어 덮치는 겁니다. 처음에는 놀라서 몸부림치면서 거부하다가 선생님께서 "어떤 경우라도 저항하지 말고 끝까지 지켜보라"고 했던 말씀이 생각나서 거부하고 벗어나려던 생각을 내려놓고 모든 것을 받아들이는 가운데 그냥 끝까지 지켜보기로 했습니다.

그랬더니 그 남자가 갑자기 호랑이로 변하면서 제 몸을 뜯어먹기 시작했습니다. 그래도 끝까지 지켜보았더니 제 몸이 다 사라지면서 호랑이도 허공으로 사라졌습니다. 아울러 모든 두려움도 사라지고 한량없는 허공 자체만 남았습니다. 너무너무 기뻐서 선생님께 말씀드렸더니 명상은 그렇게 하는 것이라고 하시면서 "일체가 다 사라진 허공 자체인데 그대의 진면목은 무엇인가" 물음을 던지셔서 지금은 저의 진면목이 무엇인지 부지런히 참구(參究)하고 있습니다.

● 저는 다른 현상은 없고 앉아서 명상하는 것이 그냥 지루하고 하기 싫은 마음만 계속 나와서 앉아 있지를 못하겠습니다.

그럴 때는 먼저 지루하고 하기 싫은 마음을 몸과 마음으로 느끼면서 가만히 바라보세요.

그래도 사라지지 않고 계속 지루할 때에는 '무엇 때문에 지루하고 명상하기 싫은가' 하고 스스로에게 물어서 그 원인을 찾아 그 원인을 내려놓으세요. 만약 원인을 알 수 없고 사라지지 않고 계속 지루하고 하기 싫을 때는 마음속으로 '지루하고 하기 싫다' 하면서 계속 알아차림 하되, 그래도 계속 지루할 때는 자신이 들을 수 있는 목소리로 고백하듯이 '지루하고 하기 싫다'고 계속 말하면서 지루하고 하기 싫은 마음 상태를 알아차림 하세요. 그래도 안 될 때는 자기가 들을 수 있는 말소리로 자기에게 물으세요. '너는 왜 지루하고 하기 싫으냐?' 하고 열 번이고 백 번이고 계속 물으세요.

그래도 안 될 때는 절을 하면서 이와 같이 해보세요. 그러면 틀림없이 그냥 사라져 없어지거나 아니면 그 원인을 알게 될 것이며 그 원인을 알아서 이것을 놓아 버리면 즉시 사라지게 됩니다.

화가 날 때는
자비관(慈悲觀)을 하라

● 저는 대중과 함께 명상하는 것이 힘이 들어 명상이 되질 않습니다. 사람들이 신경이 쓰이는데 특히 남자들이 신경 쓰여 명상이 잘 안 됩니다.

좀 더 자세히 이야기해 보세요.

저는 남자들이 하는 행동들이 하나같이 못마땅합니다. 그래서 보는 족족 기분이 상하고 화가 나며, 한방에 앉아 있는 것 자체가 싫습니다. 이 공간에 같이 앉아 있는 것이 힘이 들어서 좌선을 하고 있으면 온몸이 경직되고 열도 나고 화도 나면서 신경이 쓰여서 도저히 명상이 되지 않습니다. 그래서 당장 일어나서 뛰쳐나가고 싶습니다.

지금과 같은 마음 상태라면 앉아 있는 것이 쉽지 않겠군요. 그런데 지금 자신이 하고 있는 명상은 어떤 명상입니까?

호흡관을 하면서 '나는 누구인가?' '무엇이 나인가?' 하고 참구하고 있습니다.

호흡관과 참구는 잠시 멈추시고 사람들을 보면서 일어나는 화를 먼저 알아차려 보세요.

일어나는 화를 알아차리면서 첫째, '나는 남자들의 이런 모습에 화가 난다, 저런 행동에 화가 난다, 이런 말을 들으면 화가 난다' 하면서 화나게 하는 구체적인 마음을 살펴서 화가 나는 것을 인정하는 것부터 하세요.

둘째, 화가 나는 자신을 보면서 '이 화는 왜 나는가, 무엇 때문에 나는가, 언제부터 났는가?' 하고 계속 자신에게 질문하면서 지켜보세요.

셋째, 화가 나는 자신을 지켜보면서 자신의 삶을 돌아보고 태어나서 지금까지 살아오면서 자신을 화나게 했던 일들이나 짜증나게 했던 일들, 기분 나쁘게 했던 일들 또는 그렇게 했던 사람들을 떠올려 보세요, 자연스럽게 생각날 것입니다.

그러면 그 기억들을 떠올려서 화가 사라질 때까지 그 장면을 바라 보세요. 다만 주의할 것은 어떤 생각이나 시비도 하지 말고 지나가듯이, 영화나 사진을 보듯이, 풍경을 바라보듯이 그냥 바라보셔야 합니다. 아울러 과거 어떤 일에 대하여 '내 마음 속에 그 때의 감정이 쌓여 있구나' 하고 인정하기를 하고, 그 당시 화가 나게 된 상대가 있다면 상대를 용서하세요. 만약 용서가 잘 안되면 그 당시에 하고 싶었는데 하지 못한 말이나 행동을 그 당시의 사람이나 일에 대하여 마음이 후련해질 때까지 명상 속에서 하세요.

그런 다음 상대를 용서하고 그 당시의 상대와 나, 그리고 그때의 생각과 장면들이 완전히 없어질 때까지 지켜보면서 알아차려 보세요. 영상으로 나타나는 것은 마음속에서 완전히 부숴 버리고 잡고 있던 생각들은 하나도 남기지 말고 철저하게 잘라 버리세요. 화나고 짜증 나고 기분 나쁘게 했던 기억들을 낱낱이 찾아서 하나도 남김없이 다 버린 다음, 지금 같이 명상하는 분들을 다시 보세요. 그래도 여전히 보기 싫고 화가 나면 자신의 마음을 살펴서 화의 원인들을 낱낱이 찾아서 조금도 일어나지 않을 때까지 화를 지켜보며 알아차려 보세요. 이와 같이 해보면 화가 왜 일어나는지도 알게 될 것이며, 화가 소멸되는 체험도 하게 되고, 시비가 왜 일어나는지도 알게 될 것입니다. 그렇게 되면 시비도 사라지고 일어나던 마음들도 다 사라질 것이니 그때 다시 참구를 하시면 됩니다.

● 화가 나고 사람에 대하여 시비가 일어날 때 참구나 호흡관을 하면 왜 안 되는지요?

화두 참구나 호흡관을 하면 안 되는 것은 아닙니다. 명상을 방해하는 마음이 있을 때는 방해하는 마음을 먼저 알아차려서 제거한 다음 화두 참구나 호흡관을 하셔야 화의 원인을 볼 수 있습니다. 그리고 화가 나거나 시비가 일어날 때 화나고 시비가 일어나는 것을 바깥에 있는 어떤 대상에게 마음을 두지 않고 안으로 돌려서 '이 화는 어디서 나오는가, 무엇이 이렇게 화를 내고 시비하는가' 하면서 정말로 화를 내는 놈이 도대체 어떤 놈인지 간절하게 알려고 하는 마음으로 참구하면 됩니다. 또한 화가 날 때 호흡관을 하면서 자비 명상을 해도 좋습니다.

● 좀 더 구체적으로 말씀해 주시면 좋겠습니다.

호흡관을 통해 하는 자비 명상은 먼저 들어오는 숨이 어디서 들어오고 내쉬는 숨이 어디로 나가는지 깊이 명상을 해 보는 겁니다.

우리가 숨을 들이마실 때 들이마시는 숨 속에는 이 지구상에서 살아 숨 쉬고 있는 모든 생명들의 숨이 다 들어 있습니다. 이를테면 나무의 숨도 있고, 풀벌레의 숨도 있습니다. 동물들의 숨도 있고, 맹수들의 숨도 있고, 강아지의 숨도 있습니다. 어린아이의 숨도 있고, 늙은 할아버지의 숨도 있고, 아픈 사람의 숨도 있고, 어머니들의 숨도 있고, 자식들의 숨도 있습니다. 원수의 숨도 있고, 사랑하는 사람의 숨도 있고, 살인자와 강도의 숨도 있습니다. 흑인의 숨도 있고, 백인의 숨도 있고, 북한 동포의 숨도 있고, 기독교인의 숨도 있고, 불교인의 숨도 있습니다. 이 숨이 들어올 때 좋아하는 것만 골라서 들이마시고 싫어하는 것은 거부할 수 있습니까? 천하에 그 어떤 존재도 이와 같이 할 수는 없습니다.

그리고 나가는 숨을 또한 잘 명상해 보세요. 내 안에서 나간 숨은 허공을 거쳐 지구상에 있는 다른 모든 존재에게 스며듭니다.

이와 같이 모든 생명은 호흡을 통해서 서로의 숨을 서로 주고받고 있을 뿐만 아니라 더욱더 크게 보면 서로 분리되어 있는 것이 아니라 모든 것이 하나로 이루어져 있습니다. 따라서 이와 같은 사실을 명상하면서 숨을 들이쉬고 내쉬며 느껴보세요.

다음은 숨이 들어올 때 불행하고 고통받는 사람들의 숨을 다 받아들이는 마음으로 숨을 들이쉽니다. 구체적으로 말하자면 화난 사람은 호흡에 화 기운이 있고, 슬픈 사람은 슬픈 기운이 있습니다. 신경질 난 사람은 신경질 기운이 있고, 절망한 사람은 절망한 기운이 있습니다. 또 살의가 있는 사람은 살기가 있습니다.

따라서 이러한 사람이 숨을 내쉬면 그 기운 또한 우주 허공에 그대로 퍼져서 다른 생명들의 호흡이 되는 것입니다. 이와 같은 상황에서 여러분 가운데 한 사람이라도 이와 같은 기운들을 들이마시게 되면 들이마신 만큼 자제심이 생깁니다.

그런데 이렇게 다른 존재의 기운을 들이마시면 그대로 쌓이는 않을까 하는 염려를 하는 분도 있는데, 이것은 조금도 염려하지 않아도 됩니다. 왜냐하면 이와 같이 불행하고 가슴 아프고 절망한 사람들의 슬픈 기운들은 결국 마음이 만든 것들이기 때문에 이것을 다 받아들이는 마음을 가지는 사람은 내면에 타인의 고통을 받아들이는 기운, 즉 사랑 혹은 자비의 기운을 가지고 있습니다. 호흡을 통해 다른 존재의 화를 들이 마신다 해도 모든 걸 받아들이는 자신 안의 사랑과 자비심으로 바뀌게 됩니다.

그리하여 일체의 기운이 들어오는 대로 자비의 기운으로 전환됨과 동시에 숨이 나갈 때는 자비의 기운으로 바뀌어서 나가기 때문에 이렇게 호흡하며 명상을 하고 있는 사람의 주위에서 화는 점점 사라지고 자비의 에너지로 정화됩니다. 이것은 나무가 이산화탄소를 들이마신 후에 산소를 내놓음으로써 주변을 맑은 공기로 정화하는 이치와 같은 것입니다.

따라서 들이마실 때는 불행한 사람들의 기운을 들이마시고 내쉴 때는 자비와 평화와 편안하고 고요한 마음의 기운을 내보내면 주변에 있는 모든 사람들의 기운이 바뀌고 정화됩니다.

만약 자기 자신의 마음에 화가 있거나 부정적인 마음들이 있다면 자기 자신을 대상으로 자비의 호흡명상을 해보세요. 그런 다음 가장 가까운 사람, 즉 남편·아내·부모·자식·형제 자매·친구·이웃·스승·제자·직장 동료·상사·부하 등으로 확대하세요. 그리고 서울시에 있는 사람은 동으로 강원도, 남으로는 경기도·충청도·경상도·전라도·제주도, 서로는 인천, 북으로는 황해도·평안도·함경도, 더 나아가서 일본·미국·중국·러시아·동남아·남미·유럽·아프리카 등에 사는 사람들에게까지 확대해 보세요.

어머니에게 할 때는 어머니와 같은 처지에 있는 이 세상 모든 어머니, 아버지를 떠올릴 때는 이 세상 모든 아버지, 자식을 떠올리면 이 세상의 모든 자식들, 슬픈 마음이 떠오르면 이 세상의 모든 슬픈 사람들, 외로운 마음이 떠오르면 이 세상 모든 외로운 사람들, 답답한 마음이 떠오르면 이 세상의 모든 답답한 사람들, 살의가 있으면 이 세상의 살생을 하고 살인하는 모든 사람들 등등. 더 나아가 이 지구상의 모든 동물과 식물 등까지 확대하여 모든 불안과 공포, 두려움, 슬픔, 좌절, 절망, 분노, 울분, 질투, 미움, 수치, 억울함 등 모든 미망과 속박에서 벗어나기를 바라는 간절한 마음으로 쉬지 않고 계속하여 호흡을 해 보세요.

그렇게 호흡을 들이쉬고 내쉬면서 부정적인 모든 기운을 받아들이고 밝고 맑은 사랑의 기운들을 내주는 주고받기 명상을 계속 하시면 일체의 번뇌 업장(業障)이 다 소멸되며, 자기 자신은 더욱 더 정화되고 자비의 기운으로 넘치게 됩니다. 무슨 말인가 하면 한 시간 동안 자비의 명상을 하면 한 시간 동안, 하루 동안 하면 하루, 한 달을 하면 한 달 동안 자신의 모든 기운이 자비의 기운으로 바뀌어 호흡을 주고받는 동안은 자기 자신이 자비의 화신(化身)이 되는 것입니다.

● 자비관을 했는데 가슴이 답답하고 어깨가 무거워서 항상 짐을 지고 다니는 것 같은 증상이 감쪽같이 사라졌습니다. 그 이유는 무엇인지요?

하셨던 자비 명상을 좀 더 구체적으로 말씀해 보세요.

선생님께서 일러 주신 대로 답답한 가슴과 묵직한 어깨 알아차리기를 하면서, 숨을 들이마실 때는 가슴을 답답하게 만든 기운과 어깨를 무겁게 하는 기운을 들이마시고, 숨을 내 쉴 때는 '답답하게 하고 무겁게 해서 정말 미안하구나' 하는 참회의 마음과 기운을 보냈습니다.

그랬더니 그 기운들이 점점 엷어지면서 사라졌고, 그 다음에는 제 주변에 있는 사람들 중에서 저를 답답하게 하는 사람들이 누구인가 하고 떠올리니, 제일 먼저 직장 상사가 떠올랐습니다. 그 직장 상사가 저를 답답하게 하는 행동과 말, 생각에 대하여 일체의 시비를 붙이지 않고 그냥 그 모든 것을 받아들이면서 숨을 들이마시고, 편안한 마음과 이해의 마음을 보내면서 숨을 내쉬는 명상을 계속 하다 보니, 정말로 이해가 되고 용서가 되면서 미워하던 마음도 사라지고 답답한 마음도 사라지면서 그분을 바라보는 마음이 편안해졌습니다.

그리고 계속하여 명상을 하는데 편안하던 가슴이 또 답답해졌습니다. 처음에는 답답한 가슴이 다 해결이 된 줄 알았는데 다시 답답해지니까 당황하기도 하고 화도 났습니다. 그런데 "다시 나올 때는 더 깊은 곳에 있던 과거 기억일 경우"라는 말씀이 생각나서 화나고 짜증나던 마음을 내려놓고 계속 명상을 하다 보니 이번에는 아버지가 떠오르면서 어릴 때부터 아버지한테 받았던 억눌린 감정들이 주체할 수 없을 정도로 올라왔습니다.

이와 같은 감정들도 역시 마음으로 다 받아들이면서 숨을 들이마시고 내쉬면서 편안한 마음과 답답하게 하는 마음과 화나게 하는 마음이나 행동이나 말투에서 벗어나기를 염원하면서 계속 명상을 했더니 어느 순간에 아버지가 밝은 미소를 띠고 기뻐하는 마음으로 사라지는데, 그때 가슴에 따뜻한 기운이 감돌면서 답답하고 냉랭하던 가슴의 기운이 사라지면서 편안해졌습니다.

그래서 용기를 얻어 계속 명상했더니 이번에는 어깨 아픈 증상이 나타나면서 짓누르는 느낌이 계속 되었는데, 알고 보니 직장에서 하는 일을 힘들어하고, 하기 싫어하는 마음이 많은 가운데 억지로 하면서 짐스러워했던 기억이 났습니다. 이것도 역시 호흡 명상을 하면서 숨을 들이쉴 때는 하기 싫고 힘들어하고 억지로 하고 짐스러워할 때 생기는 그 마음의 기운을 다 받아들이고, 내쉴 때는 맑고 편안하며 격려하는 마음과 사랑의 마음을 계속 보냈더니 일에 대하여 짐스럽고 부담스러워하고 힘겨워했던 마음도 사라지고 무겁던 어깨도 가벼워졌습니다. 어깨가 무거웠던 것은 어머니에 대해서 짐스러워했던 기억들이 많이 올라온 것 때문이었는데, 이것들도 다 소멸되었습니다.

명상 속에서 가슴이 답답하고 어깨 무거웠던 증상이 모두 소멸되셨다고 하셨는데 실제 생활에서는 어떠하셨는지요?

실제 생활도 전보다는 훨씬 더 편안하고 부드러워졌으며 '이런 것이 행복한 삶이구나!' 하는 마음이 들었습니다.

바로 그러한 것이 명상을 통한 행복이며 축복이지요. 그러나 그러한 행복이나 편안함도 영원하지 않습니다. 그 상태에 집착하지 마시고 그러한 일이 일어나지 않도록 계속해서 명상하면서 가슴 답답하고 어깨가 무거워지는 마음들이 쌓이지 않도록 하시되, 특히 생활 가운데에서 이런저런 시비분별을 일으켜서 마음에 쌓아두지 않도록 끊임없이 명상하셔야 합니다.

왜 그런가 하니, 앞에서 말씀하신 사례에서도 그러하듯이 일반적으로 원인도 모르는 가운데 몸이 아프게 되는 경우는 대부분 마음이 아프게 만든 것임을 아셔야 합니다.

우리는 살아가면서 눈으로 보고 귀로 듣는 일이나 사람에 대하여 옳다 그르다, 맞다 틀리다, 잘한다 못한다, 좋다 싫다 하는 분별을 일으켜서 다투게 되고 미워하게 되고 슬퍼하게 되고 좌절합니다. 그러면서 이러한 마음이 몸에 차곡차곡 쌓여 과거 기억으로 남게 되는데, 이것이 몸과 마음을 힘들게 하고 답답하게 하는 것입니다.

따라서 생활 중에 일체의 시비(是非)를 놓아 버리고 그냥 모든 것을 다 받아들이고, 저항하고 거부하여 미워하고 싫어하는 마음을 만들지 않고 항상 순간순간 숨 쉴 때마다 자비관을 행할 수 있다면, 그렇게 하는 매 순간이 그대로 평화이며 행복이자 기쁨이 될 것입니다.

자비 명상이 어떻게 괴로움을 사라지게 하냐고 하셨는데, 첫째 자신이 만들어서 쌓아두었던 마음이 사라졌다는 것을 의미합니다. 그러면 이러한 마음이 어찌하여 쌓이는가 하는 것입니다. 예를 들면 어떤 일을 대할 때 그것이 싫으면 하기 싫어서 피하게 되지요. 그런데 피할 수 없을 때는 힘들고 몸이 쑤시고 답답해집니다. 일을 하면서 알아차림 해보면 틀림없이 알 수 있습니다. 그래서 이와 같은 일이 반복되면 일에 대한 답답한 마음과 힘든 마음이 쌓이고 쌓여 몸과 마음이 힘들게 되는 것입니다.

일을 할 때 싫어하는 마음을 버리고 그냥 해 보세요. 저항하고 거부하는 마음도 내려놓고 편안한 마음으로 그 일을 받아들여 일 자체가 되어서 마음 없이 해보세요. 그러면 피로도 쌓이지 않을 뿐만 아니라 몸도 마음도 가벼우며, 일을 해도 일한다는 생각이 없으면 아무리 많은 일을 해도 일한 바가 없어서, 한 시간을 일하나 하루를 일하나 열흘을 일하나 차이가 없습니다.

따라서 과거에 살아오면서 일에 대해 거부했던 마음들이 아무리 많다 하더라도 그 모든 일을 마음에서 완전히 받아들이면 쌓여있던 마음은 바로 소멸됩니다. 물론 이것은 그 일에 대한 마음의 무게나 깊이나 양에 따라서 소멸되는 과정과 현상의 차이가 있기도 합니다. 이를테면 어떤 사람들은 몸에 있던 어떤 기운이 빠져나가는 듯하면서 사라지고, 어떤 사람은 온몸에 열이 나거나 온몸이 아프면서 쑤시기도 하고, 몸과 마음이 갑자기 무엇이 부서져 무너지는 듯이 사라지기도 하고, 어떤 이는 차츰차츰 가벼워지기도 하고, 어떤 이는 자기도 모르는 사이에 사라져 버립니다.

그러나 공통점이 있다면 스스로 자각하고 정진한 만큼 반드시 사라지고 소멸된다는 사실입니다. 이것은 사람도 마찬가지입니다. 예를 들면 어떤 사람을 부정적으로 평가하고 그 사람을 대해 보세요. 틀림없이 불편하고 무엇인가 거리감이 느껴지고 대화를 해도 편하지 않을 것입니다. 반면 싫어하고 불편해하는 부정적인 생각을 버리고 상대방의 모든 것을 온전히 받아들이고 대화해 보면, 상대를 받아들인 만큼 상대에 대한 감정이 편안하고 부드러워진 것을 경험할 것입니다.

둘째, 자비 명상을 하면 상대에 대한 내 마음도 달라지지만, 상대에게서 오던 부정적인 언행이나 마음도 사라지게 됩니다. 부처님께서는 모든 것은 연기(緣起)한다고 하셨는데, 즉 "이것이 일어나면 저것도 일어나고, 이것이 사라지면 저것도 사라지며, 이것이 있으면 저것도 있고, 이것이 없으면 저것도 없다"라고 하신 연기법의 작용현상입니다.

예를 들면 아내가 있으면 남편도 있고 아내가 없으면 남편도 없습니다. 아내 없는 남편, 남편 없는 아내라는 것은 본래 없는 것이며 아예 성립이 되지 않습니다. 이것은 동시에 한 여자가 한 남자의 아내가 되는 과정이 진행되고 있으면 한 남자 역시 한 여자의 남편이 되어 가는 과정에 있음을 뜻하는 것이지요. 이뿐만 아니라 마음도 함께 작용하는데, 한쪽에서 미움을 가지기 시작하면 다른 한쪽에서도 이에 상응하는 마음이 일어나고, 이것이 팽팽하게 서로 치고 받으면서 유지되다가 한쪽에서 완전하게 내려놓고 상대를 수용해 버리면 상대 역시 어느 순간에 가서는 완전히 사라지게 됩니다.

만약 상대가 아직도 미운 마음을 가지고 있다면, 상대가 그 마음을 가지고 있게 만드는 어떤 마음이 아직도 나에게 남아 있거나, 아니면 얼었던 상대의 마음이 풀리는 과정에 있고 아직 덜 풀렸다는 것입니다.

또한 어떤 사람들이 종종 나는 아무 문제가 없는데 상대가 나를 힘들게 하고 괴롭게 한다고 호소하는 경우가 있습니다. 이러한 경우에도 잘 살펴보면 자기 자신의 허물을 자신이 몰라서 하는 소리입니다. 자기 안에 상대가 그러한 행동을 하게 만드는 원인이 반드시 있음을 알아야 합니다.

그래서 자비관을 하면서 상대의 모든 것을 다 받아들이고 자신의 아픔을 받아들이면서 이것을 잘 알아차림 해 보면 이와 같은 일이 일어난 이유가 반드시 자기 안에 있다는 사실을 깨닫게 될 것입니다. 또 상대에게 편안하고 편견 없는 자비의 마음을 보내다 보면 상대를 이해하게 되고 용서하게 되고 사랑도 하게 되면서, 서로 부딪치고 힘들게 했던 모든 마음이 다 사라지게 되어 모든 속박에서 벗어나 정말로 편안하고 평화로워지면서 행복하게 됩니다.

● 지금까지 명상을 해오면서 조용히 앉아서 호흡관만 해도 일체의 생각이 사라지고 몸도 사라지고 호흡만 남습니다. 그런데 며칠간은 호흡도 사라지고 아무것도 없습니다. 심지어는 걷고 있을 때도 걷고 있는 내가 없습니다. 물론 눈을 뜨고 걷고 있는 저를 보면 분명 걷고 있으나 걷는다는 느낌도 없고 그냥 허공뿐인 것 같아요. 그래서 너무 당황스럽고 이상해서 이러다가 정말 내가 없어지는 것은 아닌가 하는 생각이 들기도 하고, 앞으로 명상은 어떻게 해야 할지 혼란스럽기도 합니다.

말을 하고 있는 지금 이 순간은 어떻습니까?

지금은 그렇지 않은데 어떤 경우는 말한다는 것이 실감이 나지 않고 그냥 말만 하고 있는 것 같기도 하고, 때에 따라서는 이야기를 듣고 있는데도 그냥 소리만 들릴 뿐 내가 없어져서 혼란스럽기도 하고 두렵기도 합니다.

"내가 없어졌다. 아무것도 없다. 허공만 있다"고 하셨는데, "내가 없어지고 아무것도 없이 허공만 있다"고 말하는 것은 누가 말하는가요? 없어진 내가 어디로 갔다가 어떻게 나타나서 지금 여기서 말을 하고 있지요? 무엇이 말하고 무엇이 듣고 무엇이 알고 하나요?

…

"당황스럽다, 이러다가 정말 내가 없어지는 것은 아닌가, 혼란스럽다, 두렵다"고 하셨는데, 이런 생각들은 누가 하고 있으며 이런 생각들을 왜 하시지요? 더 이상 이런저런 생각들을 붙이지 마세요. 아직도 거짓된 나를 붙잡고 있는 일체의 생각과 망령된 나를 참으로 놓아 버리세요. 그리고 없다고 하면서 없다는 것을 알고, 없다고 하면서 없다고 말하고 있는 그놈은 또 무엇인지 명료하게 깨어서 잘 알아차림 하면서 살펴보세요. 그러면 나라고 생각하면서 잡고 있는 것이 무엇인지 바로 깨달아 알게 될 것입니다.

몸 없는 중생을
제도한다

● 시도 때도 없이 눈에 영가가 많이 보이는데 볼 때마다 겁이 나서 생활에 지장이 많습니다. 특히 잠자리에 들어 있을 때 영가가 제 방에 들어오거나 제가 자는 침대에 올라오거나 제 몸에 걸터앉을 때는 잠을 한숨도 못 잡니다.

왜 영가가 두렵지요?

영가는 귀신이잖아요.

귀신이 왜 두렵지요?

귀신이 저를 해칠까 봐 두렵습니다. 특히 귀신이 제 몸에 걸터앉을 때는 죽을힘을 다해서 발버둥 치는데도 이기지 못해서 곤욕을 치른 경우도 여러 번 있었습니다. 어떻게 하면 벗어날 수 있을까요?

귀신이 사람을 해친다? 귀신이 도대체 무엇이기에 어떻게 사람을 해치며 사람은 또한 무엇이기에 귀신에게 당할까? 참으로 여러분은 명심하고 명심해야 합니다. 무슨 말인가 하면 귀신, 즉 영가라는 것은 특별한 것이 아닙니다. 이것도 가만히 살펴보면 결국 생각들이 뭉쳐서 형체화 된 마음의 그림자입니다. 따라서 조금도 겁낼 것이 못 되는, 봄날의 아지랑이와 같고 허공의 뜬구름과 같은 것이니, 이 역시 아무런 뿌리도 없고 실체도 없으며 허망한 환영이며 텔레비전 화면에 비친 영상과 같은 것임을 아셔야 합니다.

그러면 귀신에게 당한다는 사람은 무엇입니까? 사람도 역시 귀신하고 별 차이가 없습니다. 굳이 차이를 논하자면 귀신은 몸이 없고 마음만 있는 중생이요, 사람은 몸과 마음이 둘 다 있는 중생입니다. 즉 둘의 차이는 몸이 있고 없음의 차이밖에 없는 것입니다.

이것 역시 그 귀신들을 향해서 "네 모습은 너의 본래 모습이 아니다. 지금 네가 하고 있는 모습은 마음의 그림자며 환영이다. 지금 즉시 일체가 없는 본래 모습으로 돌아가라"고 해보세요. 그러면 본래 없는 자리로 즉시 돌아갑니다. 그래도 안 되면 TV 속의 비디오 테이프를 없애듯이 없애 보세요. 그러면 즉시 소멸됩니다. 이를테면 마음으로 칼을 만들되 "이 칼은 그 어떤 것도 다 쳐부수어 없애고 중생의 업을 잘라 없애서 열반으로 보내는 해탈검이다" 하고 만들어서 해탈검으로 없애거나 마음으로 불을 만들어서 태워 보세요. 그러면 마른 풀이 불에 타서 없어지듯이 즉시 없어질 것입니다.

● 선생님 말씀대로 했는데 어떤 것들은 잘 없어지는데 어떤 것은 잘 없어지지 않습니다.

그럴 경우는 실체가 없는 안개와 같은 것이니 안개 속을 들어가듯이 그 영가로 들어가세요. 다만 주의할 것은 어떤 마음도 붙이지 말고 그냥 들어가서 그것이 되셔야 합니다. 특히 어떤 현상이 일어나도 알아차림 하는 것을 놓쳐서는 안 됩니다.

그래도 없어지지 않을 때는 그 영가의 형체를 잘 보세요. 사람의 형상일 경우는 사람 형상을 한 그놈이 무엇을 하는지 잘 보고 칼을 들고 달려들면 그대로 칼을 맞고, 목을 조르면 목 졸림을 그대로 허용하세요. 이와 같은 일은, 자신이 칼 맞을 만한 일을 하고 목 졸릴 업을 지어서 그러한 줄 알아야 합니다. 아울러 상대에게 "당신이 하고 싶은 대로 해서 한을 다 푸시고 해탈하세요" 하면서 상대에게 참회하십시오. 그 영가 또한 허망한 마음의 그림자요, 상대 몸도 또한 허망한 것인 줄 알고 완전히 놓아 버리세요.

나타난 현상이 동물일 때는 그 동물에게 다 맡기세요. 동물이 뜯어먹으면 '네가 배가 고파서 그렇구나! 실컷 먹고 아귀도에서 벗어나고 축생도에서 벗어나서 해탈 하거라' 하면서 완전히 맡기거나 더 나아가 그 동물이 잘 먹을 수 있도록 자신의 몸을 잘라서 공양하세요. 그러면 과거 생에 지은 업이 즉시 소멸되고, 업이 사라지면 업에 연관된 마음의 환영이고 그림자인 현상들도 사라질 것입니다.

● 집이나 전철 또는 친구 집에 가도 귀신들이 너무 잘 보여서 선생님 말씀대로 없애고 나면, 다음 날 다시 다른 귀신들이 보이고, 그래서 없애고 또 없애고 해도 다음 날 또 나타나고 해서 이제는 지쳤습니다. 선생님 말씀대로 하면 잘 없어지기도 하는데 아무리 없애고 없애도 한도 끝도 없이 나와서 너무 힘이 듭니다.

"보이는 귀신도 실체가 없는 허망한 것이요, 귀신이라는 생각도 허망한 것이며, 끝이 없다는 생각은 망념이며, 어제니 오늘이니 하는 생각도 망념이고, 내가 지쳤다는 생각도 망념이며, 내 몸도 허망하며, '나'라는 놈도 허망하다"고 말씀드렸습니다.

그런데 이 허망한 것들을 잡고 있는 한 괴로움에서 벗어나기 어려울 뿐만 아니라 중생을 도와 중생을 해탈시키는 것은 당연히 어렵습니다. 우리가 제도해야 하는 것은 몸이 있는 중생도 제도해야 하지만 몸 없는 중생도 제도해야 하며, 마음 있는 중생도 제도해야 하며 마음 없는 중생도 제도해야 합니다.

그러나 이러한 모든 것은 마음을 떠나서 있는 것은 아무것도 없습니다. 그리고 보셨던 그 모든 것이 전철이나 친구 집이나 자신의 집 거실이나 어떤 장소에 있던 것이 아니라, 자신의 마음을 떠나 따로 존재하는 것이 아니라는 사실을 정말 알아야 합니다. 또한 몸 없는 중생들이 왜 그렇게 많은가 하면, 그것은 이 세상에 중생들이 끝이 없이 태어나고 죽고 하는 것과 같이 중생의 번뇌가 한이 없고 중생의 업이 한없이 생겼다가 사라지는 것과 같기 때문입니다.

그래서 우리가 쉬지 않고 이와 같이 명상하면서 자기를 몰라서 헤매는 사람들을 끊임없이 돕는 것입니다. 이것은 석가모니 부처님 이전부터 석가모니 부처님이 돌아가신 이후에도 동서양을 막론하고 자신의 본성을 깨달은 수많은 사람들로부터 이처럼 중생을 돕는 일이 계속 이어져 왔고 앞으로도 그러할 것입니다. 그러니 많다 적다 하는 생각이나 다 끝내고 빨리 편안히 쉬고 싶다는 생각들을 다 놓아 버리고 계속 정진해 가서야 합니다.

숨을 잘 알아차림 해 보세요. 숨은 반복해서 쉬니까 힘들다, 그러니 빨리 한꺼번에 다 쉬고 편히 쉬자 하는 것이 있습니까? 숨은 그냥 들어오고 나가고 할 뿐입니다. 명상도 역시 이와 같이 해나가야 합니다.

"서산에 해지니 동산에 달뜨고
하늘은 푸르고 귤은 노랗다."

정말 이와 같음을 알아야 합니다. 그러니 밥 먹고 나면 설거지를 하고, 잠자고 나면 이불을 갭니다. 이것이 삶입니다. 이 일은 하루만 하고 마는 것이 아니라 매일 매일 하는 것입니다. 시작하는 날과 끝나는 날이 따로 없습니다.

분별에서
벗어나기

"이 세상 천지만물 그 어디에도
싫다 좋다 하는 성품 자체가 없습니다.
싫다 좋다 하는 것은
오직 사람 마음이 그러하며,
마음이 만든 업과 습이 작용하여
사람과 대상에 대하여
시비를 일으키는 것입니다."

● 저는 지금까지 명상을 해 오면서 '내가 없다'는 것도 알았고 '내 마음도 본래 없다'는 것도 알았는데 아직도 분별이 끊어지질 않습니다.

분별이 항상 일어나나요?

그렇지는 않습니다. 이해가 안 되거나 납득이 되지 않을 때 화도 나고 짜증도 납니다.

누가 '이해가 안 된다' 하고 있습니까?

제가요.

'이해 안 된다'고 하는 마음은 누구 마음인가요?

제 마음인데요.

나도 없고 내 마음도 없다면서요.

그러게 말이에요. 저도 알고 있는데 그 마음이 놓아지지 않아요.

본인이 잡고 있는 것은 나를 아직도 놓지 못하고 있고 '이해되어야 한다', '납득이 되어야 한다'는 생각을 잡고 있기 때문입니다. 이것을 놓아야 합니다. '나'라고 하는 그놈을 정말로 잘 알아차림 해 보세요. 무엇을 나라고 하는지 잘 살펴보면 다 마음이 만든 생각의 거품들입니다. 이것을 알면 그 마음에서 즉시 벗어날 수 있습니다. 그래도 안 되면 자기 자신이 허깨비인 줄 알고 허공 속에 던져버리든지 불 속에 넣어 버리든지 어떤 방법으로 하든 마음으로 잡고 있는 '나'를 마음 안에서 알아차리고 내려놓아야 합니다.

물론 이해되고 납득되어야 한다는 생각도 당연히 내려놓아야 합니다. 이것을 없애지 않고는 '내가 없고 내 마음이 없다'는 것을 알았다 해도 소용이 없는 것입니다. 왜 그런가 하니, '없음'을 알았다 해도 없음과 계합(契合)이 되지 않으면 아직도 '있음'이요, 없음과 계합(契合)을 해도 없음이 체득되지 않았다면 이 역시 있음에서 완전히 벗어나지 못한 것입니다.

즉 '없다' 하면서도 무의식 속에는 '있다'는 마음의 뿌리가 남아 있기 때문에 인연 따라서 자신이 이해 못할 상황만 되면 그 마음이 분별을 일으키고 짜증을 부리는 것입니다. 따라서 아무리 염불을 하고 좌선을 하고 수행을 한다 해도 이 마음의 뿌리를 잘라내지 못하면 시비분별에서 완전히 벗어나지 못하는 것입니다.

● '없다'는 것을 완전히 알면 명상을 마치는 것입니까? 있는 것도 없는 것도 아닌 것입니까?

없다는 것을 참으로 깨달았다면 궁극에는 없다는 마음마저도 버리게 됩니다. 무슨 말인가 하면, 있다 함도 생각이요, 없다 함도 생각입니다. 어디에도 자신의 생각을 붙이지 마세요. 일체 생각을 놓아 버리면 있는 것도 아니고 없는 것도 아니며, 있는 것도 없는 것도 아닌 참다운 자기가 드러납니다. 이것은 생각으로 알 수 없는 세계이며, 자신과 자신의 견해를 놓아 버릴 때만이 알 수 있고 참으로 체득하게 됩니다.

● 명상을 하거나 참구를 하면 항상 텅 빈 상태가 되는데 이 상태가
저는 참으로 편안하고 좋아서 열심히 정진하고 있습니다. 그런데 어
려운 사람을 봐도 별로 돕고 싶은 마음이나 자비심이 일어나지 않습
니다.

그것은 보리심이 없기 때문이기도 하고, '텅 비어서 아무것도
없는 상태가 편안하고 좋다'는 생각을 잡고 있기 때문에 텅 비어서
아무것도 없는 상태에 묶여 있는 것이기도 합니다. 물론 거기에는
텅 빈 상태를 좋아하는 내가 있기도 하고요.

왜 보리심이 없는지 잘 살펴보세요. 텅 비어 있지 않은 상태나
복잡한 상태에 대해서는 어떤 마음이 있는지도 살펴보세요.

괴로운 사람들을 보면 돕고자 하는 마음이 있기보다는 괴로움
이 싫어서 외면하거나 거부하는 마음이 있거나 '괴로움이 있거나 없
거나 다 자기가 알아서 할 일이다'라는 생각이 있는 경우에도 보리
심이 없습니다. 또 텅 비어서 아무것도 없는 것을 좋아한다는 것은
그 상대적인 것을 싫어한다는 마음이 있는 것이고, 텅 비어서 고요
한 상태를 좋아해서 이것만 추구하기 때문이기도 합니다. 따라서 이
런저런 많은 생각들이 소멸되었다고는 하나 아직도 좋고 싫은, 상대
적인 마음이 있다는 것을 의미합니다.

그리고 앞의 경우와 같이 그와 같은 상태가 왜 지속이 되는지,

그 상태에 어떤 마음이 붙어 있는지, 그와 같은 마음이 언제 생겼는지 깊이 알아차림 해 보세요. 그런 마음들은 지금 생긴 마음들이 아니라, 그 마음의 뿌리가 아주 깊고 오래된 것들입니다. 따라서 그와 같은 마음은 살아온 삶과 마음 전체가 그 틀로 이루어져 있을 수 있으니 잘 살펴서 그 마음의 뿌리를 철저하게 뿌리 뽑기 바랍니다.

● 처음 명상을 하면 잘 되는데 어떤 상태에 도달하기만 하면 꽉 막혀서 도망가고 포기하고 외면하다가, 선생님 말씀을 듣고 정신 차려 한고비 넘기고 또 한고비 넘겨서 어렵게 명상을 해 왔습니다.

그런데 명상만 그렇게 하는 것이 아니라 나중에 살펴보니 일도 그렇게 하고 인간관계도 그렇고, 심지어는 연애도 처음에는 잘하다가 나중에는 힘들어지면서 도망가고 피한다는 사실을 알았습니다. 이런 문제를 아무리 없애고 없애도 이 습관이 뿌리 뽑히지 않는 겁니다.

선생님께서는 "명상할 때에 어떤 생각이 붙어 있는지 잘 살펴서 이 생각의 뿌리를 잘라내라"고 하셨습니다. 말씀을 듣고 살펴보니, 다른 마음은 없는데 명상이 잘 안된다는 생각이 하나 붙어 있었습니다. 그동안 명상하면서 잘 안된다는 생각을 늘 하고 있었지만, 이 생각이 문제가 될 것이라는 생각은 한 번도 해보지를 않았습니다. 그러나 다른 마음은 아무리 찾아도 없고, 오직 잘 안된다는 생각만 있기에 이 생각이 왜 있는지 살펴보니 잘 안된다는 생각은 명상이 안 되기 때문에 이 생각이 있는 것이 아니라 아주 오래전부터 제 마음 깊숙이 자리 잡고 있는 부정적인 마음이었습니다. 이 마음은 삶의 전반에 걸쳐서 일과 사람 관계에서도 항상 붙어 있는 마음이며, 제 삶의 전체를 규정짓는 아상이었습니다.

이 마음을 계속 살펴보니 잘 안된다는 마음 밑에는 실패한 경험과 아울러 '나는 잘하고 싶어', '나는 뭐든지 잘 알아' 하는 아만이 똘똘 뭉쳐 있었습니다. 즉, 잘 안다는 생각으로 내가 하고 싶은 대로 했는데, 그 일이 좌절되니까 '나는 안 돼', '나는 잘 안돼' 하는 생각이 만들어지면서 나중에는 실제 상황과는 관계없이 이 생각 때문에 좌절한 상황과 비슷한 상황이 오면 미리 생각에서 안 된다고 규정짓고 그만두고 도망가고 피하는 상황을 계속 만들었음을 알게 되었습니다. 이러한 생각의 뿌리를 알고, 아만과 안 된다는 생각, 그리고 이에 관계된 모든 기억들을 버리고 나니 막혔던 마음들이 다 사라졌습니다. 하기 싫던 일도 그냥 하게 되고 피하던 사람도 편안해졌습니다.

● 저의 경우는 저 자신은 아무런 문제가 없는데 주변에 있는 사람들이 저를 보고 시비 분별이 심해서 힘들었습니다. 나는 아무 문제가 없는데 사람들이 자꾸 시비를 했습니다. 처음에는 별 마음이 없다가 나중에는 저 사람들이 왜 저러나 하는 마음이 생기고 화가 나기도 했습니다. 그래서 이런 문제를 선생님께 말씀드렸더니, "어떤 경우에 사람들이 시비하는지, 또 시비하는 일에 대하여 내가 어떻게 하는지, 어떤 마음이 있는지를 살펴보라"고 해서 살펴봤습니다.

그랬더니 일도 그렇고 사람도 그렇고 특별히 잘못을 하는 것은 아니지만 내가 특정한 사람과 특정한 일만 좋아하고, 그 사람이나 그 일을 하고 있을 때는 다른 사람과 다른 일이 눈에 들어오지 않으며, 내가 무엇을 하고 있는지도 모르고 빠져 있다는 것을 알았습니다. 그래서 특정한 것을 너무 좋아해서 묶이게 되면 이것이 벽이 되고 장막이 되어 타인이 접근하지 못하게 만들고, 가까이 오면 부딪치게 되고 불편하게 만드는 시빗거리가 될 수 있고, 사람들이 피하게 만들고 접근하지 못하게 한다는 사실을 깨달았습니다.

그리고 '왜 그렇게 이것에 집착할까?' 살펴보았더니, 이것이 없으면 외롭고 허전해지기 때문에 꼭꼭 붙들고 매달려 있었습니다. 결국 외로운 것이 싫고 허전한 것이 싫어서 사람을 잡고 일에 매달려서 다른 것은 통 눈에 들어오지 않았던 것이지요. 물론 외롭고 허전한 것을 싫어하는 마음에는 외롭고 허전한 삶이 있었고, 항상 이것을 외면하고 피하고 덮어두었던 삶과 나는 외롭다는 생각도 물론 있었고요. 이런 모든 생각과 과거 기억들을 버리고 나니 외로움도 없어지고 잡을 것도 없어지면서 다른 사람들이 저를 피하는 일도 없어졌을 뿐만 아니라 일이나 사람 관계에서도 막힘이 없어졌습니다.

바로 그와 같습니다. 자신의 마음 안에서 시비가 일어날 때는 타인의 잘못이 아니라 자신의 마음 안에 시비하는 자신과 그 마음이 있음을 알아야 합니다. 혹자는 말합니다. 강도 짓을 하고 살인을 하는 사람을 보고도 시비하지 않는 것은 잘못이 아닌가 하고 말하는 분도 있습니다. 그래서 세상 사람들은 살인강도를 미워하고 처단하는 것은 전혀 문제가 되지 않는다고 생각하고, 칼에는 칼로 총에는 총으로 맞서야 한다고 생각합니다.

그러나 이와 같은 방법으로는 그 시비와 다툼이 영원히 끝나지 않습니다. 서로 간에 힘의 균형이 있어서 다투지 않는다 해도 속으로는 상대를 제압할 수 있는 상황을 호시탐탐 끊임없이 노리고, 한쪽이 힘이 약해도 역시 힘이 센 상대가 약해지는 상황을 끊임없이 노리게 됩니다. 상대를 제압하려는 마음과 행위는 끝없이 이어집니다. 그래서 어느 한쪽도 편안할 날이 없습니다.

『금강경』에 보면 연등부처님이 세상에 계실 당시에 수행하다가 가리 왕의 오해를 받은 부처님께서 사지가 절단되고 온몸이 갈기갈기 찢기는 화를 당했으나, 증오나 화뿐만 아니라 어떤 마음도 일어나지 않았다고 했습니다. 예수님도 보면 당신의 제자가 배반을 하고 로마 제사장들이 자신을 십자가에 못 박아도 원망 하나 없이, '저들이 몰라서 저렇구나' 하면서 자신을 처형하는 사람들을 오히려 용서했습니다. 그뿐만 아니라 나라를 잃고 600만 중의 105만이라는 많은 사람이 죽임을 당한 티베트의 달라이 라마도 독립을 위해 애쓰되 중국에 대하여 한 치도 증오하는 마음이 없습니다.

그러면 이것이 어떻게 가능한가 하는 것입니다. 그것은 어떤 상황이든 타인을 보고 내 마음에서 시비가 일어나거나 타인이 나를 보고 욕하고 시비할 때도 그 상황을 안으로 돌려서 그 마음이 일어나는 원인을 자신의 마음 안에서 살펴보면 됩니다. 이러한 상황이 일어나면, 오히려 해탈할 수 있는 상황인 줄 알고 모든 것을 받아들여서 자신의 마음을 일으키고 타인의 시비를 일으키게 하는 자신의 아상을 부수고 없애 버리면 됩니다. 그렇게 하면 첫째는 자신이 해탈할 것이며, 둘째는 그와 같은 상황에서 언제라도 벗어나게 되고, 이러한 시비로부터 벗어나지 못하는 사람을 도울 수도 있습니다.

물론 한 개인이 아니라 민족과 민족의 문제일 경우에는 좀 더 어렵다 하겠습니다. 그러나 오늘날 티베트 민족의 경우 아직도 나라가 독립을 하지 못했지만, 티베트의 수많은 수행자들은 유럽의 여러 나라로부터 대단히 존경받고 환영받으면서 인류에게 있어서 진정한 평화의 희망과 비전으로 받아들여지고 있다는 사실을 주목해야 합니다.

제가 타인을 보고 시비하거나 타인이 저를 보고 시비하거나 모든 것이 왜 제 문제인지, 또 이것을 받아들여 자기 허물인 줄 알면 해탈을 한다고 했는데, 왜 그러한지 좀 더 구체적으로 말씀해 주십시오.

11세기를 살았던 티베트의 유명한 성자였던 아티샤는 이렇게 노래했습니다.

"모든 움직임에서 내가 한결같기를,
나와 남을 상하게 하는
괴로움의 물결이 일 때
이를 바로 봄으로써
괴로움에서 해탈하리.

격렬한 행동과 괴로움에 이끌려

사악해진 사람을 만나면

마치 귀중한 보물을 얻은 것처럼

그들을 다정히 맞아 섬기리.

마음에 휩싸여

나를 속이고 모욕하여도

기꺼이 그들의 사나운 말을 받아들이고

그들에게 승리와 기쁨 돌려주리."

아티샤는 왜 사악한 사람을 만나면 귀중한 보물을 얻은 것처럼 다정히 맞아 섬기고, 나를 속이고 모욕해도 기꺼이 그들의 사나운 말을 받아들이고, 오히려 상대에게 승리의 기쁨을 돌려주라고 했는지, 괴로움의 물결이 일 때 어떻게 보는 것이 바로 보는 것인지를 알아야 한다고 하셨습니다. 정말로 바르게 잘 이해하고 명상 수행함으로써 우리는 이 현상계의 고통으로부터 벗어나서 해탈해야 합니다.

첫째, 자신이 타인을 보고 '난 저 사람은 싫어, 꼴도 보기 싫어, 보기만 해도 밥맛 떨어져' 하는 마음이 일어날 때, 일반적으로 사람들은 상대방의 어떤 것을 싫어하는지 살펴보지도 않고 싫어하는데, 자신의 마음을 잘 살펴보면 싫어하는 대상이 아주 구체적입니다. 이를테면 상대방의 행위나 말투, 사고방식, 외모, 감정, 직업, 느낌, 분위기 등을 면밀히 살펴보세요. 그러면 무엇을 거부하는지 분명해질 것입니다. 그런데 이와 같이 자신이 싫어하는 것에 대하여 싫어하는 사람을 포함하여 모든 사람에게 물어 보세요. 자신이 싫어한다고 세상 모든 사람이 다 싫어하는 것은 전혀 아닙니다.

지금 바로 확인해 보면 즉시 알 수 있습니다.

자, 여러분들 가운데 밥 먹을 때 국 없으면 밥 못 먹을 정도로 국 좋아하는 분 손드세요.

국을 싫어하는 분 손들어 보세요.

국이 있어도 그만, 없어도 그만인 분 손들어 보세요.

이것은 비단 국에만 해당되지 않습니다, 여러분이 누군가를 싫어할 때, 싫어하는 사람을 좋아하는 사람도 있고, 싫어하는 것도 좋아하는 것도 아닌 경우도 있습니다. 그것은 일에 대하여도 마찬가지입니다.

그러면 사람이나 사물, 일 등에 대하여 본래부터 싫고 좋은 게 있는가 하는 문제입니다. 국 자체에 싫어하게 만드는 성품이 있다면 국을 좋아하는 사람이 있을 수 없고, 좋아하게 만드는 성품이 있다면 싫어하는 사람이 나올 수 없습니다. 국이라고 하는 것은 국이 가지고 있는 그때 그때의 맛이 있을 뿐입니다.

김치도 그러하고 사람도 그와 같고 일도 마찬가지입니다. 이 세상 천지만물 그 어디에도 싫다 좋다 하는 성품 자체가 없습니다. 싫다 좋다 하는 것은 오직 사람 마음이 그러하며, 마음이 만든 업과 습이 작용하여 사람과 대상에 대하여 시비를 일으키는 것입니다.

일본 사람들은 김치가 싫고 마늘이 싫어서 김치 먹은 사람마저 싫어하다가 지금은 김치를 좋아하는 분들이 많다고 합니다. 이와 같이 마음에서 대상을 보고 시비하는 마음이 일어날 때는 즉시 대상을 보고 시비하고 괴로워하지 마시고 자신의 마음을 들여다보고 알아차림 해야 합니다. 그러면 자신 안에 싫어하는 마음이 있음을 알게 될 것이며, 이것을 잘 알아차림 하고 알아차리는 것이 자신이 해탈로 나아가는 길이며 중생을 돕는 길로 나아가는 것입니다.

따라서 불편하고 화나는 마음이 일어날 때는 정말로 감사하고 감사해야 합니다. 왜냐하면 어떤 상황에서도 일체의 마음이 일어나는 바가 없이 시비가 없고 상황 상황에 따라 어떠한 마음도 다 낼 수 있다면 이미 모든 마음을 항복 받았다 할 수 있으나, 시비가 일어난다면 내가 모르고 있는 내 허물을 상대가 일러 주고 있는 것입니다. 그것도 편안하고 즐겁게 일러 주는 것이 아니라 괴로워하고 힘들어하면서 드러내는 것이니 오히려 참회하고 용서를 구할 일이지요.

둘째로 타인이 자신을 보고 싫어하고 화내고 도망갈 때도 앞에서 든 예와 같이 안으로 돌려서 살펴봐야 합니다. 이를테면 어떤 사람이 손에 칼을 들고 칼 쓰기를 좋아하면, 칼을 보면 신이 나겠지만 칼이 두렵고 싫은 사람은 칼만 봐도 피하고 도망가지요.

마찬가지로 어떤 사람이 마음속에 칼을 품고 끊임없이 일이나 사람을 보면서 재단하고 심판하고 자르고 찌르는 행위를 하며 마음 쓰고 산다고 생각해 보세요. 곁에 남아 있을 사람이 얼마나 되겠습니까? 마음 안에 어떤 사람도 용납하지 않는 벽을 쳐놓고 있는 경우도 마찬가지이지요. 이럴 경우는 벽 때문에 사람들이 다가오다가 막혀 가버린 줄 모르고, 자신을 스스로 외롭게 만들고 가 버린 사람을 오히려 야속하다 하지요. 이러한 문제들은 중생의 수만큼 많다 해도 틀리지 않습니다. 물론 상대가 나를 보고 시비할 때 그에게도 아무런 문제가 없느냐 하면 그렇지 않습니다. 그도 역시 나와 똑같은 상황이며 같은 처지입니다.

그렇기 때문에 나와 남을 상하게 하는 마음이 일어날 때는 이것이 본래부터 있는 고유한 성품이 아니라 삶의 과정에서 생긴 허망한 마음의 그림자요, 기억인 줄 알고 이 모든 것을 버리고 참된 자유로 나아가야 합니다.

일어나는마음
소멸시키기

● 저장되어 있던 마음이 일어나기 전에 먼저 그러한 마음을 소멸시키는 방법은 없는지요? 구체적으로 말씀해 주세요.

물론 모든 명상법을 꾸준히 정진해 간다면 어느 땐가 다 소멸되는 것이 사실입니다. 그러나 보다 구체적으로 한다면 육도중생관(六道衆生觀)을 하면서 자비관을 하는 것이 아주 효과적입니다.

육도(천·인간·아수라·축생·아귀·지옥)중생관이라고 할 때는 천지 만물지간에 있는 육도 중생도 있지만 자신의 마음속에도 육도 중생이 있습니다. 이를 일러 자성의 육도 중생이라 하며, 자성 중생은 망념으로 이루어진 자신의 마음을 말하며 육도세계는 다음과 같습니다.

첫째가 지옥인데, 지옥이라 하면 크게 둘로 나뉩니다. 하나는 칼산지옥입니다. 칼산지옥은 말 그대로 칼 같은 마음과 이에 상대되는 마음입니다. 칼 같은 마음은 증오하고, 미워하고, 저주하고, 죽이고 싶은 마음이며, 이에 상대되는 마음은 두렵고, 겁나고, 무서운 마음입니다.

또 하나는 화탕지옥인데, 말 그대로 열나고, 부글부글 끓는 마음입니다. 가슴 치고, 분하고, 분통 터지고, 미치고, 화나고, 돌아버리고, 뒤집어 엎고, 짓밟고 싶은, 때려치우고 싶은 마음입니다.

둘째로 아귀인데, 아귀라 하면 굶주려서 헐떡거리고 쫓아다니고 매달리는 마음입니다. 돈, 자식, 사람, 사랑, 음식, 능력, 정치, 지식, 학벌, 장신구 등에 매달리고 헐떡이는 마음인데, 깨달음에 헐떡이고 매달려도 역시 아귀 마음이지요. 이것 외에도 헐떡이고 매달리고 끝없이 부여잡고 집착하며 끌려다니는 모든 마음들이지요. 힘들고 외롭고 슬픈 마음이기도 합니다.

셋째는 축생인데, 축생이라 하면 무지하고 어리석고 덫에 걸려 있고 꽉 막혀 있으며 빠져 있고 홀려 있는 마음입니다. 이와 같은 경우는 아귀와 유사한데, 아귀는 없어서 헐떡이고 축생은 있되 그것에 묶여서 벗어나지 못하고 빠져 있거나 취해 있는 것입니다. 이를테면 쾌락, 감각, 먹는 것, 돈, 정치, 외모, 육신, 재물, 생각, 사상, 이념 등등에 묶여 있으되 묶여 있는 줄 모르고, 다른 것에 대하여는 아예 생각도 관심도 없이 독이 독인 줄 모르고 위험해도 위험한 줄 모릅니다. 옆에서 누가 힘들고 괴로워해도 모르지요. 말 그대로 자신이 좋아하는 것 외에는 아무것도 모르고 관심도 없습니다. 그러다가 자신이 좋아하는 게 없게 되면 즉시 아귀로 떨어지지요.

넷째는 인간인데, 인간이라 하면 무엇이든지 소유하고 가지려하고 자기 것으로 만들려는 마음입니다. 그래서 자기 것으로 만들어서 과시하고 자랑하고 폼 잡고 칭찬받고 인정받아서 우쭐거려 보려는 마음이고, 무엇이든 자기가 중심이 되어서 뭔가를 해야 직성이 풀립니다. 자기 이름이 나야 하고 이렇게 하기 위해서 애쓰고 욕심 부리고, 쓰면 뱉고 달면 삼키며, 이렇게 할까 저렇게 할까 끊임없이 계산하는 마음입니다.

여기에는 물건에 대하여 내 것이다 또는 네 것이다 하며, 사람에 대하여 피(皮)·아(我)를 구분 짓고, 도에 대하여 내 법이다 혹은 내 법이 아니다 하고, 내 종교 남의 종교를 구분 짓습니다. 좋은 것은 소유하고 싫은 것은 버리고 외면하는 것이 인간이라는 중생이 가지고 있는 특징 중에서도 특징이지요.

다섯째는 수라인데, 수라는 뭐든지 이겨야 하고 지면 안 되며, 시기하고, 질투하고, 성깔 부리고, 짜증 내고, 군림하고, 지배하고자 하는 마음입니다. 자기한테 도전하면 안 되고, 순종하지 않으면 화내고, 기분 나쁘고, 어떻게 해서라도 상대의 기를 꺾고, 누르고 위에 올라서고자 하는 마음이지요.

여섯째는 천상인데, 천상 중생은 자존심이 강하고, 뭐든지 안 되는 것이 없을 때 생기는 마음입니다. 즐겁고, 편안하고, 행복하고, 선하고, 착한 것만 추구하되 자존심이 무너지면 즉시 지옥으로 떨어질 수 있는 중생이기도 합니다. 자존심 때문에 항상 고고함을 추구하고, 뭔가 멋지고 고상하며, 아름답고 예쁘며, 그럴듯한 것만을 생각하고, 분위기가 좋은 것만을 꾸미고 사는 마음이기도 합니다.

이와 같은 여섯 가지 마음 세계를 알아차림 하되 자비관을 하거나 허망관(虛妄觀)을 해서 이 마음들을 다 소멸시키고 자신의 마음 안에 있는 중생들을 다 항복시켜야 나와 이 세상 모든 사람들을 참으로 도울 수 있습니다. 물론 육도 중생뿐만 아니라 『금강경』에서 말하는 십류중생 과 욕계, 색계, 무색계를 낱낱이 알아차림 하며 소멸시켜야 부처님과 같이 일체중생을 다 제도하는 데까지 나아가는 것입니다.

● 선생님 말씀을 듣고 내 마음속에 있는 육도를 알아차림 하면서 자비관(慈悲觀)을 하는데, 전혀 생각지도 못했던 체험을 했습니다. 처음에는 육도 중생에 관한 이야기도 많이 들어 익숙했던 터라 오히려 별로 관심도 없고 생각도 하지 않았습니다. 그러다가 아침저녁으로 호흡관과 자비관을 하는데, 기왕에 내 마음속에 있는 육도를 한번 알아차림 하면서 자비관을 해 보자 하는 가벼운 마음으로 시작했습니다.

■ 『금강경』 제2분 「대승정종분」에 따르면 십류중생은 난생(卵生), 태생(胎生), 습생(濕生), 화생(化生), 유색(有色), 무색(無色), 유상(有想), 무상(無想), 비유상(非有想), 비무상(非無想)이다. 『금강경오가해』에 따르면 난생은 어리석은 성품[迷性]이고, 태생은 익힌 습성이고, 습생은 삿됨을 따르는 성품이며, 화생은 보고 나아가는 성품[見趣性]이다. 망령되이 시비를 보아 무상의 이치에 어긋난 것은 유색이며, 복과 지혜를 닦지않음은 무색이다. 입으로는 부처님의 행(行)을 말하면서도 실천하지 않는 것은 유상, 목석처럼 좌선만 하면서 자비희사를 배우지 않는 것은 무상, 유무에 집착하지 않는 것은 비유상, 이치를 구하는 마음이 있는 것은 비무상이다.

처음에는 특별한 마음 없이 그냥 자연스럽게 시작했는데, 하면 할수록 제 몸과 마음속에 상상도 못 했던 육도 중생들이 정말로 많다는 것을 알았고, 이 중생들을 알아차림 하면서 자비관을 하는데 자비관을 왜 해야 하는지를 절절히 체험했습니다.

좀 더 구체적으로 이야기해 보세요.

저는 항상 가슴 때문에 고생을 많이 했습니다. 아마 들어 보셨을 텐데요. '심근 경색증'이라는 병 때문에 정말로 고생을 많이 했습니다. 제 가슴속에서 통증이 일어나기 시작하면 손가락 하나 움직일 수 없을 정도로 아픈데, 당장이라도 죽고 싶을 정도로 고통이 심합니다. 특히 어떤 경우는 이 통증의 여파가 두 시간씩 지속될 때도 있는데 이때는 정말 미칠 것 같습니다. 정말 힘이 듭니다. 그런데 육도를 알아차림 하면서 자비관을 하는데 명상 속에서 굼벵이 같은 벌레부터 소에 이르기까지 온갖 벌레와 짐승들이 눈앞에 떠올랐다 사라지면서 가슴과 배, 옆구리 등에서 온갖 것이 나왔다가 사라졌는데, 그러다가 가슴에 올라오던 통증이나 여러 가지 기운들도 다 사라졌습니다.

그래서 지금은 가슴 통증이 일어나도 아주 미세하게 일어나며, 마음속에 있던 아귀의 마음이나 수라의 마음들도 떠올랐다 사라지면서 모든 것이 다 사라지고 고요히 성성한 가운데 나[我]도 없고 내 마음도 없는데, 일체가 다 내가 아닌 것이 없고 법 아닌 것이 없구나 하는 것을 알았습니다.

열심히 자비관을 하시면서 모든 것이 소멸되어 내가 아닌 것이 없고 법 아닌 것이 없다는 것을 알았다고 하셨는데 정말로 열심히 정진하셨군요. 그런데 내가 없이 일체가 다 나요, 법이라는 것을 알았다 하고, 또 그렇게 말하는데 그렇게 말하는 놈은 어떤 놈입니까?

…

바로 일러 보세요.

그것이 무엇인지 더 이상 참구해 보지 않았습니다.

그러면 지금부터 '이것이 무엇인가' 하면서 참구하되, 모든 것이 끊어지고 없어진 자리에서 오직 의심만 남아서 그놈이 무엇인지 알 때까지 참구하고 나아가세요.

● 저는 자비관을 하는데 제 동생들의 마음이 느껴지면서 그동안 제가 동생들을 싫어하고 미워했던 저 자신이 돌아봐지고, 동생들이 용서되고 참회도 되면서 동생들한테 가졌던 부정적인 마음이 사라졌습니다. 그런 후에 집에 가기 싫어했던 마음도 없어지고, 동생들도 보고 싶다는 생각이 나서 집에 가보니 동생들 마음도 이미 다 풀려

있고 그동안 쌓여 있던 마음들도 모두 다 사라졌음을 알게 되었습니다.

그래서 저는 제 인생에서 생기는 모든 일이 제 마음속에 있는 마음이 드러난 현상이며, 제 마음이 사라지니 실제로 있었던 인간관계마저도 바뀌게 된다는 것을 정말로 체험하게 되어, 삶에서 정말 해야 할 일은 수행밖에 없구나 하는 것을 실감했습니다. 제가 잡고 있던 생각의 틀을 놓아 버리니 부딪치는 일도 없어지고, 집착하고 있던 것을 놓아 버리니 근심 걱정이 없어지고, 거부하고 외면하던 것을 받아들이니 두려움이 없어졌습니다.

● 저는 호흡관(呼吸觀)을 하면서 저 자신에게 자비관을 하는데 답답하던 가슴이 풀리고 무겁던 머리가 시원해지고 맑아졌으며 허리 아프던 것이 없어졌습니다.

가슴은 왜 답답하고 머리는 왜 무거우며 허리는 왜 아팠나요?

가슴이 답답한 이유는 제가 세상을 거부하고 사람들을 미워하며 하고 싶은 대로 안 되니까 스스로 마음 졸이고 마음 아파했기 때문이며, 머리가 무겁고 아팠던 것은 남을 무시하고 내 생각이 옳다 하면서 제 잘난 생각만 키워왔던 결과였고, 허리가 아픈 것은 욕심이 많아서 온갖 것에 집착하고 매달렸던 마음들이 허리에서 등줄기로 올라가면서 꽉 들어차서 근육을 굳게 만든 결과였습니다. 근육이 굳어서 한쪽으로 뭉치니까 척추가 당겨서 한쪽으로 구부러지고 휘어졌는데, 욕심을 버리고 집착하던 것을 버리니까 등의 근육이 풀리고, 근육이 풀리면서 등뼈가 저절로 바로잡혔습니다.

사실 저는 병원에 가서 척주 교정 수술을 하려고 했는데, 병원에서 의사 선생님 말씀은 비뚤어진 척추가 너무 많아서 수술을 해도 좋아지리라는 보장하지 못한다고 했었습니다. 그래서 병원에서도 어렵다 하는 것을 명상한다고 어떻게 나을까 하고 반신반의했었습니다.

● 저는 명상으로 아토피성 피부병이 사라진 경우입니다. 병원에 가서 아무리 약을 써도 잘 나아지지 않았는데, 명상을 하면서 그 원인을 알았고 자비관을 하면서 거의 사라졌습니다.

명상을 하면 몸과 마음과 삶에서 일어나는 부정적인 현상에서 벗어날 수 있는 것은 당연하며, 자신을 속박하고 괴롭히는 것으로부터 반드시 벗어나게 됩니다. 그뿐만 아니라 삶에 대한 집착을 놓음으로써 삶이 자유로워지고, 죽음이 무엇인 줄 알게 되기 때문에 죽음의 공포와 두려움에서 벗어나서 죽음마저도 즐겁게 맞이할 수 있습니다. 죽음을 알고 죽음이 두렵지 않은 사람은 삶에 여유가 있고 자유로우며 모든 속박에서 벗어나 해탈로 나아가게 됩니다. 따라서 이와 같은 사람은 모든 속박과 모든 틀에서 벗어나 자신의 참된 본성을 알 것이고, 자신의 진면목을 알게 되면 생사 가운데에서도 생사와 상관없는 영원한 삶을 살게 됩니다.

● 자비관을 하는데 어디까지 해야 하는지요?

일체의 업이 녹아 없어져서 자성중생(自性衆生: 마음속의 중생)이 다 제도되어 일체의 마음 없이 모든 상이 사라질 때까지 해 가셔야 합니다.

● 저는 계속 명상을 해 나가다 보니 저도 없고 제 마음도 일체 없는데 타인의 마음은 그대로 느껴집니다. 슬픈 사람의 마음이나 좌절한 사람의 마음이 그대로 느껴지는데 이와 같은 경우는 어떻게 하면 좋은지요?

그와 같은 경우에도 슬픈 사람, 좌절하는 사람이니 하는 등 일체 마음을 붙이지 말고 알아차려서 그 사람의 마음이 다 소멸될 때까지 자비관을 계속하시거나, 아니면 그 마음마저도 하나의 마음 현상인 줄 알고 그 마음을 다 받아들이되 추호도 잡지 마시고 다 내려놓으십시오. 그리고 상대의 마음이 다 소멸될 때까지 내려놓기를 계속하면서 일체가 다 허망한 마음의 그림자라는 사실을 분명히 알고 계속하여 자기를 놓치지 말고 명상해 가십시오.

● 저는 아귀 마음이 아무리 해도 소멸되지 않습니다. 자비관을 해도 여전합니다.

음식에 대하여 헐떡거리는 마음이 있을 때는 가만히 호흡관을 하듯이 앉아 명상하면서, 마음으로 먹고 싶은 음식을 먹고 싶은 마음이 다 사라질 때까지 계속 드십시오. 그런 뒤 음식에 대하여 헐떡거리는 마음이 없으면 주변에 배고픈 사람을 떠올리고, 명상 속에서 그 사람의 배고픈 느낌이 없어질 때까지 음식을 주십시오.

그다음에는 이 세상에 배고픈 모든 사람에게 음식을 계속 나누어 주면서 자신의 마음 가운데에 음식에 대한 집착이 끊어질 때까지 계속해서 하되, 마지막에는 살아오면서 배고팠던 과거 기억들을 다 버리고 배고팠던 기억과 함께 당시에 붙어 있던 생각들도 다 버려서 음식을 보면 먹고 싶어 하는 생각이 완전히 끊어져 없어질 때까지 내려놓으시길 바랍니다.

또한 아귀 마음이라는 것은 음식에 대한 것뿐만 아니라, 돈이 없어서 돈에 목매달고, 사랑을 못 받아서 사랑에 목매달고, 배우지 못해 지식에 목매달고, 사람한테 목매달고, 술에 목매달고, 도박에 목매달고, 사치하는 데 목매달고, 자랑하는 데 목매다는 등 목매달고 연연해하고 헐떡이는 모든 마음이 다 아귀의 마음입니다.

즉 채우고자 하는 마음의 배는 한량이 없으나 채워지지 않아서 항상 부족하여 헐떡거리게 되는 마음입니다. 이러한 경우에는 그 헐떡거리는 마음을 자비관으로 조복(調伏) 받거나 허망관(虛妄觀)을 통해서 조복 받거나, 헐떡거리는 마음을 하나하나 알아차림 하여 그 원인을 소멸시키는 연기관(緣起觀)으로 아귀의 마음을 소멸시키면 됩니다. 물론 자비관이나 허망관이나 연기관은 사람의 업식에 따라서 계발된 마음 명상의 방편이며, 어느 것이 더 나은가 그렇지 않은가 하는 문제는 없습니다.

● 선생님, 생각이라는 것은 실체가 없는데 어떻게 버리는지 이해가 안 됩니다.

먼저 묻겠습니다. 생각은 영원합니까?

영원하지 않습니다.

생각은 모양이나 형체가 있습니까?

없습니다.

생각은 본래 있던 것입니까?

잘 모르겠습니다.

살면서 누군가로부터 욕먹은 일이 있습니까?

있습니다.

지금도 욕먹었다는 생각이 있습니까?

있습니다.

그러면 욕먹었다는 그 생각은 욕먹기 전부터 있던 생각입니까?

아닙니다.

아니라면 그 생각은 본래 있던 것입니까?

아닙니다.

그렇다면 욕먹었다는 생각은 어떻게 해서 마음에 있게 되었습니까?

욕먹을 때 만들어졌습니다.

그러면 어떻게 만들고 어떻게 가지고 있었습니까?

잘 모르겠습니다.

잘 모르시면 생각이 만들어질 때 어떻게 만들어지는지를 잘 알아차림 해 보세요. 생각이 만들어지는 순간을 알아차릴 수 없는 분들은 생각이 만들어졌던 과거 기억을 떠올려서 그 당시에 어떻게 만들어졌는지, 또 생각이 만들어진 후에 어떻게 지니게 되었는지를 잘 알아차림 해 보세요. 다시 말해서 형체도 없고 모양도 없는 생각이 어떻게 생겨서 어떻게 유지되고 머무르게 되는지를 알아차림 해 보세요, 그러면 그 생각을 어떻게 버릴 수 있는지 알 수 있습니다.

예를 들어 구체적으로 말씀해 주십시오.

생각을 버리는 데는 세 가지가 있습니다. 생각이 욕망이나 감각에 붙어 있는 경우가 첫째이며, 둘째는 생각이 물건에 붙어 있는 경우가 있으며, 생각이 생각 자체나 혹은 의도나 신념 내지는 사상으로 존재하기도 합니다. 따라서 이런 경우에는 생각이 붙어 있는 대상에 따라 내려놓기도 달라질 수 있습니다.

예를 들면 생각이 물건에 붙어 있을 경우에는 마음이 붙어 있는 물건을 마음으로 버리거나 실제로 그 물건을 버리는 것입니다. 마음으로 물건을 버린다 했는데 어떻게 버릴 것인지 말씀드리겠습니다. 혹시 타고 다니는 승용차가 있습니까?

있습니다.

그러면 그 승용차를 오늘 당장 누군가 꼭 필요한 분한테 당장 줘 보세요.

그것은 곤란한데요.

주는 일이 인생에서 가장 의미 있는 일이라고 생각해 보세요.

생각을 좀 해 보겠습니다.

지금 이 순간 죽는다고 생각해 보세요. 그래도 줄 수 없는지?

줄 수 있습니다.

실제로 줘 보면 더 분명히 체험할 수 있습니다. 이것을 보시 수행이라 하기도 합니다.

부처님께서 출가하시면서 왕위도 버리고 왕궁도 버리고 가족도 버리고 떠나왔습니다. 출가하면서 떠나온 과정도 알고 보면 마음으로 집착하고 있던 것들을 남김없이 다 버리는 수행의 한 과정이었습니다. 물론 보다 근본적인 것은 마음에 있기 때문에 마음에서 놓아 버리는 것이 참된 출가입니다. 그리고 이것을 명상 중에 하게 된다면 내려놓기 명상이라 합니다. 또한 이것을 선에서는 방하착(放下着)이라고도 합니다.

그러면 내려놓기 명상을 어떻게 하는지를 말씀드릴 테니 일러

드리는 대로 해 보세요. 자신의 자동차가 하천 주차장에 서 있는데 홍수가 나서 물에 떠내려간다고 생각해 보세요. 그리고 마음이 어떤지 보세요.

물에 떠내려가면 안 되는데, 하는 마음이 일어납니다.

자동차란 본래 내 것이 아니다, 잠시 쓰다가 놓고 갈 뿐인데, 하는 마음으로 떠내려가는 차를 그냥 바라보기를 해 보세요. 물론 마음이 어떠한지도 살펴보시고요.

마음이 좀 더 편안합니다.

또 자동차 사고가 나서 자신의 차가 폐차장을 거쳐서 용광로에 들어가 철로 녹아서 없어져 가는 것을 생각하면서 사물의 무상함을 마음으로 바라보세요. 자신의 생각도 자동차와 함께 놓아 보세요. 일단 이것부터 명상해 보시고 나머지 것들은 차근차근 일러 드리겠습니다.

다만 명심해야 할 일은 생각 자체가 영원하지 않은 것임을 알아차리고, 그 모양이 없고 형체가 없음을 알고 이것을 또한 명상해야 합니다. 아울러서 자동차와 같이 형체가 있는 것들도 그 자체가 영원하지 않으며 그것이 본래부터 있던 것이 아니라는 사실을 자각하면서 명상해야 합니다.

마음을 알아차리는
명상은 왜 하는가?

여러분은 왜 마음을 알아차리는 명상을 합니까? 오늘은 그동안 각자 해왔던 명상들을 다시 되새겨 보겠습니다. 왜 이 명상을 시작했는지, 지금 명상은 어떠한지, 앞으로 어떻게 할 것인지를 함께 살펴보겠습니다.

● 저는 처음에 자유롭고 고통이 없는 인간이 되고 싶어서 시작했습니다. 성공해서 돈을 많이 벌고 싶었으나 무슨 일이든지 잘 안 풀렸습니다. 어렸을 때 제가 학교 다닐 때는 명상을 곧잘 했는데 대학에 가지 못한 것에 대한 한도 있었고, 엄마가 고생을 너무 많이 하시는 걸 보고 자랐기 때문에 돈 벌어서 잘해 드리고 인정도 받고 싶었습니다. 그런데 나중에 야간 전문대를 들어가고 나니 대학이 별거 아니더군요. 서서히 성공에 대한 자신감이 생겼습니다. 하지만 원하는 대로 이루어지지 않더군요. 그래서 괴로웠고, 이 괴로움에서 벗어나고자 수행을 시작했습니다. 마음을 비우고 내가 무엇인지를 참구했습니다. 자기를 비우면 모든 게 들어올 수 있는 공간이 생기고 그래

서 자유로워지면서 상대방도 자유롭게 만들고 내 마음도 편안해져요.

● 저는 평소 종교는 아편이라는 생각이 있었습니다. 인간의 힘으로 정면 돌파를 해야지 어디 종교에 의존하느냐는 거지요. 교회도 가보고 절도 가 보았는데 깊이 들어가지 못했습니다. 그러다가 가정적인 문제로 이곳저곳을 찾아 헤매다가 명상 인연을 맺게 되었습니다. 그리고 여기서 마음 비우는 법을 알면서 명상을 하게 되었지요. 그렇게 시작했는데, 요즘은 뭐든 하나라도 꾸준히 실천하고 싶은 마음이 일어났습니다. 지금은 저를 한없이 낮추고 비웁니다.

신문에서 발목이 잘린 사채업자의 기사를 읽으면서 여러 가지 생각을 했습니다. 처음에는 이 사람이 참 안 좋은 짓을 했나 보다, 두 번째는 이렇게 발목을 자른 사람도 너무 심하다, 세 번째는 참회를 했습니다. 사실 저는 저를 기분 나쁘게 했던 사람을 칼로 쳐 죽이고 싶었던 적이 많았습니다. 발목을 자른 사람이나 지금 신문을 보고 있는 나나 어떤 원한이나 미움을 가지고 있었다는 데는 똑같다는 생각이 들었습니다. 그래서 그 순간 사람들을 미워하는 마음을 다 내려놓기로 했습니다.

● 저는 너무 사는 게 괴롭고 힘들었습니다. 힘들다는 생각은 어릴 때부터 늘 있었습니다. 명상을 하기 전에는 정말 괴로웠습니다. '더 이상 할 수 없을 정도로 괴롭다.' 이런 생각에 빠져 있었습니다. 명상

을 하기 전에는 '다시는 태어나지 말아야지' 하는 생각을 했습니다. 어떻게 하면 태어나지 않을 수 있는가를 알기 위해서 명상했는데 지금은 그것이 참 웃기는 것이더군요. 태어나는 거나 안 태어나는 거나 모두 제가 만든 거라는 것을 알면서 괴로움에서 자유로워졌습니다. 명상하면서 남을 도와야 한다는 생각도 하는데, 요사이는 돕기 전에 스스로 제 허물부터 닦아야 한다는 생각으로 열심 정진하고 있습니다.

그렇습니다. 남을 돕기 전에 스스로 자신의 허물부터 닦아야 하지요.

● 저는 살아가면서 사람들과 계속 부딪혔습니다. 남에 대해서도 그렇고 나 자신에 대해서도 마음에 안 들고 하루하루가 괴롭고 외롭고 이렇게 살아야 하나 싶고, 어떤 것을 해봐도 별로 재미를 모르고, 좀 하다 싫증 나고 딴 거 없나 찾아 헤매었습니다. 그러다가 서점에서 『반야심경』을 봤는데 그때부터 명상을 시작한 것 같습니다.

그때는 '천하의 잘 나가는 정치인도 병 앞에선 꼼짝 못 하고, 남의 병 잘 고치는 의사도 죽음 앞에 가니까 스님이나 목사 앞에서 꼼짝 못 하네' 하면서 남한테 잘난 면을 보이고 싶고, 남과 비교해서 열등감을 극복해야 한다는 마음으로 명상을 시작했습니다. 그게 쭉 이어진 것 같습니다. 여기저기 수련회도 다녀오고 경전 강의도 들었습니다. 처음에는 아주 재미있었는데 시일이 지나면서 뭔가 허전하더군요. 강의를 들으면서 말은 분명히 맞는데 돌아서면 허전해서 '뭔가 내가 실제로 체험을 해야 되겠다', '법문만 듣는 게 아니고 마음을 닦아야겠다'는 생각을 하고, 그런 인연 만나기를 간절히 원했습니다. 그래서 지난 12월에 처음 수련에 참석하고, 두 번째 할 때는 수련에 대한 의심이 들었습니다. 그러다가 가을에 세 번째 수련에 참석하면서 의심이 없어지고 명상에 대한 믿음이 생기고 이 길만이 내가 살 수 있는 길이라는 생각이 들었습니다. 그 뒤로 마음이 편안해지고 다른 사람과 부딪치는 일도 없어졌습니다. 큰 덩어리가 없어지니, 올해 들어와서는 남하고 싸우거나 언성 높여 본 적이 없는 것 같습니다.

그런데 마음속에 갈등은 남아 있더군요. 주위 사람들이 항상 나에게 인사를 해야 된다는 생각을 하고 있었습니다. 인사를 잘 해야 된다, 안 했을 때는 섭섭하다, 그런데 왜 그 "안녕하세요, 안녕히 계세요" 이 말에 내가 걸릴까? 말이 뭔데 말 때문에 그렇게 섭섭할까? 그리고 요즘은 마음에 걸리는 것이 다가올 때마다 자신에게 질문해 봅니다. '말이 왜 걸리느냐? 걸리는 너는 누구냐?' 그렇게 하고 있습니다.

● 저는 어렸을 때부터 대부분 아무 생각 없이 잘 놀고 즐겁게 지냈던 것 같습니다. 약간의 두려움이 있었을 뿐 늘 만족하고 불행도 없이 지내다가 올봄에 남자 문제로 고민하면서 성격도 바뀌었습니다. 너무나 살기 힘들 정도로 많이 변했습니다. 옛날엔 늘 기뻐했는데 요즘은 늘 안 좋고, 다시 돌아보니까 나는 불행한 사람이고 비난을 잘

하는 두려움이 많고 삶 자체가 불행하게 느껴졌습니다. 그때는 누가 조금만 얘기해도 다 상처를 받았습니다.

'이런 마음으로 도대체 어떻게 세상을 살아갈까' 하고 생각하니까 너무 암담했습니다. 기쁘게 살던 기억도 있는데, 전혀 바뀔 것 같지 않았습니다. 자신도 상처받고 다른 사람과의 관계에서도 목소리가 커졌습니다. 그런 경우가 별로 없었는데 '내가 이렇게까지 나쁘게 변하는구나' 하며 괴로웠습니다. 하지만 이번 여름 수련에 들어와서 업이나 윤회를 보게 되었습니다. 정말 그렇게 될 수밖에 없구나 하는 게 보이고, 하나의 생각 때문에 고통스러운 일이 반복된다는 것을 발견했습니다. 그전에는 바람이 불어도 좋고, 모든 게 다 좋았는데, 힘들 때는 바람이 불어도 나와는 상관없는 일이고, 그냥 사물이 전부 다 동떨어진 것과 같이 느껴졌는데 사실은 그렇지 않았습니다.

확실한 것은 내가 어느 한 마음에 집착해 버리면서 너무나 확연히 바뀌는 것을 여실하게 봤기 때문에 어떤 마음이 막 일어나면 이 마음 때문에 잘못 갈 수도 있겠구나 하는 생각이 들었습니다. 작은 마음 하나라도 알아차리는 게 굉장히 중요하다는 것을 느꼈습니다. 예전에는 그렇지 않았는데 요즘은 양치하러 갔다 싱크대에 다른 사람들이 쓰고 난 컵이 있으면 내가 씻는다는 생각도 없이 씻고자 합니다.

이와 같이 즐거움에 홀린 사람들은 고통이 오는 줄 모르고, 괴로움에 묶인 사람들은 고통이 사라진다는 사실을 모릅니다. 즐거움에 빠진 사람들은 아무리 명상하라고 해도 명상 안 합니다. 그냥 돈도 잘 벌리고 모든 일이 잘되는 사람은 명상하라 하면 명상 왜 하냐, 뭐 하려 하냐 그런 식입니다. 그러다가 괴로운 상황이 오면 어찌할 줄 모릅니다. 예를 들면 IMF 같은 상황이 오리라고는 생각도 못 했지요. 물질을 통해서 얻는 즐거움이나 감각을 통해서 얻는 즐거움은 영원하지 않습니다. 이러한 즐거움 속에는 항상 불행의 씨앗이 함께하고 있습니다.

그런데 사람들이 물질을 소유하려 하는 것은 그것을 통해 얻는 일시적인 즐거움도 있고, 물질에서 행복을 느끼는 것은 이것이 눈에 바로 보이고 쉽게 경험할 수 있기 때문입니다. 그런데 마음을 알아차리는 명상은 눈에 안 보이잖아요. 명상해서 행복해지는 것은 눈으로 볼 수 없지요. 그러니 명상해서 행복해진다는 것을 누가 상상이나 하겠습니까? 물질은 눈에 금방 보이지만, 마음은 보이지 않기 때문에 사람들은 전혀 생각을 못 합니다.

부처님께서 탐욕이 독이라고 말씀하시고 예수님께서 재산을 많이 가진 부자는 천국 가기 어렵다고 하신 얘기를 귀담아들어야 합니다. 오늘날 서구인들이 왜 명상을 찾느냐면 물질은 풍요롭지만 그들의 마음이 허전하기 때문입니다. 마음이 허전하기 때문에 허무하고 쓸쓸해서 상처가 쌓이지요. 그런데 그 고통은 물질 가지고는 해결할 방법이 없기 때문에 명상을 찾을 수밖에 없는 것입니다.

● 저는 삶이 너무 괴로웠습니다. 아버지가 무섭고 두려웠습니다. 우연히 기회가 되어서 이런저런 수련을 하고 다녔는데, 그래도 괴로

움이 계속 쌓이고 한계에 달했다는 느낌이 오고 명상하고 싶다는 생각을 하던 차에 명상할 인연이 되었습니다. 명상을 해 보니까 점점 마음이 편안해지고 괴롭다는 게 무지에서 왔다는 걸 알았습니다. 나만 무지한 게 아니고 너도 무지, 나도 무지, 우리 모두 무지 무지 무지… 무지에서 벗어나면 좋겠다는 마음이 들었습니다. 예전에는 까마득하게 느껴졌는데 지금은 하면 되지 하는 마음으로 명상하면서 밝아지고 힘이 생겼습니다. 아버지도 많이 편안해지신 것 같아요.

명상하면서 어느 정도 수준이 되면 어떤 생각은 안 올라 와야 된다는 생각이 있었습니다. 그런데 그 생각 자체가 잘못된 것이더군요. 올라오는 걸 그냥 보고 따라가지 않고 알아차리는 게 중요한 것 같아요. 그냥 똑같이 볼 수 있는 힘이 생겨야 할 것 같습니다.

모든 것을 인정하되 붙잡지 말고 묶이지 말고 그냥 내려놓고, 들을 때는 듣는 걸 알아차리며 듣고 볼 때는 보는 걸 알아차리며 보고 행할 때는 행하는 걸 알아차리며 행한다면 아무런 문제가 없습니다. 이것이 『반야심경』에서 말하는 몽상에서 멀리 떠나서 일체 망념이 사라지는 열반에 이르는 길입니다.

● 저는 굉장히 답답하고 갑갑했습니다. 여기 와서 명상하면서 제가 예전에 정말 생각 속에 푹 빠져서 살았다는 것을 알게 되었습니다. 생각이 많았던 이유는 사람들한테 잘 보이고 싶고 사랑받고 싶고 인정받고 싶어 하는 마음이 굉장히 컸던 것 같습니다. 지금 생각

해 보면 저의 행동 하나하나가 결국은 사랑받고 싶고 인정받고 싶어 했다는 게 보였습니다. 사랑받으려면 이렇게 해야 되고 저렇게 해야 되는데, 나는 거기에 따라가지 못하니까 저 자신에 대해서 불만이 많고, 자신을 자책하고 싫어하고 들들 볶았던 것 같아요.

답답하기만 하고, 생각이 굴러가다 보면 결국은 죽고 싶다는 생각까지 가더군요. 왜 사는지 모르겠다는 생각이 들고… 그러다 탈출구로 수행에 관심을 갖게 됐습니다. 그러면서 '깨닫지 못해서 이렇구나!' 하는 결론을 내리게 되었고, 그때부터는 깨닫는 것이 목표가 되었습니다. 그래서 여기까지 오게 된 거고요. 예전엔 제 주위에 1미터나 되는 콘크리트 벽이 에워싼 것처럼 답답했었는데 지금은 많이 사라졌습니다. 두께가 얇아진 듯한 그런 느낌이 들었습니다.

● 저는 아주 어릴 때부터 이런 것에 관심이 있었던 것 같습니다. 내가 없어졌으면 좋겠다는 생각이 들고 '내가 뭔가?' 궁금해하는 갈망이 있었는데, 사춘기 때도 마음을 못 잡고… 어떤 편안한 환경에 있었더라면 거기에 묻혀서 살았을 텐데 집이 편하지 않았습니다. 그러면서 정신적으로 꼬였는데 제가 저를 주체할 수 없을 정도까지 심했지요.

그래서 무엇보다 '이것을 해결해야 되겠구나!' 하고 생각했습니다. 그러다가 책을 보고 단학도 접해 봤는데 만족스럽게 해결이 안 되었습니다. 저는 내면을 발견하고 성찰하고 싶었는데 다니는 단체마다 그냥 행동으로 들어가서 밖으로 요구하는 식이었습니다.

그러다가 마음 명상 인연을 만나 '이것이 내가 가야 할 길이구나!' 하는 생각을 하면서 열쇠를 찾은 듯한 느낌이 들더군요. 내면에 들어가 수행하면서 '내가 살았던 게 이거구나!' 하는 것을 알아가며 계속 명상했습니다. 그렇게 하기까지 힘도 들었고 많이도 헤맸지만 마음 명상을 하면서 어떤 부분은 많이 해결됐고, 열심히 정진하면 제 업식(業識)을 모두 뿌리 뽑을 수 있다는 확신도 가지게 되었습니다.

● 저는 살면서 괴로움을 느끼고 삶이란 무엇인가 생각하게 되고 고통으로부터 벗어나기 위해서 이 명상을 만났습니다. 명상해 보니까 자유로워졌고 '나'라는 것 자체가 없다는 게 느껴졌습니다. 하나의 껍질들이 벗겨질 때마다 '나'라는 게 없고 생각들이 모여 만들어진 것이라는 것을 알게 됐습니다. 마음 명상 열심히 해서 정말 자유롭게 살게 되었습니다.

● 나름대로 열심히 살아야지 하면서 과거에도 살았고 현재에도 살고 앞으로도 살 것인데, 자기중심이나 확신이 없는 데서 오는 의심, 회의, 살아서 뭐 하는가 하는 생각, 그리고 죽을 때 뭔가 준비하고 죽어야 한다는 생각, 어떻게 죽을까 하는 그런 생각을 하게 되면서 명상 인연을 만나게 되었습니다. 명상해 보니까 내가 정말 모르고 있었구나, 그리고 모르고 이렇게 살았구나 하는 것도 느꼈습니다.

바로 여러분들이 말한 바와 같습니다. 그러면 우리가 마음 명상, 즉 명상수행은 왜 해야 하는가?

수행은 닦음과 행함을 말합니다. 닦음은 마음을 닦음이며, 마음을 닦는 것은 분별망상을 버리는 것이고, 둘로 나누는 마음을 놓아 버리는 것이며, 일체 생각을 끊어 없애는 것이며, 자신이 살아온 인생을 던져 버리는 것이고, 자기 생각의 틀을 깨 없애고 집착하고 있는 인연의 줄을 잘라 없애는 것입니다. 그래서 일체 생각이 끊어지고 모든 번뇌망상이 사라져서 더 이상 일어날 마음이 없는 본래 적멸(寂滅)한 자리로 돌아가서 본래의 자기, 영원한 자기를 깨닫는 것입니다.

이 자리는 행이니 불행이니, 높니 낮니, 좋다 싫다 하는 등의 일체 분별이 없고, 너니 나니 하는 자타가 없으며, 일체의 시비·분별·번뇌·망상이 사라진 밝고도 밝은 자리입니다. 이 자리로 돌아가는 것이 마음을 닦는 일이며 본래의 자기를 깨닫는 일입니다.

행이란 행함 없이 행하는 것입니다. 행함이 없다는 것은 마음에 분별이 끊어져 일체 상이 없이 한다 안 한다, 잘한다 못한다 구분하는 마음 없이, 일을 할 때도 마음 없이 하고 분별없이 보고 듣고 먹고 쉬고 하는 행을 말합니다.

왜 닦아야 하는지를 이 컵을 예를 들어 봅시다. 이 컵에는 지금 커피가 담겨 있습니다. 커피를 먹고 싶은 사람은 아무 문제가 없습니다. 그냥 마시면 됩니다. 그러나 시원한 냉수를 마시고 싶은 사람은 이 컵으로 마실 수 없습니다. 다른 컵이 있다면 상관이 없으나 컵이 하나밖에 없다면 커피를 비우지 않고는 냉수를 마실 수 없습니다.

문제는 자기 자신이 하나밖에 없기 때문에 컵 하나로 물도 마시고 커피도 마시고 음료수도 마시고 이것저것을 모두 해야 한다면 그 컵을 항상 비워서 닦고 씻어 놓지 않으면 안 되듯이, 자신의 마음도 항상 비워 놓지 않고 어느 하나에 묶어 놓거나 붙잡고 있으면 자신의 삶이 속박(束縛)되고, 그 속박 때문에 하고 싶은 것을 못해서 괴로워할 수밖에 없습니다.

　　그래서 집착의 끈과 욕망의 덩어리를 끊고 없앨 때만이 참된 자기를 깨달을 수 있고 참된 자기로 살 수 있습니다. 과거의 굴레, 부모, 형제, 친구, 돈, 명예, 권력 등에 묶여서 사는 삶으로부터 벗어나 참된 자기로 돌아갈 때만이 모든 결박(結縛)에서 벗어나서 모두를 사랑할 수 있고 도울 수 있으며, 갈등 없이 평화로울 수 있습니다.

　　부처님께서는 돌아가실 때 모든 제자들에게 법에 의지하고 자신에 의지하여 쉬지 않고 정진하라고 하셨습니다. 자신에 의지하라고 한 것은 바로 번뇌망상이 사라진 참 자기를 말함이며, 쉬지 않고 정진하라 함은 한시라도 그 참 자기를 놓치면 번뇌망상에 물들 수 있기 때문이니, 마음 명상하는 분들은 쉬지 않고 정진하셔야 합니다. 그래야 일체의 고통에서 벗어나서 참다운 자기로 살게 됩니다.

알아차림

불교에서 알아차림은 몸과 마음에서 일어나는 모든 현상을 대상으로 알아차리는 것이다. 알아차림의 대상은 사념처(四念處), 즉 몸[身]·느낌[受]·마음[心]·현상[法]을 이야기한다. 몸은 호흡을 포함한 몸의 32부분에 대한 관찰이고, 느낌은 감각(느낌)에 대한 관찰, 마음은 느낌에 따라 일어나고 느낌을 일으키는 마음에 대한 관찰이고, 현상은 의식으로 정신적인 활동(생각, 감정, 견해, 의도, 욕망 등) 현상들이 일어나고 유지되고 사라지는 것을 관찰함이라고 한다. 이는 대상에 대해 좋고 싫은 분별심 없이 있는 그대로, 열린 마음으로, 의도 없이 알아차린다는 뜻이다. 예를 들면, 밖의 눈 내리는 경치를 볼 때[色], 그 순간 일어나는 느낌[受]이나 생각[想], 의도[行], 마음상태[識]를 알아차린다는 것이다. 즉, 대상에 대해 마음을 기울여 알아차리는 행위가 사띠(sati)이며, 알아차림이다.

알아차림 명상은 호흡을 하면서 호흡에 주의를 두고 숨이 들고 나는 것을 알아차리고, 자기 몸의 감각에 주의를 두고 관찰하면서 알아차리고, 자연스러운 호흡과 몸의 감각을 통해 반응하고 일어나는 느낌, 생각, 감정, 의도, 견해 등 다양한 마음 또한 알아차리는 명상법이다. 혜봉 오상목 법사가 안내하는 알아차림 명상법은 90년대 초반 동남아를 중심으로 통찰 명상의 위빠사나 수행을 하는 마하시

전통과 집중하는 명상법의 고엔카 전통에서 익혔다. 일본 야마기시 명상법의 전통을 가지고 수련하는 수행처에서 기본 과정과 심화 과정에 참여해 대중 삶 속에서 깨어 있는 알아차림을 명상하여 개발했다.

◆ 호흡 알아차리기

호흡 명상은 명상 방법 중 가장 기본이 되기도 하지만 그 방법 또한 다양하다. 미얀마 파욱에서 하는 호흡법은 코끝에 주의를 두고 알아차린다. 주의를 코끝 한 곳에만 두고 집중적으로 알아차리기를 시작하여 아랫배로 주의를 옮겨 가기도 한다. 아랫배에 주의를 두고 호흡하는 방법은 티베트와 한국의 전통적인 선 명상 방법에서 호흡하는 명상법이기도 하다. 또한 한국의 전통적인 선 명상 방법에서의 호흡법과 티베트 호흡법은 아랫배에 주의를 두고 숨을 멈추는 지식(止息)을 하고 숫자를 3까지 세고 호흡하기도 한다.

티베트의 호흡 방법을 좀 더 살펴보면 깨달은 스승으로부터 선한 에너지를 들숨에 받아들이고 숨을 내쉴 때는 자신 안의 모든 부정적 마음을 내보내는 방법이 있고, 반대로 상대의 부정적 마음을 들이마시고 내 안의 선한 에너지를 내쉬는 숨에 내보내기도 한다.

혜봉 법사의 호흡 명상 방법은 상대의 부정적 마음을 들이마시고 자신 안에서 정화해서 상대에게 바로 선한 에너지를 보내는 방법이고, 상대의 호흡과 자신의 호흡이 모두 함께 있다는 열린 호흡법이다. 이는 티베트의 통렌 호흡법을 토대로 스스로 체험한 것을 정리한 것인데, 자신의 호흡 속에 모든 존재의 호흡이 있음을 깨닫고 모두가 연결되어 있는 연기적 존재라는 연기법을 바탕으로 오랜 수련 속에서 만든 것이다.

호흡 방법은 다음과 같다. 호흡을 하면서 질문하는 화두 명상법과 첸팅▪을 하는 방법, 이미지를 떠올리는 방법이 있다.

- 자연 호흡으로 숨이 들고 나는 전 과정을 그냥 알아차림
- 코에서 아랫배까지 숨이 들고 나는 것을 알아차림
- 아랫배에 주의를 두고 숨이 들고 나는 것을 알아차림
- 코앞에 주의를 두고 숨이 들고 나는 것을 알아차림
- 코에서 아랫배까지 숨이 들고 날 때 일어나는 느낌과 마음을 보면서 알아차림
- 부위마다 느낌이 있으면 느낌에 따른 마음을 보면서 알아차림
- 아랫배에 숨을 멈추고[止息] 숨을 멈춘 상태를 알아차림

호흡 명상은 인도 요가 수행의 차크라 별로 옮기며 배꼽, 가슴, 목구멍. 위로 올라갔다 내려갔다 하며 알아차리는 방법이 있는데 이

▪ 불경의 단어나 구, 기도문이나 주문을 리드미컬하게 반복하는 행위.

것은 사람 몸의 기혈을 따라 호흡하며, 에너지를 활용하는 데 도움이 된다. 인도 전통 명상법에는 차크라 별로 만트라(Mantra, 진언)를 하는 전통이 있고 짧은 만트라를 염송하기도 하고 호흡 명상법을 적용하기도 한다. 이 명상법은 혜봉 법사가 인도에서 명상한 방법들이 우리나라에 들어오는 것을 보고 연구하여 에너지 별로 활용했다.

다양한 호흡법이 있지만 코끝에서 전체를 보는 호흡 명상 방법은 혜봉 법사가 체험을 통해 만든 방법이고, 호흡을 하면서 거기에 신성한 에너지를 받아들이고 이를 충분히 경험하고 난 뒤 자신 안의 따뜻한 에너지를 내보내는 방법이다.

◆ **몸 감각 알아차리기 - 차크라를 중심으로**

생명 에너지의 중심 통로 차크라(Chakra)는 산스크리트어로 '바퀴'의 의미를 지니고 있는 말이다.

고대 인도에서는 생명 에너지를 '푸라나(Purana)'라 하고, 그것이 집중하는 곳을 '차크라(Chakra)'라 하고 그것이 흘러가는 경로를 '나디(Nadi)'라고 했다. 즉, 차크라란 생명 에너지가 집중하는 에너지 센터라고 할 수 있다.

차크라는 우리 몸에 7개가 있으며, 밑에서 위의 순서로 하나가 완전히 각성했을 때만이 그다음 순서의 차크라가 각성한다. 특히 3개의 차크라는 '그란티(결절)'이라 하여 그다음 차크라로 이동하는 데 커다란 장애가 된다고 한다. 그란티는 동양에선 단전(丹田)이란 용어로 표현한다.

　몸 감각 알아차림은 인도 요가 명상법의 각 차크라에 연결된 특별한 마음을 정화하도록 하는 명상 방법이다. 이는 삶의 행위에서 오염된 부정적 마음을 이완하고 평화롭고 고요한 평정심으로 정화하도록 하는 명상 방법이다. 혜봉 법사는 차크라 별로 다섯 가지 오염된 마음[五毒心]과 연결하여 마음을 정화하는 방법을 계발해 지도했다.

　● 인도 요가 명상의 7개 차크라
　① 물라다라 차크라(뿌리 차크라)
　② 스와디스타나(천골·골반 차크라)
　③ 마니푸라 차크라(태양신경총)
　④ 아나하타 차크라(심장·가슴 차크라)
　⑤ 비슛다 차크라(인후·목 차크라)
　⑥ 아즈나 차크라(미간 차크라)
　⑦ 사하스라라(정수리)

　• 이마는 무지, 지혜, 편견과 악견과 같은 마음과 연결되어 있고
　• 목구멍은 만심, 불만족의 마음과 연결되어 있고
　• 가슴은 자비심과 분노의 마음과 연결되어 있고
　• 배꼽은 환희심, 시기 질투, 불쾌한 마음과 연결되어 있고

• 아랫배는 갈애, 평정심, 불편한 마음과 연결되어 있다.

몸 감각 알아차리기는 몸의 6가지(안·의·비·설·신·의) 감각기관을 통해 대상에 주의를 두고 알아차리는 명상 방법이다. 몸에 주의를 두고 알아차리면 거기에서 느낌(쾌, 불쾌, 중립)이 일어나고, 느낌이 일어나면 느낌에 따라 감정이 일어나기도 한다. 우리가 괴로운 것은 몸의 감각을 인식할 때 발생하는 느낌과 감정, 생각들을 고정적인 것으로 바라보고 집착하는 마음 때문이다. 감각 그 자체는 쾌도 불쾌도 없다. 몸 감각 알아차리기 명상 방법은 감각이 느낌으로 가기 이전에 알아차림을 통해 내려놓는 방법이다. 반복적으로 경험하는 마음의 부정적 상태는 몸에 영향을 주어 몸의 고통으로 경험되기도 한다. 몸의 각 부분에서 감각이 발생할 때 그곳에 주의를 두고 받아들이고 알아차리며, 경험되어지는 부정적 마음과 몸의 상관성을 통해 몸의 감각을 알아차리기만 해도 마음이 만든 괴로움을 덜어내 심신 안정의 효과가 있다.

◆ 존재의 고통 알아차리기 – 보리심 명상
명상의 최종 목표는 알아차림을 통해 깨어 있는 마음인 보리심을 훈련하여 행복에 이르는 것이다. 자신과 모든 존재의 행복을 위해 자신의 몸과 말과 행위에 깨어 있고, 자신과 연결된 모든 존재의 몸과 말과 행위에 깨어 있고, 자신과 모든 존재의 괴로움에 깨어 있고, 행복을 완성한 선지식들의 가르침과 진리에 깨어 있도록 익히는 것이 깨어 있는 마음 보리심 명상이다. 보리심 명상은 네 가지 한계 없는 마음[四無量心]을 설계도로 계발하여 훈련하는 것이다.

- 모든 존재에 대한 한계 없는 자비[慈無量心]
- 모든 존재에 대한 한계 없는 사랑[悲無量心]
- 모든 존재에 대한 한계 없는 기쁨[喜無量心]
- 모든 존재에 대한 한계 없는 평정심[捨無量心]

평온한 마음은 자아나 번뇌가 사라질 때 이루어지는 마음이고, 평정심은 안팎으로 마음을 두지 않을 때 이루어지는 마음이고, 평등심은 대상에 대해 이원성이 사라질 때 이루어지는 마음이다.

혜봉 법사가 티베트에서 명상하던 중 자신과 타인의 괴로움에 깨어 있음을 목표로 하는 명상을 하면서 중앙아시아를 거쳐 중국, 우리나라, 일본 등지로 전해지는 개인의 괴로움에서 벗어남보다도 다른 존재를 돕고자 하는 것을 목적으로 하는 여섯 가지 실천[六波羅蜜] 명상법을 발견하고 관심을 가졌다. 육바라밀(六波羅蜜) 명상은 자신의 마음을 열고 세상 모든 것을 받아들이는 것을 훈련하는 것이기도 하고 자신과 타인에게 폭력이나 분노, 애착, 시기 질투를 하지 않고 악견을 가지지 않고 순수하고 따뜻한 마음을 갖고 알아차리는 명상 방법이기도 하다. 자신의 행동을 알아차림으로써 사람이라는 존재 안의 고귀한 마음을 기르는 명상 방법이기도 하다. 각각의 개인은 연결된 관계 속에 살아간다. 바꾸어 말하면 자신의 진정한 행복은 자신과 연결된 부모나 아내, 남편, 자녀들, 형제자매, 친척과 이웃, 동료들의 삶과 무관하지 않다. 그들이 무탈하고 편안하고 행복할 때 자신도 안심되고 완전한 행복을 경험하게 된다. 이러한 마음으로 명상하는 방법이 우리나라와 일본, 중국에서 주로 다루는 모든 존재의 고통에 주의를 두고 알아차리는 보리심 명상이다.

진언 명상

우주의 소리로
마음을 닦는다

● '진언(眞言) 명상'이란 어떤 명상입니까?

'진언(眞言) 명상'은 말 그대로 '참된 말'로 마음을 닦아서 참다운 자기를 깨닫는 수행입니다. 사람은 언어를 떠나서 살 수 없습니다. 그리고 언어(言語)는 소리[音]를 떠나서 존재할 수 없습니다. 언어, 즉 말은 인간의 생각, 사상, 의미 등이 개입되고 이것이 개념화되어 사용되는 의사 전달의 매개체라면, 소리는 어떤 사물이 자신을 있는 그대로 드러내는 것으로 인위적인 것이 개입되지 않은 사물 자체의 순수한 언어입니다.

이와 같이 '진언(眞言)' 즉 '참말'은 개념 및 인위적인 것이 개입되지 않은, 말 이전의 말을 의미합니다. 인간의 의도가 개입되기 이전의 소리이기 때문에 이것을 '범음(梵音)'이라고 하며 '우주의 소리'라고도 합니다. 이것은 곧 '존재 본래의 소리'이기도 합니다.

진언 명상은 말 이전의 소리를 통해서 존재의 본질로 들어가는 명상 수련으로서, 고대 인도에서 시작해 티베트에서 그 꽃을 피운 명상 방법입니다. 인도 말로는 '만트라(Mantra) 명상'이라고도 하며, '주력 수행'이라고도 하고 총지문(總持門), 심인문(心印門)이라고도 합니다.

진언 명상은 소리를 통하여 우리의 몸과 마음에 쌓여 있는 굳어진 마음을 풀리게 하여 억압되고 누적되어 병의 근원이 되는 두려움, 회의, 미움, 불안, 분노, 질투, 슬픔 등의 아픔과 고통을 해소하고 그것으로 몸과 마음에 긍정적인 삶의 에너지가 흐르게 합니다. 이를테면 '굳어진 습관[업식(業障), 까르마]' 등을 소멸하게 하여 오래된 고통의 고리와 번뇌, 쓸데없는 근심, 걱정[妄想]을 사라지게 함으로써 자연스럽게 몸과 마음을 밝게 하여 번뇌망상이 사라짐은 물론 지혜가 드러나고 마음이 평화로워지며 삼매를 이루고, 부동심(不動心)이 함양되어 여일(如一)한 마음이 되며 참 자기를 깨달을 수 있게 됩니다.

진언에 대해서 좀 더 구체적으로 말씀해 주십시오.

땡~, 이 소리에 개념이 들어가 있습니까? 땡~ (다시 종을 울리며), 이 소리에 좋다 나쁘다가 있습니까? 옳다 그르다, 천하다 귀하다, 잘났다 못났다, 잘한다 못한다 하는 것이 있습니까? 행복하다 불행하다, 아프다 안 아프다, 맞다 틀리다, 너다 나다 하는 것이 있습니까?

그런 것은 없습니다. 바로 이와 같이 상대적인 개념들이 들어 있지 않은 천지만물의 원초적이고 본래적인 소리를 진언이라 하고 '범음(梵音)이다', '우주의 소리다', '존재 본연의 소리다', '진리의 소리다'라고 합니다. 부처님은 참된 말만을 하시기 때문에 부처님의 말 또한 진언입니다.

'이것은 종소리지 어떻게 범음일까?' 이렇게 생각할 수 있는데 정말 우리가 깊이 참구해 보면 이 우주 삼라만상의 소리들이 우주의 소리로 참 소리가 아닌 게 하나도 없습니다. 이 종소리가 어떻게 진리의 소리일까? 이것은 정말 여러분이 명상하면서 열심히 참구하면 알게 됩니다.

자, '아~' 하고 소리를 한 번 내보세요. '오~'를 함께 해 보세요. 이번에는 '마~'를 함께 해 보세요. 여기에 이것이다, 저것이다 하는 상대적인 개념이 있습니까? 그냥 '아~'이고, '오~'이며, '마~'일 뿐입니다. 일체의 개념이 끊어져 있습니다. 이런 소리들도 모두 생각이 없는 본연의 소리입니다. 이러한 것이 바로 모두 다 진언입니다.

진언이 어떻게 해서 사람의 업장을 소멸합니까?

함께 소리를 내면서 느끼고 알아차림 해 봅시다. '쉬~' 하는 소리를 해 보세요. 이번에는 '우~' 해 보세요. 다음은 '음~' 해 보세요. '아~'도 해 보시고 '오~'도 해 보세요. '쉬~' 할 때 느낌이 주로 어디서 일어납니까?

뒤 허리 부위와 아랫배에 느낌이 일어납니다.

그렇습니다. '쉬~' 할 때의 느낌은 신장에 자극을 줍니다. 그래서 아이들 오줌을 뉠 때 '쉬~' 하는 소리를 냅니다. 신장이 풀어져서 오줌을 잘 누라고 하는 소리죠. 그러니 옛날 어른들이 아이들 보고 '쉬~' 하고 오줌을 누게 한 것은 이와 같은 경험에서 나온 것입니다.

이와 같이 '우~' 할 때나 '아~' 할 때나 '음~' 할 때는 각자의 소리에 따라서 울리는 부위가 달라집니다. 이처럼 모든 소리에는 저마다 고유의 울림들이 있는데, 이 소리의 울림에 따라서 몸이 자극을 받고 그 자극에 의해서 몸에 쌓여 있는 마음들이 소멸됨에 따라 몸에 쌓여 있던 업장들이 다 소멸됩니다.

또한 소리 자체에 일체의 망념(妄念), 망상(妄想)이 없기 때문에 누구든지 일체 망념, 망상이 끊어진 소리를 통해서 망념, 망상이 끊어진 자기 본연의 세계로 돌아가 망념, 망상이 없는 참다운 자기를 깨닫고 자신의 성품도 깨닫게 됩니다.

이러한 소리들을 가지고 동서양 사람들은 음악을 만들었습니다. 그리고 음악으로 사람들은 마음속에 있는 어두운 정서를 정화시키는데, 이것을 음악 명상이라고 합니다. 한국 음악 중에서도 마음에 쌓인 응어리를 풀어내는 음악이 있죠. 남도 사람들이 주로 부르는 창(唱)과 판소리가 대표적입니다. 곧 창을 하면서 마음에 쌓인 한을 풀고 승화시킵니다. 그래서 한을 넘어선 소리를 하면 득음(得音)했다고들 합니다. 창을 통해서 억압된 한(恨)을 풀고 정화의 경지에 이르는 것입니다.

그리고 지구와 같은 행성은 움직이면서 소리를 내고 그 소리에는 각각의 음파가 있습니다. 다만 우리가 감지하지 못할 뿐입니다. 사람이 감지할 수 있는 파장은 한정되어 있습니다. 그것에서 벗어나면 소리가 없다는 것으로 알지만 사실 모든 사물들은 소리를 내고 있습니다.

우리 몸을 가지고 확인해 볼 수 있습니다. 손으로 귀를 한 번 막아보세요. 귀에서 소리가 나죠. 이 소리는 우리 몸 안의 세포들이 움직이고 소리를 내고 있다는 증거입니다. 공기가 움직일 때도 소리를 냅니다. 작을 때는 들리지 않으나 그것이 커지면 바람 소리로 크게 들리지요. 이와 같이 소리에는 각각의 파장이 있고 이것은 우리의 몸을 울리게 만듭니다. 파장이 있다는 것은 기(氣)가 있다는 말입니다.

그래서 진언 명상은 소리를 통해서 하는 명상입니다. 소리에서 나오는 파장을 따라 몸의 각 부위가 울리고, 그때 신체 내의 세포 세포마다 깊숙이 기록되고 저장되었던 여러 마음들이 움직이고 풀리기 시작하면서 몸도 마음도 풀립니다. 이 과정에서 업장이 소멸되고 모든 번뇌망상이 소멸되며, 번뇌망상이 소멸된 상태에서 명상(名相)이 끊어진 자기를 참구하면 참다운 자기를 알게 됩니다.

주력 수행은 잘못하면 문제가 있다고 하던데요.

117

자기 마음 안에 무언가를 만들고 밖에서 무엇을 자꾸 부르는 식이 될 때 문제가 생기는 겁니다. 기독교에서 하나님 이름을 부르는 것과 불교에서 부처님의 이름을 부르는 것도 비슷한 경우입니다. 잘못 알고 마음으로 무엇을 만들어서 형상화시키거나 바깥에서 무엇인가를 찾으면 그것이 바로 귀신이고 귀신을 만들고 불러들이는 것이 됩니다.

사실 귀신은 어리석은 인간의 망념, 망상이 만들어낸 환영에 불과합니다. 그런 것을 마음으로 꽉 잡고 있으면 사라지지 않고 자기에게 붙어서 떨어지지 않지요. 그런데 사람은 귀신이 바깥에서 들어와서 떨어지지 않는다고 생각하고 떼어내려고 애씁니다. 자기 마음으로 붙들고 있다는 사실을 모르는 행위이지요.

진언은 소리로써 우리 마음속에 있는 망념과 망상, 즉 자기 안에 잠재된 부정적인 생각과 마음 아프고 미워하고 슬펐던 기억들, 집착하는 마음을 지우고 청소하는 방편으로 사용하는 것입니다. 그런데 이런 것을 잘 모르고 진언 자체를 신비화시키거나 밖에서 무엇을 불러들이는 도구로 사용하게 되면 귀신에게 홀리게 되는 것입니다. 또한 생각지도 않은 체험들을 하면 사람들은 신비롭다고 하며 신비화시키는데, 이런 현상도 마음에서 일어나는 작용일 뿐인데 그 체험이 특별하다고 생각하면 홀리게 됩니다. 그리고 진언을 염송하며 정진하다 보면 번뇌가 소멸되어 온몸에 기운이 돌고, 몸과 마음이 가벼워지고, 병도 치료되고, 모든 것이 사라지는 경험을 한다든지, 미래를 본다거나 타인의 마음을 알게 된다거나 전생을 본다든지, 병을 고친다든지, 영계를 보는 식의 능력이 생길 수도 있는데 이 때 홀리게 될 가능성이 큽니다. 이런 현상, 체험을 가지고 자기는 득도했다 하며 믿고 따르라 하고 자신과 사람들을 홀리는 데 사용하면 마구니가 됩니다.

마구니란 무엇이며, 미래를 보고, 타인의 마음을 알고, 전생을 알고, 병을 고치고, 영계를 본다는 것이 어찌하여 마구니에 홀리는 것입니까?

어떤 것에 미혹(迷惑)하게 하는 것은 참 자기를 등지게 하는 것이므로 모두가 마구니 입니다. 자기를 어지럽게 하면 망념과 망상이요, 참 자기를 잃게 되면 도적놈이요, 자기를 어리석게 만들면 미망이며 이런 것 모두를 중생심이라 합니다. 따라서 마구니라 함은, 중생이 중생의 마음으로 만든 모든 상은 다 마구니 아닌 것이 없습니다.

그리고 미래를 보고 타인의 마음을 알고 전생을 알고 병을 고치고 영계를 보는 것이 어찌 마구니에 홀린 것인가 하면, 참다운 자기 자성에는 과거다, 현재다, 미래다 하는 것이 없습니다. 네 마음 내 마음도 없으며, 병이니 병 아니니 하는 것도 없을 뿐만 아니라 영계라는 것도 알고 보면 마음이 만들어낸 꿈같은 세계입니다. 즉 시공과 모든 현상을 초월한 것이 참다운 자기입니다. 미래를 본다, 타인의 마음을 안다, 전생을 안다, 병을 고친다, 영계를 본다 하는 이 모두가 마음이 만든 꿈속의 일입니다. 그래서 그와 같은 것은 하나의 능력이요, 현상일 뿐 특별한 것이 아닙니다. 그래서 여기에 묶이는 것도 결국 마구니에 홀리는 것입니다.

그러한 것들을 보면 안 된다는 말씀입니까?

보면 안 된다 하는 것도 또한 이미 생각이며 묶이는 것입니다. 명상 중의 그러한 체험들은 '일체가 마음의 환영이구나' 하고 알고 일체 집착을 하지 말라는 것입니다. 체험한 것마저 놓아 버리고 오직 참다운 자기가 무엇인지 참구해 나아가야 합니다.

진언에는 많은 종류가 있다고 들었습니다. 그 종류가 많은 것은 무엇 때문입니까?

이 우주에는 형식에 따라 각각의 다른 모양을 가진 유정·무정들이 많습니다. 삼라만상이다, 천지만물이다 하는 것은 이를 이르는 말입니다. 이렇듯 모든 만상은 모양만 다른 것이 아니라 모양에 따라 가지고 있는 마음도 다르고 기운도 다릅니다. 하늘은 하늘의 기운, 땅은 땅의 기운, 나무는 나무의 기운, 돌은 돌의 기운, 사람은 사람의 기운이 있듯이 이것들이 내는 소리도 제각각 다릅니다.
바꾸어 말하면 소리가 다르다는 것은 각각의 틀과 내용에 따라 기운이 다르다는 것이고 마음도 다르다는 뜻입니다. 사람의 목소리가 다른 이유도 이와 같습니다. 굵은 목소리, 가는 목소리, 부드러운 목소리, 강한 목소리, 슬픈 목소리, 탁한 목소리, 맑은 목소리, 화난 목소리, 즐거운 목소리 등 갖가지 목소리가 있습니다. 목소리가 다르다는 것은 기운이 다르다는 것이요, 기운이 다르다는 것은 마음도 다르다는 것입니다.

그래서 사람의 마음 상태에 맞는 진언이 많이 만들어지게 된 것입니다. 마음이 어두운 사람은 광명진언(光明眞言)을, 참회가 필요한 사람은 참회진언(懺悔眞言)을, 마구니를 항복받아야 할 때는 항마진언(降魔眞言)을, 원결을 풀어야 하는 사람은 해원결진언(解冤結眞言), 번뇌가 많은 사람은 청정진언(淸淨眞言), 중생을 구제할 자비가 필요한 사람은 자비진언(慈悲眞言)이 필요한 것과 같이, 중생의 업과 소멸해야 할 마음에 따라 수많은 진언이 나오고 만들어진 것입니다.

일념(一念)이 되도록
소리에 집중하라

● 진언(眞言) 수행은 어떻게 하는지 알고 싶습니다.

명상, 즉 자기를 닦는 마음 명상은 행주좌와(行住坐臥) 어묵동
정(語默動靜) 간에 일체 번뇌를 조복 받고, 참 자기를 여실히 참구해
가는 것입니다. 따라서 진언 수행도 역시 행주좌와 어묵동정 간에
진언을 일심(一心)으로 염송하여 모든 번뇌망상과 번뇌망상을 일으
키는 마음을 조복 받고, 진언을 염송하는 놈을 돌이켜 알아차리면서
참구해 가는 것이 진언 수행의 핵심입니다.

초보자들을 위해 좀 더 세밀하고 구체적으로 말씀해 주십시오.

진언 수행을 처음 하는 초보자라면, 우선 앉아서 진언 염송을
연습하는 것이 필요합니다. 앉을 때는 반가부좌나 평상좌를 하되,
엉덩이는 방석으로 높여서 참선할 때와 같은 자세로 앉습니다. 등은
바르게 세우고 허리는 앞으로 살짝 내밀며, 머리는 자연스럽게 놓아

두되 턱이 너무 들리지 않게 합니다.

그리고 눈은 가볍게 떠서 앞을 보되 50cm 지점에 자연스럽게 떨어뜨려 놓습니다. 손은 금강합장이나 엄지손가락을 안으로 가볍게 감아쥔 주먹을 만들어 무릎 위에 놓거나, 손을 펴서 무릎 위에 자연스럽게 놓습니다.

그런 뒤에 머리끝에서 발끝까지 몸에 긴장이 있거나 힘이 들어간 부분은 모두 이완시키고, 진언을 자연스럽게 염송합니다. 진언을 염송할 때 입으로는 진언을 한 자 한 자 발음을 분명하게 내고, 귀로는 진언 소리를 놓치지 않고 알아차리며, 눈으로는 진언의 글자를 한 자 한 자 바르게 새기고, 몸으로는 진언을 염송할 때 일어나는 파장을 그대로 느끼면서 알아차리고, 마음으로는 일념이 되도록 오직 진언에 집중합니다.

듣는 데 집중하면 느끼는 것을 놓치고, 느낌에 집중하면 듣는 것을 놓치는데 어떻게 해야 합니까?

그럴 경우에는 우선 하나만 집중하는 게 좋습니다. 즉 진언을 일념으로 염송하되 듣기에 집중하든지 느끼기에만 집중하셔도 됩니다. 다만 본인이 진언을 하되 진언에 일념으로 집중하는지 번뇌망상을 피우는지는 확실하게 아는 가운데 염송해야 됩니다. 이와 같이 마음을 하나로 모아 오직 일념으로 진언을 염송하다 보면, 일체 생각이 사라지면서 모든 번뇌가 끊어지고 나중에는 진언하는 놈만 남거나 허공 가운데 진언 소리만 울리게 됩니다.

진언 중에 생각이 일어나서 일념이 되지 않을 때는 어떻게 해야 하는지요?

생각이 일어나면 일어나는 줄 알고, 흘러가면 흘러가는 줄 알고, 사라지면 사라지는 줄 알되, 생각과 싸우지 말고 오직 진언에만 몰두합니다. 다만 어떤 생각이 집요하게 일어날 때는 그 생각이 사라지지 않는 어떤 원인 내지는 집착이 있기 때문에 사라지지 않는 것입니다. 그럴 경우는 그 원인과 집착하는 바를 알아차려서, 그것을 잘라 버리거나 놓아 버린 후에 다시 진언에 몰두하면 됩니다.

진언에 몰두하다가 갑자기 슬픈 감정이나 답답한 느낌이 올라올 때는 어떻게 하는지요?

슬픈 감정이나 답답한 느낌뿐만 아니라 어떤 느낌이 일어나더라도, 몸과 마음으로 느끼고 알아차리면서 오직 진언에 몰두합니다. 혹시 진언에 몰두하기 어려울 정도로 크게 올라오면 외면하지 말고 직면하시되, 없애려고 씨름하지 않고 빠져들지도 않고 그대로 놓아두고 오직 일념으로 진언만 염송하셔야 합니다.

무슨 말인가 하면, 사람들은 일반적으로 답답하거나 허무하거나 괴롭거나 허전하거나 쓸쓸하거나 짜증이 나거나 슬프거나 화나거나 귀찮거나 불안하거나 두렵거나 불편한 느낌과 같이 좋지 못한 감정이나 느낌이 일어나면, 피하거나 외면하거나 싫어하는 고질적인 잠재 성향이 있습니다. 또 즐겁거나 편안하거나 행복하거나 시원하거나 기분 좋은 느낌이 일어나면, 집착하거나 쫓아가거나 좋아하는 고질적인 잠재 성향이 있습니다.

이럴 경우 싫어하는 느낌이나 현상에 대해서는 외면하거나 도망가거나 피하는 마음을 과감하게 버리고 오히려 마음을 열고 받아들여 하나가 되도록 합니다. 다만 그러한 느낌의 원인을 알아차려서 뿌리 뽑아야 합니다. 그리고 좋은 느낌들이 일어나면 붙잡거나 쫓아가지 말고 단호하게 놓아 버리세요. 이것 역시 붙잡는 순간 집착하게 되고, 집착하면 즉시 고통의 원인이 되고 윤회의 씨앗이 됩니다.

진언 중에 사람 형상이나 동물 형상이 보일 때는 어떻게 하는지요?

사람이나 동물뿐만 아니라 물건이 보이더라도, 이러한 것들은 모두가 자신의 마음에 저장되었다가 나오는 과거 생각의 그림일 뿐이니, 하나도 좋아하거나 싫어할 것도 없고, 놀라거나 신기해할 것도 없이 과감히 놓아 버리시고 오직 진언만 염송합니다.

특히 진언을 염송하다 보면 귀신같은 형상을 한 사람이 나타나거나 자신이 아는 사람이 안 좋은 모습을 하고 나타나면 겁을 먹습니다. 동물 중에서도 징그러운 동물이 나타나면 놀라서 진언을 멈추게 되기도 하고 마음에서는 도망가기 바쁩니다. 반면 보기 좋은 경치나 신비한 현상들이 나타나면 좋아서 쫓아가거나 홀리기 쉽습니다. 이러한 모든 것들은 살아가면서 몸과 말과 마음으로 지어서 저장된 탐·진·치 삼독이 형상화되어서 나타난 마음의 환영이며 그림자일 뿐입니다. 그러니 하나도 무서울 것도 없고 따라갈 것도 없습니다. 오직 일념으로 진언을 염송하시면 됩니다.

진언을 하면 허리와 가슴이 아파서 오래 하지 못합니다.

몸이 아프면 아픈 느낌을 그대로 거부하지 않고 받아들여 느끼면서 마음으로 몸을 던져 버리고 진언에 몰두하세요. 그러다 보면 아픔은 사라지게 됩니다. 몸은 본래 4대[地水火風]로 이루어져 있기 때문에 때가 되면 병들어서 무너지게 됩니다.

그러니 자신의 몸에 너무 집착하지 마세요. 아픈 것에 연연하지 않으면 몸의 고통이라는 것도 무상하니 전혀 문제가 되지 않습니다. 그렇다고 함부로 하라는 이야기는 아닙니다. 다만 때가 되면 무너지는 것이니 추호도 집착하지 않고 마음으로 불 속에 던져 버리든지 짐승들한테 먹이로 주어 버리고 오직 진언에 몰두하세요.

부처님께서는 보리수 아래에서 정진할 때 몸에 대한 집착을 끊고 그 실체에 대해서 여실히 알기 위해서, 명상 중에 온몸의 살점을 한 점 한 점 도려내어 동물들에게 공양하기도 하고, 독수리나 새들이 온몸을 뜯어먹어 몸이 다 없어지는 것을 명상하기도 하셨습니다.

또 온몸이 썩어서 4대가 흩어져서 흙으로 물로 공기로 불(火)의 기운으로 사라지는 것 또한 수없이 명상하셨습니다. 그리고 티베트의 성자였던 밀라래빠도 이와 같은 명상을 하셨습니다.

● 참회(懺悔)진언, 자비(慈悲)진언, 준제(准提)진언과 같은 진언에 대해서 말씀하셨는데 이것은 각각 어떤 특징이 있는지요?

첫째, 과거로부터 지금까지 인생을 살아오면서 몸과 말과 마음으로 지은 허물들을 뉘우치고 앞으로는 다시는 짓지 않고자 지금까지 지어왔던 허물들을 영원히 끊어 없애는 것을 참회라 합니다. 이와 같이 하고자 하는 진언이 참회진언인데 참회진언 '옴 살바 못자 모지 사다야 사바하'를 일념으로 염송하는 것이 참회진언 염송법입니다.

이 진언을 염송하기만 해도 진언 자체의 기운에 의해서 자신의 허물이 자연스럽게 녹아 없어지기 때문에 참회가 되는 것이 사실입니다.

그러나 그냥 진언을 염송하기보다는, 진언을 염송하면서 자신이 지은 살의와 살생, 살인, 폭력, 저주, 강도, 강간, 간음, 도둑질, 사기, 거짓말, 이간질, 욕설, 시기, 질투, 억압, 방탕, 비난, 탐욕, 화, 증오, 오만, 교만, 불신, 어리석음, 미혹, 무지, 미망 등의 허물을 구체적으로 하나하나 돌이켜 뉘우치면서 그와 같은 과거 행위들을 마음으로 소멸시켜갑니다. 이와 같은 마음들이 모두 사라져서 허공처럼 텅 비위진다면 참회 중에서도 진참회가 됩니다.

둘째, 자비진언 '옴 마니 반메 훔'은 보통 육자진언이라고도 하는데, 이것은 관세음보살님께서 일체중생을 육도에서 해탈시키려고 염원한 한량없는 자비의 마음에서 나온 진언입니다. 관세음보살의 자비심은 중생의 한량없는 모든 고통을 자신이 다 받아서 대신 소멸시키겠다는 지극한 사랑의 마음입니다. 이러한 염원이 담긴 진언을 자비진언, 또는 관세음보살 본심미묘 육자대명왕진언(觀世音菩薩 本心微妙 六字大明王眞言)이라 합니다. 이 진언 염송은 사랑의 마음이 이 우주법계에 울려 퍼지는 일종의 축복입니다.

따라서 누구든지 이 진언을 지극 정성으로 염송하면 관세음보살과 같은 자비의 마음으로 충만하게 되고 이 진언을 염송할 때는 탐심(貪心), 진심(瞋心), 치심(癡心), 만심(慢心), 의심(疑心), 악심(惡心) 등에 의하여 만들어진 육도 중생들의 모든 고통을 생각하면서, 육도 중생의 고통을 자신이 다 받아들이겠다는 마음으로 계속해서 염송하면 모든 악심과 증오심이 모두 소멸됩니다.

자비진언을 염송할 때는 자기 자신을 포함하여 자신과 가까운 사람으로부터 이 세상 모든 사람, 모든 만물을 떠올리며 이와 같은 자비의 마음으로 진언을 염송하면서 모든 존재들의 고통을 자신 안으로 받아들이고, 관세음보살님의 자비 에너지를 모든 존재에게 보냅니다. 그렇게 계속 진언을 염송하다 보면 자신의 마음이 평화롭고 너그러운 자비의 마음으로 더욱더 증장되면서 모든 악연도 사라지고 삶의 어려움도 풀리게 됩니다.

셋째, 준제진언 '나무사다남 삼먁 삼못다 구치남 다냐타 옴 자례주례준제 사바하 부림'은 청정진언이라고 하는데, 준제라는 말은 본래 인도의 말을 그대로 음역한 말인데 청정하다는 뜻입니다. 『천수경』에 보면 준제보살은 7억 부처의 어머니[七俱胝佛母大准提菩薩]라고 합니다. 이것은 곧 무엇을 의미하는가 하면 청정한 본래면목(本來面目)은 모든 부처를 나게 하는 근본이라는 뜻입니다. 그래서 모든 번뇌망상을 닦고 닦아서 자신의 마음이 허공처럼 텅 비고 맑은 물처럼 맑고 깨끗해지면, 누구든지 부처를 이룰 수 있다는 뜻입니다.

따라서 준제진언을 염송할 때는 허공과 같은 텅 빈 마음으로 몸과 마음에 있는 일체 번뇌망상과 집착과 습관들을 다 내려놓고 더 이상 버릴 것이 없을 때까지 염송합니다. 그렇게 염송하다 보면 나중에는 모든 것이 다 사라지고 오직 허공 가운데 진언만 울려 퍼집니다. 그렇게 오직 허공 속에서 진언만 남게 되면 돌이켜 '진언하는 이놈은 어떤 놈인고?' 하고 질문 속에 머무르다 보면 자신의 본래면목을 알게 되지요.

● 광명(光明)진언은 어떻게 염송하는지요?

광명진언 '옴 아모카 바이로차나 마하무드라 마니 파드마 즈바라 프라바를 타야 훔'은 비로자나 부처님의 무한한 광명에서 나온 진언으로, 이 진언을 염송하면 어떤 죄업을 지었더라도 비로자나 부처님의 무한 광명에 의하여 모두 소멸되는 진언입니다.

따라서 아귀, 축생, 아수라의 세계에 떨어진 중생을 위해서 지성으로 염송을 하면 이 진언의 힘으로 모든 죄업이 소멸되어 극락세계에 환생하게 되고, 죽은 이를 위해 염송하거나 악업을 지은 사람이나 두려움이 많은 사람들을 위해서 지성으로 염송하면 두려움과 모든 악업이 소멸된다고 합니다.

그래서 광명진언을 염송할 때는 일념으로 염송하되, 밝은 태양과 같은 광명을 떠올려서 자신의 몸과 마음을 광명이 되게 한 상태로 염송합니다. 그리고 모든 악업과 모든 인연 중생들을 빛이 되게 관상하면서 염송하면 자신의 악업도 소멸되고 죽은 영가도 천도됩니다.

● "옴 마니 반메 훔"은 본래 '연꽃 속의 보석이여!'라는 의미를 갖고 있다는 말을 들었습니다.

그렇습니다. 모든 진언(만트라)은 인도의 산스크리트어로 발음된 언어들인데 그 진언이 가지고 있는 고유한 뜻이 없는 것은 아닙니다. 이를테면 기독교인들이 사용하는 '할렐루야'도 일종의 진언이 됩니다.

● 그렇다면 그 진언이 가지고 있는 의미는 무엇인지 말씀해 주세요.

이를테면 '옴 마니 반메 홈' 이라는 자비진언은 '연꽃 속의 보석이여'라는 뜻인데, 흙탕물 속에서 피는 연꽃은 곧 우리가 사는 욕망의 세계에 물들지 않고 진리의 꽃으로 피어난 보살을 의미합니다. 또 보살에게 있어서 보석은 깨달음의 마음인 보리심을 말하며, 보리심이 드러나서 피우는 향기는 자비의 향기입니다. 그렇기 때문에 '옴 마니 반메 홈'을 염송하면서 자비심을 생각하면 '옴 마니 반메 홈'을 염송할 때마다 자비심이 무한히 샘솟아서 관세음보살의 가장 큰마음인 자비의 마음이 이 우주 법계로 무한히 퍼져 나가게 됩니다.

그러면 그 반대의 경우도 있는지요?

물론 있습니다. 예를 들면 '야! 병신 같은 놈아!' 하는 말을 반복해서 하게 되면 이것도 진언이 됩니다. 이 말은 우리의 화나는 마음 때문에 생긴 말인데 이 말을 반복해서 쓰면 화나는 마음이 담겨 화의 진언이 되어서 '병신 같은 놈'이라는 말을 자주 하는 사람 또는 그 상대의 몸과 마음이 주눅 들고 화가 계속되어 병신 같은 놈이 되어 버리게도 합니다.

● 진언은 소리 이전의 소리, 개념 이전의 소리인가요?

그렇습니다. 그렇기 때문에 소리 이전의 소리, 개념 이전의 소리에 한 마음이 생기고, 의미를 부여해서 진언을 만들어 염송하면 그에 따른 진언이 되는 것입니다. 진언이 많은 것도 다 이와 같은 이유 때문입니다.

● 말 이전의 말은 어떤 것이 있나요?

순간 크게 소리치는 '악!'과 같습니다.

그러면 큰스님들께서 "할!" 하고 소리치는 것도 같은 이치입니까?

바로 그렇습니다.

● 진언은 왜 번역하지 않고 산스크리트어 그대로 염송하나요?

'옴 마니 반메 훔'이라는 진언을 예로 들어 말씀드리면 '옴' 소리는 소리 자체로부터 나오는 고유한 음의 기운과 파장이 있습니다. 이 파장이 작용하면 천상 세계의 마음들을 소멸시킨다고 하고 '마'는 수라 세계, '니'는 인간 세계, '반'은 축생 세계, '메'는 아귀 세계, '훔'은 지옥 세계에 있는 중생들의 마음을 조복 받고 멸도(滅度)시키게 됩니다. 그런데 '옴 마니 반메 훔'라는 진언의 음파를 무시하고 뜻만 새겨서 '연꽃 속의 보석이여' 하는 말로 바꾸어서 염송을 하면 그 작용이 달라지게 됩니다.

　따라서 '옴 마니 반메 훔'이라는 진언으로 육도의 모든 중생들을 도와서 열반에 이르게 하려면 그 뜻도 새기면서 자비진언이 가지고 있는 고유한 음을 살려서 하는 것이 중요합니다. 그리고 자비진언의 여러 뜻 중에서도 정말로 살려내야 하는 것이 있다면 관세음보살의 본래 마음인 자비심이 핵심이기 때문에 '옴 마니 반메 훔'을 염송할 때는 자비심을 생각하면서 염송한다면 본래의 뜻도 살려내고 '옴 마니 반메 훔'이라는 진언이 가지고 있는 소리의 효과도 살려낼 수 있습니다.

진언을 염송하는
이놈은 누구인가?

● 자신의 업식을 다 소멸시켜 아무것도 없이 고요하게 진언만 남을 때에는 어떻게 해야 하는지요? 그냥 고요한 그 상태 그대로 진언만 염송하면 되는지요?

고요히 진언에 집중하여 오직 일념으로 진언을 염송해도 좋습니다. 그러나 고요한 상태에만 집중하다가 보면 고요함에 묶일 수 있습니다. 그렇기 때문에 고요함마저 놓아 버려야 합니다. 그리고 진언을 염송하는 중에 '진언을 염송하는 이놈은 무엇인가?' 하고 참구하세요. 참구하다가 분명하게 '바로 이것이구나!' 하고 알 때는 그냥 혼자 '이것이다' 하고 끝내지 말고 먼저 참구하신 선지식들에게 반드시 참문(參問)하여 수행 점검을 받으셔야 합니다.

● 저는 외로운 마음 때문에 진언 명상이 잘 안 됩니다.

외로운 마음에서 벗어난 분의 말씀을 들어 보면 좋을 것 같습니다.

저는 며칠 전 명상을 하면서 외로움에 대해서 봤습니다. 지금 상황으로는 외로울 일이 없을 것 같은데, 항상 아주 깊이 외로움에 대한 두려움이 제 곁을 떠난 적이 없습니다. 친구 관계나 가족 관계 속에서 조금이라도 저를 거부하고 비판하고 싫어하는 기운이 있으면 그것을 참지 못했습니다.

그것이 무엇인지도 모르면서 이러한 것이 제 성격인 줄로만 알았는데 외로움이 너무나 정확하게 보였습니다. 그리고 그 외로움이 어디에서 왔는가를 보니, 어렸을 때 아버지가 편애하는 것을 너무나 싫어하는 제 모습을 봤습니다.

'아무것도 아닌 것을, 50년이 넘도록 나를 고생시켰구나!' 알게 되니까 저 자신에게 너무 미안했습니다. 밤이고 낮이고 저 자신에게 미안해서… 그리고 준제진언을 하면서 보니까 별것도 아니었습니다. 자고 있는데 아버지가 과자를 사 가지고 들어와서는 언니하고 동생은 깨우면서 저는 안 깨우는 거예요. 나는 오기가 나서 절대 일어나지 않았습니다.

그런데 자꾸 과자 소리가 나고 엄마가 깨우니까 일어났던 기억들이 있었습니다. 그리고 아버지랑 밥을 먹을 때도 불고기를 동생이나 언니의 수저에는 올려 주고 저에게는 그러지 않았습니다. 그래서 불고기를 죽어도 먹지 않았던 생각도 났습니다. 그 사소한 것들이 모두 떠오르더라고요.

집은 부유하게 살았는데 단지 아버지가 잘해 주지 않았던 것이 서운했습니다. 지금은 모든 사람들이 저에게 잘해 주는데도 그 기억 때문에 외로웠습니다. 누구는 세상을 구제하겠다고 하는데 저는 저에게 매여서 정말 아무것도 아닌 것을, 친구들에게도 시집 식구들에게도… 그래서 저를 싫어하는 사람들도 모두 제 마음에서 다 이리저리 치고 처리하고 하는 외로운 업을 짓곤 했습니다. 어제 선생님께 말씀드리면서 그 마음들을 다 지우고 내려놓았습니다.

진언을 염송할 때는 먼저 진언만 염송해 보세요. 그렇게 하시면 진언만 염송이 되는지 아니면 이러저러한 망상이 일어나는지를 바로 알 수 있습니다. 먼저 진언만 염송이 되면 진언 염송하는 것에만 마음을 모아서 염송하시고 진언 염송 중에 번뇌망상이 일어나면 염송하는 진언을 마음이 일어나는 현상을 향해서 염송해 보세요. 그러면 그 마음이 사라지거나 아니면 그 마음이 일어난 마음의 원인을 알게 되어 번뇌망상을 일으킨 마음에서 벗어나게 됩니다. 앞에서 말씀하신 분도 이와 같이 정진해 가시면 됩니다. 그런데 진언을 하고자 하는 마음과 일어나는 번뇌가 싸우게 되면 오히려 명상이 더 멀어지고 머리만 아프게 됩니다.

● 명상은 바깥 대상에 대하여 시비분별(是非分別) 하던 마음을 안으로 돌리는 것인지요?

그렇습니다. 그래야 망상을 짓지 않고 시비도 일으키지 않으며 자기를 밝게 비추어 모든 망념 망상과 시비분별을 다 소멸하고 참 자기를 깨닫게 되는 것입니다. 엄마한테 시비분별 하던 분 있으시죠?

● 저는 시비분별하는 마음 때문에 엄마와 자주 다투었습니다. 엄마를 미워하고 싫어했는데 오늘 앉자마자 엄마를 떠올려서 계속 진언 명상을 했습니다. 마음 안에서 항상 엄마를 질질 끌고 다니면서 미워했다가 슬퍼했다가 아파했다가 하며 살았는데, '이제는 더 이상 이렇게 지내지 말자'라며 부처님께 간절히 다짐했습니다.

그런데도 엄마에 대해서 마음이 깔끔해지지 않더라고요. 그래서 계속 정진했는데 정진 중에 제가 엄마에 대해 얼마나 큰 집착을 가지고 있는지를 알았습니다. 엄마한테 사랑을 원하며 다가갔다가 안 되면 슬퍼하고 미워하고 아파하고 다시 사랑받길 바라고…. 제가 얼마나 큰 집착을 끌고 다녔는지 여태까지 모르고 살았습니다. 정말 엄마 문제가 아니었습니다. 제가 절에 다닌 지가 몇 년이 되었어도 엄마에 대한 미움을 해결하지 못했는데, 이제야 저의 커다란 집착을 보았습니다.

제 집착을 끊으려고 했던 게 아니라 엄마가 바뀌길 더 원하며 문제를 밖에서 풀려고 했었던 게 많았던 것 같습니다. 저 자신을 보는 것보다 엄마가 바뀌어 저한테 따뜻하게 대해 주길 바랐습니다.

정말 엄마에 대한 제 집착을 제대로 못 보고 괴로움 속에 여태 살아오면서 집착을 확실하게 끊어야겠다는 생각은 한 번도 안 했습니다. 엄마뿐만 아니라 사회생활에서도 일이 잘 풀리길 바랐던 것도 다 외부에서 구했었고, 명상이나 생활하는 모든 것도 정말 제대로 알아서가 아니라 과거에 짓고 저장해 두었던 업식에 따라서 홀려서 했고, 사람을 대할 때 말할 때 행동할 때도 과거에 지었던 업식으로 하지 않은 게 없었습니다.

사람들은 가만히 있는데 제 마음에서 부여잡고 묶었다가 다시 놨다가 그렇게 수없는 삶을 살았습니다. 화살을 외부에 돌린 채 제 마음에서 시작했던 모든 것들이 그게 참인 줄 알고 믿고 살았습니다. 제가 얼마나 어리석게 타인이 바뀌길 원했었는지, 제가 얼마나 집착이 많은지, 제가 뿌린 고통의 씨앗이 얼마나 많은지 몰랐습니다.

참회하고 또 참회했습니다. 부족한 명상이지만 이제 밖으로 향했던 마음들을 안으로 돌리니 시비하고 다투던 마음이 많이 가라앉았습니다.

급하고 들뜬 마음들도 다 과거 업식에서 나오는데, 과거 업식은 자기가 살아오면서 자신이 만들어 저장시켜 놓은 여러 가지 생각들입니다.

● 진언하기 직전에 굉장히 급한 제 성격을 봤습니다. 밤을 깔 일이 있어서 ㅇㅇ한테 "밤을 까주겠니?" 하니까 "이따 까드릴게요"라고 했습니다. 그런데 제가 그냥 까버렸거든요. '지금 아니면 깔 시간이

없는데 언제 까나?' 하면서 설거지하다가 그것도 그냥 놔두고 밤을 깠습니다. 그리고 또 ㅇㅇ한테 "건포도 하나만 사다 주겠니?" 했는데 사 오지를 않아 찾아보니 앉아 있기에 "뭐하냐? 지금 아니면 언제 사러 가니?" 하면서 재촉했습니다.

두 가지 일을 보면서 제가 누군가에게 일을 부탁한다든지 했을 때 말이 떨어지자마자 하지 않으면 화가 난다는 것을 알았습니다. 어제 점심을 하면서 설거지가 늦어지고 설거지 양도 많은데 저녁 식사 시간이 거의 다 되어가고 저녁 스케줄도 있어 마음이 바빠졌습니다.

그런데 설거지하는 분들이 세월아 네월아 하는 것처럼 보이는 거예요. 그분들이 열심히 하고 있는데도 불구하고 제 마음이 급한 거예요. 마음이 급하니까 덤벙거리다가 전혀 데이지 않을 일인데 불에 데었거든요.

그래서 아! 하며 저 자신을 살펴보니 아버지가 떠올랐습니다. 아버지는 말이 딱 떨어졌을 때 그 자리에서 안 하면 아주 불같이 화를 내셨습니다. 아버지랑 같이 일을 하면서 힘들고 아주 지겨웠던 기억들이 났습니다. 기억들을 하나둘 지우는데 싫은 기억이 제 몸을 전부 덮고 있더라고요. 어떻게 할 수가 없었습니다. 하나씩 버리자니 한도 끝도 없고. "바닷물을 바가지로 퍼내듯이 하라"는 말씀이 생각나 하나씩 하자고 했는데도 이것이 또 얼굴을 덮어 버리는 거예요.

그때 옆에서 ㅇㅇ이가 우니까 저도 같이 눈물이 났습니다. 그러면서 순간, 끌려가고 저를 잊어버리고 있는 제가 느껴져서 '이럴 때는 어떻게 해야 하지?', '우는 사람에게 마음이 가야 하는가? 나를 챙겨야 하는가?', '싫은 기억들을 다 없애지도 않았는데' 하는 생각이 나면서 정신이 들었습니다. 그래서 진언 속에다 그 모든 기억과 현상들을 다 녹여 없애자는 마음으로 진언을 하니까 사라지더라고요. 계속 몸 전체를 진언으로 계속해서 녹여 없앴습니다. 나중에는 아주 조그마한 인형처럼 녹아 없어졌습니다. 그리고 계속 진언을 하는데 아주 기분 좋은 환희심이 나면서 춤을 추고 싶은 그런 느낌이 들더라고요.

저번에도 한 번 진언을 하다가 춤을 추고 싶었는데 얼른 잘라 버렸거든요. 그런데 이번에는 자르지 말고 한 번 가보자 하고 따라갔더니, 아주 흐느끼는 살풀이를 추고 있는데 그 살풀이가 한이 외로움으로 뭉쳐진 춤이더라고요.

그러다 '이것을 따라가는 것은 나를 놓치고 업식을 따라가는 게 아닌가?' 하는 생각이 들어서 다시 진언으로 돌아와 집중을 했더니 그야말로 진언 자체가 되었습니다.

그리고 제 생활에 큰 변화가 있어서 나누고 싶습니다. 저는 이번 주에 부산에 갈 예정이었는데, 예전 같으면 한 일주일 갈 예정이면 늘려서 열흘쯤 갔다 왔지요. 그런데 부산에 가지 말아야겠다는 생각이 들어 과감하게 안 가겠다고 했습니다.

옛날에는 가지 않으면 마음이 들뜨고 좀이 쑤셨는데 지금은 아무 상관 없습니다. 저로서는 너무너무 큰 변화입니다.

● 명상이 안 되면 어떻게 해야 합니까?

안 된다는 마음을 놔 버리세요. 물론 된다는 마음도 잡지 마세요. 된다, 안 된다 하는 마음을 모두 놓아 버리고 명상해 가세요.

참회·자비·청정·광명·항마진언

◆ 참회진언
'옴 살바 못자 모지 사다야 사바하'

◆ 자비진언(본심미묘진언)
'옴 마니 반메 훔'

◆ 청정진언(준제진언)
'나무사다남 삼먁 삼못다 구치남 다냐타 옴 자례주례 준제 사바
하 부림'

◆ 광명진언
'옴 아모카 바이로차나 마하무드라 마니 파드마 즈바라 프라바
를 타야 훔'

◆ 항마진언
아이금강삼등방편(我以金剛三等方便)
내가 이제 금강 같은 세 가지 방편 쓰되

신승금강반월풍륜(身乘金剛半月風輪)
몸을 금강같이 하고 마음을 허공과 같이 하여

단상구방남자광명(壇上口放喃字光明)
단위의 입으로는 남(喃)자의 광명을 쏟아내어

소여무명소적지신(燒汝無明所積之身)
무명 쌓여 이루어진 너의 몸을 태우리라

역칙천상공중지하(亦勅天上空中地下)
또한 천상 허공 땅 속 모든 세계 명령 내려

소유일체작제장난(所有一切作諸障難)
있는 바 모든 장애 어려움을 없애리니

불선심자개래호궤(不善心者皆來胡跪)
착하지 않은 자여, 모두 와서 무릎 꿇고

청아소설가지법음(聽我所說加持法音)
내가 설한 가지 법음 모두 함께 들으라

사제포악패역지심(捨諸暴惡悖逆之心)

사납고 악하고도 거슬리는 나쁜 마음 모두 던져 버리고서

어불법중함기신심(於佛法中咸起信心)

부처님 법 가운데서 모두 함께 신심 일궈

옹호도량(擁護道場)

도량을 품어 안고 보호하며

역호시주(亦護施主)

시주 또한 보호하여

강복소재(降福消災)

재난 없애고 복 줄지니

'옴 소마니 소마니 훔 하리한나 하리한나 훔 하리한나 바나야
훔 아나야 혹 바아밤 바아라 훔 바탁 사바하' ×3번

절 명상

자신을 비우는
절 명상

● 모든 종교에는 절하는 의식이 있는데 저희가 하는 절 수행과는
어떤 공통점과 차이점이 있는지요?

　절하는 법은 크게 두 가지로 나눌 수 있는데 첫째는 그 내용이
요, 둘째는 형식입니다. 여러분이 아시다시피 유교나 불교, 가톨릭
이나 이슬람, 한국의 전통 종교를 보면 각각 나름대로의 예배(禮拜)
법이 있지요. 이 예배에는 반드시 그 대상이 있습니다. 공자님이나
부처님, 하나님이나 알라, 또는 단군에게 예배로 절을 할 때는 그 내
용상의 의미가 대동소이(大同小異)합니다.

　즉, 대상을 공경하고 받들고 섬기며 귀의하고 자신을 바쳐서 따
르고 기리는 의미로 절하기 때문에 절하는 사람의 마음가짐에는 차
이가 없습니다. 굳이 차이를 따지자면 섬기고 귀의하는 대상이 공자
냐, 석가냐, 노자냐, 마호메트냐, 예수냐, 단군이냐, 강증산이냐, 최제
우냐 하는 예배의 대상이 다를 뿐이지요. 형식에 있어서도 마찬가지
입니다. 종교에 따라 형식이 조금씩 다른 것은 그 지역의 문화적인

차이일 뿐 무릎을 꿇고 머리, 즉 이마를 상대의 발아래 조아린다는 데에는 크게 차이가 없습니다.

이를테면 성경에 보면 어떤 사람이 예수의 발에 입 맞추는 이야기가 나오는데, 이것은 부처님이 살아 계셨을 때 많은 제자들과 신자들이 부처님의 발에 이마를 대고 입을 맞추는 것으로 최대의 공경을 한 것과 같습니다.

다른 모든 종교에서는 하나의 예배 의식으로만 절을 행하고 있는 반면 불교에서는 절이 예경의식(禮敬儀式)을 넘어서서 하나의 명상 내지는 수행법으로 승화되었습니다. 물론 여기에는 요가 명상법 중의 하나인 아사나 요가(일종의 명상 체조)가 있는데, 그중에서 오체투지가 있습니다. 이 오체투지의 절하는 행위가 불교와 만나면서 불교의 전유물과 같이 이해될 정도로 불교의 수행법으로 정착한 면도 있습니다.

그러나 이 오체투지 수행도 불교의 모든 종파에서 다 행하느냐 하면 반드시 그렇지는 않습니다. 예를 들면 위빠사나 명상을 주로 하는 미얀마나 태국 내지는 스리랑카 등에서는 절 수행을 거의 하지 않습니다. 물론 인도에도 남아 있지 않습니다. 열대의 뜨거운 기후도 한몫한 측면이 있고 대만이나 중국에서는 절을 하지만 수행으로 천 배, 만 배씩 하질 않습니다. 절하는 형태도 우리가 하는 방식과 다릅니다.

동남아의 경우 처음에 부처님께 삼배를 올릴 때는 한국과 같이 선 채로 합장한 다음 엎드려 무릎 꿇고 두 손을 짚은 뒤에 이마를 바닥에 닿게 하는 절은 같으나 두 번 세 번째는 일어서지 않고 무릎 꿇은 상태로 두번을 더 하는 것으로 삼배를 하는데 예불을 할 때도 이와 같습니다. 또 중국의 경우를 보면 가톨릭에서 성모상 앞에 기도할 때 무릎만 대고 허리를 구부려 절할 때와 같은 형식으로 절하거나 선 채로 허리를 구부려 절을 합니다.

일본이 우리나라처럼 절을 하고, 절을 가장 많이 하는 나라를 들라면 티베트 불교권이라고 할 수 있는 티베트, 네팔, 인도의 라다크에서 주로 오체투지로 절 수행을 많이 합니다. 물론 중국에서도 티베트 불교를 믿는 사람들은 오체투지로 절 수행을 열심히 하기도 하는데 이들은 한국에서 하는 형식의 절도 하지만 오체투지 방법으로 몸을 바닥에 완전히 던져서 쭉 펴는 절을 주로 합니다. 우리나라에서 절 수행은 옛날부터 성했던 것은 아닙니다. 절 수행이 더 많이 대중화되고 보편화되기까지는 성철 스님께서 부처님께 3,000배 하고 오는 사람들만 친견하셨던 것이 많은 사람들에게 절 수행의 의미와 묘미를 체현하게 되는 계기가 되었다고 볼 수 있습니다.

● 절 수행의 의미와 방법에 대하여 좀 더 구체적으로 말씀해 주십시오.

절 수행이라고 하는 오체투지 명상법은 요가의 아사나 중의 하나이며, 그 방법은 크게 세 가지로 나눌 수 있는데, 우선 가장 기본적인 행법은 현재 우리나라 절에서 하는 절과 비슷하고, 그 하나는 티베트 사람들이 주로 하는 절이며, 또 다른 하나는 요가 아사나에만 있는 변형 행법입니다. 그러나 기본 행법도 한 가지 다른 점이 있습니다. 우선 오체(몸의 다섯 부위인 양손, 양 무릎, 이마를 바닥에 닿게 한다 하여 오체라 함)투지하는 법을 한 가지 말씀드리면서 다른 점을 설명하겠습니다.

첫째, 발을 모아 자연스럽게 서되 온몸의 긴장된 부분을 이완시킵니다. 머리에서 발 끝까지 다 살펴 긴장을 풀어 줍니다. 그리고 두 손을 가슴 앞에 자연스럽게 모아서 합장하되 자신의 몸을 그대로 느끼고 알아차림 합니다. 숨이 들어오고 나가는 것을 그대로 느끼고 알아차림 해도 좋습니다.

둘째, 합장한 손을 합장한 채로 머리 위로 쭉 뻗습니다. 합장한 채 머리 위로 쭉 뻗은 손을 다시 가슴 앞으로 가져오는데 이 부분이 한국 절에서는 하지 않는 부분인데, 동남아에서는 합장해서 손을 이마까지 올립니다. 그리고 가슴 앞에 합장한 채로 무릎을 구부려 바닥에 닿게 한 후, 가슴에 있는 손을 오른손부터 왼손까지 손바닥을 땅에 짚은 다음, 가슴과 배를 허벅지 다리에 밀착시켜 온몸을 땅에 완전히 엎드립니다. 그리고 이마를 땅에 붙이고 두 팔을 머리 앞으로 쭉 뻗은 후에 두 손바닥이 하늘을 향하게 뒤집습니다.

셋째, 모든 것을 역순으로 해서 자리에서 일어납니다.

넷째, 절을 하되 절하는 동작들을 하나하나 알아차림 하면서 절을 할 때 일어나는 느낌들을 온몸으로 그대로 느낍니다. 그리고 동작을 하면서 호흡을 알아차림 하는 것도 좋습니다.

이렇게 하면서 일어나는 번뇌망상은 모두 다 버리고 오직 절하는 동작과 절하는 동작을 알아차림 하는 놈만 남을 때까지 절하고, 나중에는 절하는 놈만 남아서 절한다는 생각도 없이 절만 할 때까지 절합니다. 그러면 형태가 절이지 오직 절한다 함이 없이 절을 하게 됩니다. 이렇게 되면 모든 것을 여의고 절을 하되 삼매에 들게 됩니다.

이와 같은 수행은 모양만 다를 뿐 위빠사나 수행법에서 걷는 것을 알아차리면서 삼매에 이르러 참 자기를 깨닫는 것과 크게 다르지 않습니다. 그리고 이 절 수행법의 내용 면을 살펴보면 여타의 다른 수행법과 크게 다르지 않습니다.

첫째는 참회 수행입니다. 절을 하면서 자신의 삶을 돌이켜 살펴보면서 지은 허물이 있다면 참회하고 다시는 짓지 않기를 다짐하며 지은 허물을 받아들여 책임지기를 다짐하면서 자기 자신에게 참회하고, 잘못한 사람에게 용서를 구하고, 부처님 앞에 자신의 허물을 고백하는 것입니다.

둘째는 끊기 수행입니다. 절을 하면서 지은 모든 업, 즉 선연이든 악연이든 아내, 남편, 부모, 형제, 자식 등 집착하고 욕망하는 모든 인연들을 끊어내는 것입니다. 끊고 끊어서 실오라기 같은 인연도 다 끊어서 일체의 속박을 다 끊습니다.

셋째는 비우기 수행입니다. 절을 하면서 자신의 이상을 버리고 비우며, 자신이 집착하는 것을 버리고 비우며, 자신의 마음을 버리고 비우며, 자신의 몸을 버리고 비우며, 나와 너 일체의 것을 버리고 비우는 것입니다.

넷째는 바치기, 즉 공양하기입니다. 절을 하면서 자신의 몸과 마음, 그리고 지은 복[유루복(有漏福)이든 무루복(無漏福)이든]과 모든 수행의 결과들을 하나도 남김없이 불보살님과 일체중생에게 다 공양 올리되 하나도 남김없이 다 바치고 공양합니다.

다섯째는 받들고 공경하며 섬기기입니다. 이 세상의 천지만물과 모든 생명, 모든 중생, 어린아이, 어른, 신분의 고하, 지식의 유무, 선하고 착함과 관계없이 여자, 남자, 신체적인 구·불구(不具)와 관계없이 모든 존재를 받들고 공경하며 섬기기를 다짐하면서 끊임없이 절하고 절하는 것입니다. 달리 말하면 자기 자신을 모든 것 앞에 낮추고 또 낮추어 한량없이 겸허해지는 것입니다.

여섯째는 원 세우기입니다. 절을 하면서 일체중생을 구제하기를 원 세우고, 모든 번뇌를 다 끊기를 원 세우고, 반드시 깨달음 이루기를 원 세우며, 명상에서 물러서지 않기를 원 세우며, 게으르지 않기를 원 세우며, 마구니에게 끌려가지 않기를 원 세우며, 악업 짓지 않기를 원 세워서 끊임없이 다짐하여 잊지 않고 행하고자 절하는 것입니다.

일곱째, 참구하기입니다. 오직 절하고 절하되 일체의 번뇌망상을 다 물리치고 절한다는 생각마저 다 끊어져서 절을 할 때 절하는 놈에게 돌이켜 '이놈은 무엇인고?' 하는 것입니다. 이렇게 참구하다 보면 모든 것은 다 끊어지고 '이놈은 무엇인고?' 하는 의심만 남습니다. 이렇게 의심만 남으면 이것이 바로 자성(自性)을 아는 길로 가게 되는 것입니다.

여덟째, 귀의(歸依)하기입니다. 절을 하면서 모든 것을 버리고 오직 부처님께 귀의하고, 법에 귀의하고, 스승에게 귀의하고, 승가에 귀의하고, 자기 자성에 귀의하고, 일체의 번뇌망상이 끊어진 본래의 자리로 돌아가는 것입니다.

● 오체투지 명상에서 왜 오체, 즉 몸의 다섯 부위를 땅에 닿게 하는지요?

오체라 함은 머리, 양손, 양 무릎을 땅에 닿게 하기 때문에 오체라 하는데, 이것은 자신의 본성을 덮어서 어둡게 만드는 다섯 가지 덮개(오개: 五蓋)를 버리고 조복하여 소멸시키는 의미로 오체라 합니다.

다섯 가지 덮개라 함은, 첫째 대상에 대한 탐욕 및 감각적 욕망 내지는 갈망, 둘째 대상에 대한 악의 내지는 증오와 성냄, 셋째 게으름과 혼침 내지는 외면하는 마음, 넷째 마음이 어지럽고 들뜨거나 근심·걱정하는 마음, 다섯째 회의 내지는 불신하는 마음 등 다섯 가지 번뇌의 구름을 말합니다.

● 신체의 다섯 부위와 본성을 가리고 있는 다섯 개의 덮개는 수행에 어떤 연관성을 가지고 있습니까?

신체의 다섯 부위가 땅과 접촉할 때마다 다섯 가지의 번뇌 구름을 하나하나 살펴 가면서 이것이 언제 어느 때 어떤 연유로 일어나게 되었는지, 여실히 살펴서 끊임없이 버리고 버려 완전히 완전히 조복(照覆) 받으면 모든 것을 여의고, 삼매에 이르게 되고, 자신의 본래 성품이 드러나서 참다운 자기를 회복하게 됩니다.

● 오체투지는 일러 주신 방법대로만 해야 하는지요?

오체투지 방법을 일러준 것은 원래 행법의 시작이 그러한 데서 출발했다는 것을 일러준 것이지 꼭 그대로 할 필요는 없습니다. 우리 조상들이 해왔던 방식대로 그냥 그대로 해도 좋습니다. 다만 팔을 위로 뻗치면 몸에 있는 기혈이 유통되는 데 도움이 됩니다.

또한 절에서 할 때는 절에서 하는 방식으로 하셔도 좋습니다. 굳이 요가 아사나 형식으로 해서 드러내 놓고 다른 사람과 다르게 할 필요가 없습니다. 요가 아사나의 오체투지 행법도 그 자체로서 의미가 있으나 절의 핵심은 참회하기, 인연 끊기, 몸과 마음을 비우고 내려놓기, 바치고 공양하기, 공경하며 섬기며 자신을 낮추기 즉 하심하기, 원 세우기, 알아차림 하며 참구하기, 귀의하기 등과 같이 내용을 새기며 하는 것이 중요합니다.

● 절할 때 어떤 분들은 팔을 벌려서 머리 위로 올린 후 머리 위에서 합장하여 가슴 앞에 내린 다음에 절을 하시는데 이와 같은 방법들은 절에서 스님들이 잘못되었다고 하지 말라고 하는데 어떤 문제가

있는지요?

　보통 옛날 할머니들은 다들 그렇게들 절을 했는데 절 자체로는 아무런 문제가 없습니다. 흔히들 무당들이 하는 것과 비슷하기 때문에 무당절이라고들 하는데 사실은 그렇지 않습니다. 다만 불교 예법과 다를 뿐입니다. 불가에 가면 불가의 예법을 따르고 유가에 가면 유가의 예법을 따르면 되는 것입니다. 그와 같이 절을 하는 절의 유래는 단군으로부터 내려오던 한국 고유의 몸 수련법 가운데 하나라고 할 수 있는 일종의 선도 수련법입니다. 이것이 절과 합해져 행해졌기 때문에 오해와 혼돈이 생긴 것입니다.

● 선도 수련법이라는 것은 어떤 것입니까?

　선도 수련법을 살펴보면 요가의 아사나와 같은 것이며, 도가의 도인 체조와 유사한데, 이것은 오직 한국에만 있는 체조의 한 유형으로 단군 계통의 수련 비법으로 전해오는 아주 간단한 방법입니다.
　먼저 정좌(正坐)한 상태에서 몸과 마음을 고요하게 비웁니다.
　둘째는 손을 가슴 앞에 모아서 합장하되, 피기 전의 연꽃과 같이 손바닥을 붙이지 않고 비워지게 하는 연화합장을 합니다.
　셋째는 손을 바라보면 손바닥 안에 기운이 생겨 손바닥이 서로 미는 듯한 느낌이 있으면 그 느낌을 따라 손을 옆으로 내리면서 충분히 벌립니다.

넷째는 팔이 완전히 벌려져서 더 이상 벌릴 수 없을 때까지 벌린 다음 기운을 따라 손바닥을 위로 향하게 하여 땅의 기운을 떠받드는 마음으로 두 손바닥을 머리의 정수리 위에서 2~3cm 간격을 놓아두고 모으도록 합니다.

다섯째는 두 손을 그대로 간격을 유지한 채로 이마 앞을 지나 가슴 앞으로 내려오되, 하늘의 기운이 정수리로 들어와서 단전까지 내려가는 것을 알아차림 하면서 다시 셋째, 넷째와 같이 계속하여 반복합니다. 오직 이와 같은 행법만 계속하여 반복하다 보면 나중에는 모든 것이 다 사라져서 허공처럼 텅 비며 하나의 기운만 느끼면서 그 기운 가운데 있는 신령한 것, 흔히 얼이라고 하는 것을 알고 경험하게 됩니다. 계속 반복하다 보면 눈에서 눈물도 나고 사람 영상이 보이기도 하는데, 이럴 때는 가슴 앞에 합장한 손을 밑으로 내리지 말고 손을 머리 위로 뻗어 올려서 내리되 보통 세 번만 하면 없어집니다. 그런 현상이 없어지면 다시 본래대로 행합니다.

● 명상하는 사람들이 꼭 행법을 해야 할까요?

행법*을 한다고 해서 크게 문제될 것은 없으나 불법과는 명상하는 목적이 다릅니다. 이를테면 부처님께서 명상하신 목적은 영원

■   행법(行法): 사법(四法)의 하나. 부처의 경지에 이르기 위해 하는 수행을 이른다. 계(戒)·정(定)·혜(慧)의 삼학(三學) 따위이다.

한 자기를 깨닫고 모든 중생이 고해(苦海) 바다를 벗어날 수 있는 해탈(解脫)법을 깨닫고자 수행을 했습니다. 따라서 부처님께서 깨달으신 자성을 참구하지 않고서는 부처님이 깨달은 궁극의 경지에 가기 어렵습니다.

옛날 선지식들의 예를 봐도 그렇습니다. 중국 선종의 2조였던 혜가 스님이나 3조 승찬 스님도 알고 보면 다 도가 수행을 했던 분들입니다. 요사이 우리나라에도 국선도다 단학이다 선도다 하면서, 일반인들이 보기에 건강과 정신 수양에 좋은 수련법들이 비밀리에 전수되다가 세상에 나와서 좋은 역할들을 하고 있습니다. 하지만 전통적으로 보면 불가의 선지식들이나 수행자들과 같이 크게 깨치신 분이나 자비행을 많이 하신 성자와 같은 분은 많지 않습니다. 물론 여기에는 역사적인 여러 요인들과 원인들도 있지만 수행의 목적과 수행법 자체가 가지고 있는 차이점에서 그러하기도 합니다.

● 절 수행에서 108배니 1,080배니 3,000배니 숫자를 세는데 숫자에 특별한 의미가 있는지요?

숫자는 특별한 의미가 없습니다. 불·법·승 삼보를 각각 생각하면서 한 번씩 절하면 삼배요, 불·법·승 삼보와 석가모니 부처님과 관세음보살 등 여러 보살과 석가모니 부처님께서 살아 계실 때의 깨달음을 이룬 수많은 아라한들과 인도에서 중국을 거쳐 우리나라에 이르기까지 부처님의 법을 전하셨던 수많은 선지식들을 각각 생각하면서 절을 하며 예경하는 예불 때의 절은 7배요, 108가지의 번뇌를 하나하나 없애기 위해서 하면 108배요, 일천의 부처님을 한 분 한 분 생각하면서 절하면 1,000배고, 삼천의 부처님을 한 분 한 분 생각하며 절하면 3,000배며, 중중무진(重重無盡) 법계의 한량없는 일체의 부처님을 생각하면서 한없이 절하면 끝없는 절입니다.

● 절을 많이 하는 것은 어떤 차이가 있는지요?

길을 걸을 때 한 걸음 걸으나 열 걸음 걸으나 걷는 데는 차별이 없습니다. 그냥 걸음일 뿐입니다. 이것은 밥을 먹을 때도 그렇습니다. 한 숟가락 먹으나 열 숟가락 먹으나 밥 자체의 맛이나 밥을 먹는다는 사실에는 조금도 차이가 없습니다. 그러나 많이 가느냐, 한 번 가느냐, 많이 먹느냐, 한술 먹느냐에 따라서 많은 거리를 갔느냐, 먹고 나서 배가 부르냐 부르지 않느냐 하는 차이는 분명히 있습니다. 절도 이와 같지요. 그만큼 절을 많이 하면 할수록 아상(我相)을 조복 받고 번뇌 업식이 더 많이 소멸됩니다.

티베트 사람들은 평생에 보통 10만 배는 수행자라고 하면 누구든지 다 한다고 합니다. 또한 중국의 쓰촨성에 사는 어느 티베트 불교 신자는 자기 집에서부터 오체투지로 순례를 시작해서 성지에 도착해 보니 30년이 걸렸다고 하는데, 그분은 그 과정에서 위없는 깨달음을 성취했다고 합니다.

우리나라에도 어느 스님은 10만 배 하시고 힘을 얻으시고 원하던 불사를 이루시기도 하셨는데, 그만큼 절을 하면서 자기 자신을 많이 비우면 비울수록 더 큰 원을 이룰 수 있지요. 결국 절을 많이 하는 것은 오직 자기를 비우고 비워서 일체의 마음을 조복 받고 모든 아상을 버리는 데 있습니다.

● 절을 할 때 진언이나 염불을 해도 되나요?

절을 하면서 참회하는 일이나, 진언하는 경우나, 염불하는 경우나 화두를 참구해도 아무런 문제가 없습니다. 앉아서 하거나 서서 하거나 일하면서 하거나 걸으면서 진언하고 염불하고 참구하듯이, 절하면서 진언하고 염불하는 것은 앉아 있느냐, 서 있느냐 하는 차이밖에 없습니다.

절한다는 생각 없이
절하라

● 절을 하는 데 너무 힘이 들고 하기 싫을 때가 있는데 이럴 때는 어떻게 하면 좋아요?

하기 싫을수록 더욱더 포기하지 않고 절을 해야 합니다. 그러나 싸워가면서 억지로 하지는 않아야 합니다. 그러면 싸우는 마음과 억지로 하는 마음이 생겨서 절을 하되 절을 하는 것이 아니라 부정적인 마음을 쌓게 됩니다. 절을 하면서 하기 싫은 마음이 어디서 오는지 살펴보세요. 본래 절이라는 것은 한 번 하든, 열 번 하든 차이가 없습니다. 숨 쉬는 것과 같습니다. 숨 쉴 때는 '숨 쉰다'는 생각이 없이 숨 쉬듯 '싫다, 좋다'는 모든 것이 마음이 만들어낸 생각이고 개념입니다.

절한다는 생각이 없이 그냥 절만 하면 됩니다. '힘들다'는 것도 마찬가지입니다. 절 자체에는 '힘들다, 힘들진 않다'가 없습니다. '힘든다, 힘 안 든다' 것은 오직 마음이 그와 같이 작용할 뿐입니다. 일어나는 개념 짓고 분별하는 마음을 알아차리고 그 원인을 자각하여 내려놓으면 일어났던 마음은 사라집니다. 생각으로 절하지 말고 일체의 마음을 놓아 버리고 그냥 몸의 흐름에 따라 절을 하게 되면 절을 해도 한 바 없이 절을 하게 됩니다.

어떤 분이 병원에서 3개월밖에 못 살 것이라는 암 선고를 받았는데, 사형선고와 다름없는 암 선고를 받고 절망적인 상태에서 아는 분의 소개로 어느 절에 갔습니다. 절에 가보니 스님께서 하시는 말씀이 그냥 죽으면 병든 마음만 가지고 죽었다가 다음 생에 가서도 다시 병들어 죽는다고 하시는 겁니다. 이 말에 놀라 '그러면 어떻게 하면 좋겠느냐?'고 간곡히 여쭈었더니 스님께서 어떤 어려운 일이 있더라도 하라고 하는 것을 그대로 할 수 있겠느냐고 하셨습니다.

그래서 그 환자는 이미 죽을 몸인데 무엇인들 못 하겠느냐고 간절히 가르쳐 주시기를 원했습니다. 그랬더니 스님께서 하시는 말씀이 '법당에 들어가서 죽을 때까지 절을 하라'는 것이었습니다. 이분이 황당해하며 '일어설 기운도 없고 온몸이 아파서 움직일 수도 없는데 어떻게 절을 하느냐?'고 했더니 스님께서는 한술 더 떠서 새벽 일찍 일어나 우물에 가서 정화수까지 떠와 부처님께 정성껏 공양 올리고 절을 하라는 겁니다. 그리고 하시는 말씀이 "몸은 이미 병들어서 죽을 몸인데 뭐 아낄 것이 있느냐? 아무리 아프고 죽을 것 같아도 살아온 모든 삶을 부처님께 공양 올리고 몸도 다 공양 올리고 일체를 다 공양 올리면서 쉬지 말고 절을 하라"는 겁니다. 생각해 보니 그도 맞는 말씀이라 이미 죽을 목숨이니 병든 몸과 마음뿐만 아니라 일체를 다 바치기로 결심하고 절을 하기 시작했는데, 처음에는 정화수를 떠오는 데도 한 시간이 걸렸답니다. 그렇게 일주일이 지나고 한 달이 지나면서 3개월이 되었을 때는 건강했을 때처럼 절을 할 수 있었고, 아프던 몸도 괜찮은 것 같았답니다. 3개월이면 죽는다 했는데 6개월이 지나도 죽지 않고 해서 병원에 가보니 암이 없어졌다는 것입니다.

그 후 그분은 열심히 정진하며 부처님 법 따라 살고 계시는데 이미 10년이 넘었답니다. 이분은 절 수행을 통해 몸과 마음 그리고 자신의 모든 것을 다 부처님께 공양하고 바쳤다는 사실입니다.

부처님께 모든 것을 바쳤다는 것은 절을 하던 몸과 마음을 다 버리는 이치와 같은 것입니다. 따라서 '싫다, 좋다, 힘들다, 힘 안 든다' 하는 일체의 마음과 힘들고 싫은 느낌과 감정이 일어나는 몸마저 끊임없이 알아차리고 그 모든 마음을 버리고 바치는 것입니다. 그러면 '싫다, 힘들다' 함이 없이 그냥 절을 할 수 있게 됩니다.

● 그러면 몸이 가뿐해지고 힘든 상태가 없어집니까? 그만두고 싶을 때, 힘이 들 때는 어떻게 해야 합니까?

가뿐해지려고도 하지 말고 힘든 상태를 없애려고도 하지 마세요. 힘들 때는 그냥 힘든 상태가 되어 그 힘든 상태를 받아들이고 경험하면서 힘든 마음을 알아차리고 가뿐한 상태가 되면 그 상태로 되어서 절하되 '힘들다, 가뿐하다' 하는 상태에 관한 생각을 놓아 버리세요. 힘들다 가뿐하다, 모두 마음입니다. 따라서 어떤 마음도 붙잡지도 말고 저항하지도 말고 그냥 절하시면 됩니다.

절을 계속하면 당연히 힘들고 하기 싫어집니다. 그냥 절을 하라 함은 힘든 상황을 우격다짐하듯이 오기로 절하라는 게 아닙니다. 절을 하되 힘든 마음이나 아픈 느낌이 일어나면 일어난 현상에 생각을 붙여서 현상과 다투지 말고 그냥 오직 절만 하는 것입니다. 힘들다는 마음은 절을 한두 번 했을 때는 일어나지 않습니다. 적어도 20배, 30배, 100배 등 절의 횟수가 많아지면 많아질수록 몸에서 다양한 느낌들이 일어납니다. 그러면 그 느낌이나 현상에 따라 아프다, 싫다, 괴롭다고 하는 생각이 일어나면서 '이러다가 더 아프게 되면 어떻게 될까?' 하는 염려와 더불어 하기 싫거나 그만두고 싶은 생각이 일어납니다. 이렇게 일어나는 마음과 다투기 때문에 힘들고 괴로운 상황이 계속되는 것입니다.

그러면 이러한 현상에서 어떻게 벗어날 것인가?

첫째, 절을 할 때 억지로 하거나 하기 싫은 마음으로 하거나 오기(傲氣)로 하지 않아야 합니다. 억지로 하거나 하기 싫은 마음으로 하거나 오기로 하면 마음이 경직되고 몸이 굳어져서 절을 조금만 해도 마음이 힘들고 몸이 아픕니다. 사람들이 운동을 할 때도 하기 싫은 마음 상태로 하면 금방 지쳐서 힘들게 되지만 싫은 마음이 없이 노는 마음으로 하면 아무리 해도 힘들지 않습니다.

물론 에너지를 모두 쓸 때까지 하면 힘이 다 소진되는 상태에 이르겠지만, 사실 이것도 일체의 마음이 사라지면 힘이 완전히 없어진 경계를 넘어서서 본래 시작도 끝도 없는 상태에 이르게 됩니다.

그러면 절한다는 마음 없이 하기 때문에 힘을 써도 쓴 바가 없습니다. 그래서 일체 마음 없이 몸에 흐르는 생명의 흐름 따라 자연스럽게 그냥 하시면 됩니다.

둘째, 그냥 절을 하되 몸과 마음에 이런저런 현상들이 일어나면 일어나는 줄 알고 사라지면 사라지는 줄 알고 그냥 놓아두고 절을 하면 됩니다. 그렇지 못해 생각이 붙으면 붙는 줄 알아차리고 그 생각을 내려놓고 하시면 됩니다. 생각이 계속해서 달라붙을 때는 생각 붙이는 습관이 있음을 인정하고 생각이 붙는 현상을 가만히 바라보고 느끼면서 주의를 두고 생각 붙이게 되는 이유가 무엇인지, 이러한 습관이 언제 어느 때 어떻게 생겼는지를 살펴보고 그 모든 기억과 원인들을 다 비우고 버리고 내려놓습니다. 그와 같은 생각이 다시는 일어나지 않을 때까지 비우고 내려놓기를 반복해 완전히 사라질 때까지 계속해 갑니다.

셋째, 힘들고 아픈 몸을 버립니다. 몸 전체가 아프면 마음으로 몸 전체를 버리고, 부분이 아프면 그 아픈 부분을 마음으로 버리세요. 그러나 아프고 힘든 것을 싫어하는 마음이나 해결하려는 마음이 있으면 이것은 아픈 것과 다투는 마음의 다른 표현이니, 힘들고 싫어하는 마음이나 아프다는 생각이 있으면 힘들다는 생각, 싫다는 생각, 아프다는 생각을 놓아 버리고 아픈 몸 자체를 그냥 놓아 버리세요. 또한 과거의 기억 중에 힘들었던 기억이나 몸을 다쳤던 기억을 떠올려서 힘들고 몸이 아팠던 지난 기억이나 살아온 인생을 모두 버리세요.

넷째, 그래도 여전히 아플 때는 참회합니다. '내가 너를 아프게 해서 미안하구나, 내가 어리석어서 너를 아프게 했구나' 하면서 자신의 몸과 마음을 힘들게 하고 아프게 했던 지난 삶에 대하여 자신의 어리석음과 무지를 용서하고 참회하고 또 참회하세요. 예를 들면 어떤 사람이 대단히 미워서 밟아 죽이고 싶은데 밟아 죽이지 못하면 밟아 죽이고 싶은 마음이 다리를 마비시키기도 하고, 주먹으로 때려 주고 싶은데 때려주지 못하면 팔을 무겁게 하고 아프게 합니다. 이와 같은 것을 정진 중에 실제로 체험한 분도 있습니다.

● 며칠 전 정진 중에 경험한 것입니다. 저한테는 올케가 하나 있는데, 돈을 빌려 간 뒤에 돈을 갚을 때는 700만 원을 보내 놓고 1,000만 원을 보냈다고 하면서 저보고 도둑년이라고 하면서 온갖 욕을 다하는 겁니다.

이야기를 듣는 순간 분통이 터지면서 이년을 어떻게 할까? 하는 생각과 함께 당장 감옥에라도 처넣고 싶었습니다. 그런데 그런 생각이 드는 순간 온몸이 마비되면서 다리를 움직일 수 없었습니다.

마침 수행하는 도반들에게 이야기했더니 화났던 그때 상황을 그대로 떠올려 바라보면서 아픈 다리를 가만히 느껴 보라고 하더군요. 그래서 그 상황을 그대로 떠올려서 아픈 다리를 느끼면서 바라보는데 감옥에 갇혀 있는 올케가 보였습니다.

그래서 선생님께 말씀드렸더니 "올케를 왜 미워하고 분통이 왜 일어났는지를 보고 올케한테 분통 났던 마음을 버리고 올케를 용서

167

하고 참회하라"고 하셨습니다. 그래서 올케를 용서하고 참회했더니
다리가 아프고 마비되었던 증세가 신기하게 금방 다 사라졌습니다.

절하며 참회하며
자성으로 돌아간다

● 예전에 참회를 하고 나면 시원한 느낌보다는 기운이 없어지고 우울해지는 마음이 많았습니다. 그 이유를 살펴보니 제 마음속에 죄의식이 많다는 것을 알게 되었습니다. 그런데 절하면서 자기 자신한테 참회한 뒤에 그런 마음들이 사라졌습니다. 그래서 남한테도 참회해야 하지만 정말 자신한테도 참회를 해야겠다는 것을 알았습니다.

첫째는 자신에게 참회하고 둘째는 상대에게 참회하고 셋째는 일체 모두에게 참회해야 합니다. 왜 자신에게 해야 하느냐 하면, 자신이 손해를 보거나 상처를 받을 때는 자신에게 손해를 보고 상처받을 원인, 즉 허물이 있음이며 그 원인 중에는 어리석기 때문에 스스로 허물을 만들어 그 테두리를 못 벗어났기 때문입니다. 즉 돈 때문에 손해를 보는 사람은 돈 욕심 때문에 돈 빌려 가는 사람이 어떤 사람인지 잘 모르고 그냥 빌려주는 허물과 돈에 대한 집착 때문에 손해를 보고 화가 나는 것입니다.

그래서 돈에 집착하고 욕심을 부리는 자신과 욕심 그리고 집착 때문에 상대를 잘못 본 어리석은 자신과 자신의 어리석음으로 상대에게 또 죄업을 짓게 한 자신의 허물을 먼저 참회해야 합니다. 이렇듯 자신을 용서하고 참회하여 놓아 버릴 것이며, 자신에게 손해를 보인 사람 역시 돈 욕심으로 그와 같이 한 것이니, 상대의 돈에 홀려서 그와 같이 타인을 손해 입히고 상처를 준 행위를 용서하고 상대를 미워한 일에 대하여 참회하며, 상대의 그러한 행위 또한 자신의 허물과 다르지 않음을 알고 참회하는 것입니다.

즉 너와 나 일체의 사람들에 대한 구분 짓는 마음을 버리고, 오직 너와 나 일체에 대해 구분 없이 인간이 지은 온갖 허물을 다 참회해서 너와 나 일체에 대한 마음이 다 사라져야 합니다. 다시 말하면, 나에 대한 마음도 없어야 하고 너에 대한 마음도 없어야 하며 일체에 대한 모든 마음이 소멸되어 본래부터 시비가 없는 참다운 자성으로 돌아가면 이것이 참다운 참회, 진참회가 됩니다.

● 참회할 것이 없을 때는 어떻게 하나요?

참회할 것이 없다는 마음이 바로 참회해야 할 마음입니다. 왜 그런고 하니 참회할 것이 없다는 마음은 명상하는 사람이 가장 경계해야 할 아만이기 때문입니다.

● 저 같은 경우에 절을 하면서 참회를 하는데, '내가 잘못한 게 없는데' 하는 생각이 들었습니다. 그래서 '이것이 아만이구나' 하는 느

낌이 들어서 참회하며 그 생각도 버리고 저 자신을 계속 버리면서 절을 하는데, 제 안에서 계속 사랑받고 예쁜 짓을 하려는 마음이 보였습니다. 그래서 내가 '아직도 나를 나타내려는 마음이 있구나?' 하는 것을 알고 절을 하면서 참회하고 다 버렸습니다.

● 사람들은 보통 절을 하면서 참회 수행을 많이 하는 것으로 아는데, 참회의 의미와 그 수행법을 좀 더 구체적으로 알았으면 합니다.

참회(懺悔)는 참이라는 말과 회라는 말로 이루어져 있는데, 참(懺)은 산스크리트어인 'ksama-yati(크샤마야티)'를 참마(懺摩)라고 음역한 것으로, 이것은 상대의 허물을 용서하고 격려하며 위로한다는 뜻인데, 이것을 중국 사람들이 회과(悔過)라고 번역했습니다.

그리고 회과라고 할 때는 상대를 용서한다는 의미보다 자신의 허물을 돌이켜서 뉘우친다는 의미가 더 강합니다. 그래서 참회를 참마의 참과 회과의 회를 합쳐서 참회라고 사용한 것입니다. 따라서 참회라 함은 상대의 허물을 용서하고 감싸 안으면서 동시에 자신의 허물을 인정하고 뉘우쳐서 더 이상 자신도 허물을 짓지 않고 타인도 짓지 않게 하는 것입니다. 이것은 곧 예수님께서 "용서하고 회개하고 화해하라" 하심과 같고, 부처님께서 일체중생을 다 섭수하고 모든 마구니를 항복시켜서 일체중생을 멸도 시킴과 다르지 않습니다.

그리고 우리의 전통으로 본다면 맺힌 원결을 풀고 맺힌 한을 풀고 살을 풀어서 더 이상 맺힌 원한이 없이 서로가 상생(相生)하게 하는 것과도 통합니다. 즉 해원(解冤)이다, 살풀이다, 한을 푼다 하는 것은 맺히고 묶이고 '척(원결을 맺는 것)'진 것을 다 소멸시켜서 신명 나는 삶으로 돌아가게 하는 것과 다르지 않습니다.

그러면 '절을 하면서 어떻게 참회할 것인가?' 하는 것입니다. 참 회에는 '사(事)참회'와 '이(理)참회'가 있습니다.

사참회는 첫째 절을 하면서 다시는 허물을 짓지 않을 것을 다짐 하고 다짐하여 죄업을 짓거나 죄를 범하지 않게 함입니다.

둘째는 절을 하면서 지은 바 과거의 허물을 돌이켜 낱낱이 드러 내 자신의 허물을 알고 인정하고, 지은 모든 죄업의 과보를 다 받기 를 다짐하여 다 받는 것입니다.

셋째는 태중(胎中)에서 지금까지 살아온 현생뿐만 아니라 과거 수많은 생을 윤회하면서 지은 일체의 죄업을 끊어서 더 이상 죄업에 끌려가지 않게 하는 것입니다. 현생과 지난 생 가운데 몸과 말과 뜻 으로 지은 것이 대표적인데, 좀 더 나누어 보면 살생하고 도둑질하 고 사음한 것이 몸으로 지은 것이며, 거짓말하고 이간질하고 꾸며서 말하고 욕하고 악한 말해서 지은 것이 입으로 지은 것이며, 욕심부 리고 미워하고 화내며 어리석고 무지해서 지은 것이 뜻으로 지은 죄 업입니다. 그러나 인간이 짓는 죄는 이것 외에도 수도 없이 많습니 다. 즉 중생의 수만큼 많고 중생의 번뇌만큼 헤아릴 수 없어 높기로 따지면 수미산보다 높고 깊기로는 바다보다 깊습니다. 그래서 보현 보살은 중생이 다하고 중생의 번뇌가 다하고 중생의 업이 다하도록 참회하겠다고 했습니다.

넷째 절을 하면서 참회할 때 자신이 지은 바를 먼저 참회하는 일인데, 지나온 생 동안에 몸과 말과 뜻으로 지은 허물들을 모두 돌이켜서 일체가 자신이 받아야 할 허물임을 인정하고 다 받아서 놓아 버릴 것이며, 상대가 지은 허물을 다 용서하고 받아 주며, 세상 모든 사람들의 허물에 더 이상 시비하는 마음이 없어질 때까지 일체를 용서하고 뉘우치며 반성하되, 일체의 허물을 다 놓아 버리고 어떤 마음도 더 이상 남음이 없게 하는 것입니다.

그러면 이참회란 무엇인가 하면, 이치적으로 죄업의 성품을 참구해서 지은 죄업을 일시에 소멸시키는 것입니다. 무슨 말인가 하면 앞에서 말한 죄업이 아무리 오래되고 많다 해도 이 모든 것이 다 마음이 지은 것이기 때문에 마음이 없으면 죄업도 없는 것이니, 마음의 실체를 깨달아 마음 자체를 소멸시키면 죄도 사라지는 것입니다.

왜냐하면 죄업이라는 것도 알고 보면 눈앞에 보이는 물건처럼 형체가 있는 것이 아니라 물거품이나 그림자나 영화 속의 영상과 같이 어떤 죄업도 예외 없이 마음의 그림자요, 마음속의 영상일 뿐이며 과거 삶의 기억이요, 기록물일 뿐이기 때문입니다.

따라서 과거 현재 미래와 보고 듣고 맛보고 냄새 맡고 움직이는 경계에 따라 일어나는 모든 생각의 뿌리를 잘라서 미혹과 미망에 물들지 않게 하여 마음이 텅 비워지면 지난날의 나쁜 습이 완전히 끊어지고 모든 죄업이 일시에 소멸되니, 이것이 일체중생을 제도하고 열반으로 인도하는 참된 참회[眞懺悔]요, 육조 혜능 스님이 말씀하신 일체 상이 끊어진 무상참회(無相懺悔)입니다.

● 저는 아무리 미워하는 마음을 참회해도 미워하는 마음이 사라지지 않습니다. 어떻게 해야 할지 모르겠습니다.

미워하게 된 이유가 뭐죠?

아는 친구가 애써 모아 놓은 돈을 빌려 가서 도망갔습니다. 그래서 사업이 어렵게 되었습니다. 평소에 그 친구에게 제가 잘해 주었는데 그럴 줄 몰랐습니다. 믿었던 사람에게 발등을 찍히고 보니 아무리 미워하지 않으려고 해도 미운 마음이 사라지지 않습니다.

미운 마음 자체를 문제 삼지 마세요. 미운 마음은 그냥 놓아두세요. 친구에게 돈 빌려주고 친구가 돈을 못 갚게 된 상황을 먼저 인정하세요. 그리고 돈 빌려줄 때 어떤 마음으로 빌려주었는지 돌이켜 보세요. 빌려줄 때 틀림없이 어떤 마음들이 있었을 것입니다. 어떤 마음들이 있었는지, 왜 빌려주었는지, 빌려줄 때 가진 마음들이 언제 어떤 연유로 생겼는지 살펴보세요. 그러면 친한 친구도 잃고 돈도 잃어버린 마음의 뿌리가 있을 것입니다. 이것을 잘 살펴보면 자신의 허물이 있을 것입니다. 그러면 먼저 자신의 허물을 인정하고 참회해야 합니다.

그리고 자신의 망령된 생각들을 다 잘라 버리세요. 그런 뒤에 친구를 용서하세요. 그리고 친구가 죄업을 짓지 않기를 기원하고, 자신의 어리석음 때문에 친구에게 돈 빌려주었다가 친구가 죄업을

174

짓게 만든 자신의 어리석음도 참회하고, 이와 관련된 모든 생각과 기억들을 다 끊어 버리고 어떤 생각도 남아 있지 않게 다 놓아 버리세요. 그러면 미운 마음은 저절로 소멸될 것입니다.

● 저는 사람들에게 화가 많고 짜증이 많았습니다. 처음에는 화를 없애려고 절도 수없이 하고 참회도 수없이 했는데, 사라지는 것은 그때뿐이고 어떤 상황만 되면 또 화가 나고 짜증이 나는 거예요. 그래서 어떤 상황에서 화가 나고 짜증이 나는가, 언제부터 그랬으며 어떤 연유로 그러는가 하고 살펴보니 주로 내 생각대로 안 되고 내 뜻을 인정해 주지 않을 때 화가 난다는 것을 알았습니다.

초등학교 때부터 학교 다닐 때 엄마는 제가 하고 싶은 것을 무엇이든지 반대하고 들어주지 않았습니다. 그때 짜증이 대단히 쌓였고 화가 많이 났습니다. 그래서 그 당시의 화나는 기억들을 부지런히 버렸는데 그래도 또 화가 나는 거였습니다. 다시 살펴보니 엄마한테 사랑받고 싶었는데, 사랑받고 싶은 마음으로 끊임없이 매달렸는데, 엄마는 제가 원하는 사랑은 주지 않고 애가 버릇없다고 윽박지르기만 하셨습니다.

'아, 바로 이 마음이 내 삶을 이렇게 만들었구나!' 싶어서 다시 사랑받고 싶어 했던 마음도 내려놓았습니다. 그리고 나서 모든 것이 해결된 줄 알았는데 또 화가 나더라고요. 다시 이것은 무엇인가 하고 살펴봤더니, 내가 하고 싶은 대로 하고자 하는 욕심과 욕심을 상대가 채워 주는 것이 사랑이며, 나 혼자 받고 누리려는 이기심이 자리 잡고 있었고, 더 깊이는 그렇게 하고자 하는 내가 있었습니다.

'이런 마음들 때문에 수없는 생을 굴러왔구나!' 하는 생각이 들면서 무지와 욕심 때문에 수없이 화내고 짜증을 내며 살아온 삶이 '정말로 허망하고 아무것도 아니었구나!' 하고 자각되는 순간 저절로 참회가 되면서 모든 생각이 일시에 다 사라졌습니다. 그러고 나자 옛날에는 정말로 부딪쳤을 일인데 그냥 바라봐지고 웃음만 나오고 참구를 해도 아주 분명해졌습니다.

그와 같이 참회하고 참회해서 나는 참회할 것도 없다는 마음조차도 없이 텅 비워질 때 자신을 참구하면 누구든지 참다운 자기를 깨닫게 됩니다.

절하는 방법

절의 핵심은 참회하기, 인연 끊기, 몸과 마음을 비우고 내려놓기, 바치고 공양하기, 공경하며 섬기며 자신을 낮추는 하심하기, 원 세우기, 알아차림 하며 참구하기, 귀의하기 등과 같이 내용을 새기며 하는 것이 중요하다.

◆ 오체투지 하는 방법[■]

　오체투지(五體投地)란 신체의 다섯 부분[五體] 양발과 무릎, 양손과 팔꿈치, 이마를 땅이나 바닥에 닿도록[投地] 예경 올리는 것을 말한다. 티베트에서는 선 자세에서 귀의 나무(귀의 트리)를 관상하고 몸을 숙일 때 귀의 기도, 몸을 일으킬 때 발보리심 기도를 염송하며 오체투지를 한다.

─────

[■]　오체투지 방법은 혜봉 법사가 아남툽텐 린포체와 쟈 낄룽 린포체 수련에서 전한 것을 토대로 정리했다. 책의 내용은 참고로 하되, 처음 절을 하는 사람은 자신이 할 수 있는 만큼 해도 된다.

1. 바닥에 선 자세에서 등을 바르게 펴 몸을 반듯이
    세운다.

2. 양손은 머리 위에서 손바닥을 붙여, 이마, 입, 가
    슴에서 합장하고 합장한 손을 적당한 너비만큼
    벌려 바닥을 짚으며 몸을 천천히 앞으로 굽힌다.
3. 양팔은 앞으로 쭉 뻗고 이마를 바닥에 닿게 한
    다. 이때 이마, 양손과 팔꿈치, 양발과 무릎이 바
    닥에 닿아야 한다.

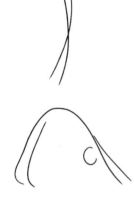

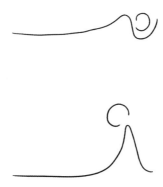

4. 엎드린 상태에서 양손을 합장하여 머리 위로 들
   어 올린다.
5. 두 손을 바닥에 내려 가슴 옆에서 손바닥을 짚고
   상체를 들어 몸을 일으킨다.
6. 상체부터 서서히 몸을 일으킨다. 이때 가능한 무
   릎은 구부리지 않고 일어서도록 한다.

◆ 108배 하는 법

108배는 6가지 기관 (안·의·비·설·신·의)의 6가지 감각(색·성· 향·미·촉·법)을 통해 과거, 현재, 미래에 일어나는 근본 번뇌를 소멸 하고자 하는 명상 방법이다. 절을 할 때는 바른 자세로 자연스럽게 숨을 쉬는 것이 중요하다.

1. 바닥에 선 자세에서 등을 바르게 펴 몸을 반듯이 세운다. 몸의 힘을 빼고 손가락을 모두 붙인다. 특히 새끼손가락이 벌어지면 몸의 힘이 없고, 엄 지손가락을 붙이면 아만을 다스리는 데 도움이 된다. 발뒤꿈치와 엄지발가락은 붙이고, 엄지발 가락이 방석에 약간 덮일 정도로 자리를 잡는다. 합장한 손은 심장 높이, 팔꿈치는 옆구리에 살짝 붙이고 앞에서 볼 때 코끝, 손, 배꼽이 일직선이 되도록 하고 두 발과 무릎은 붙인다.

2. 두 손을 합장하고 선 채 목을 숙여 반 배 한다.
3. 몸을 수직으로 내려 무릎을 꿇는다. 뒤꿈치 사이 로 엉덩이가 들어가도록 뒤꿈치를 벌리고 등은 일자로 펴고 무릎은 붙여서 꿇는다.

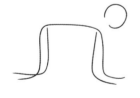

4. 코로 숨을 내쉬며 합장한 두 손을 어깨너비로 벌 려 바닥에 짚고 상체를 숙이고, 이마를 바닥에 닿게 숙인다.

5. 이마가 바닥에 닿은 상태에서 손바닥을 위로 한 채 머리 위로 들어 올린다. 손과 손 사이 넓이는 자기 얼굴 너비만큼, 손을 짚을 때는 팔을 곧게 펴 팔꿈치가 무릎 바로 앞에 오게 왼발을 오른발에 포개고, 머리와 코와 엉덩이가 동시에 방석 바닥에 닿게 한다.

6. 손을 짚고 머리 들면서 몸을 앞으로 살짝 밀면서 합장하며 숨을 들이마시며 일어선다.

7. 몸을 바로 세우고 두 손을 합장하고 선 채 반 배 하며 마무리한다.

염불 명상

진리를 명상한다

● 저희가 염불 정진을 하고 있는데 염불 명상의 의미는 무엇인지 알고 싶습니다.

염불 수행은 본래 부처님 당시로 올라갑니다. 사실 부처님께서 살아 계실 때는 위빠사나 명상이라고 하는 알아차림 명상을 주로 했습니다. 그런데 부처님께서 일러 주신 알아차림으로 명상하려 해도 명상이 잘 안되는 사람도 있었습니다. 특히 항상 부처님이 옆에 계실 때와 같이 계속해서 명상을 하고 싶으나 스스로 명상이 잘 안되는 사람도 있었는데, 이때 부처님께서는 "나를 떠올려서 나를 생각하고 내 가르침을 생각하라"고 하셨습니다. 즉 석가모니 부처님 당신을 생각하고 당신의 법을 생각하고 명상하라고 하셨는데 이것이 글자 그대로 염불(念佛, 부처님을 생각함)입니다.

그래서 사람들은 부처님을 떠올려서 부처님께서 정진하시는 모습과 자비로운 모습과 가르치는 모습을 명상[觀]하면서 부처님 가르침과 부처님께서 살아가시는 모습을 잊지 않고 명상하는 것으로써 본인들도 부처님과 같이 수행 정진하는 것으로 삼았습니다. 이

185

것은 부처님이 눈앞에 계실 때 법문을 듣고 부처님의 체취를 느끼고, 부처님과 함께 정진하는 것과 거의 유사한 효과가 일어납니다. 왜냐하면 이 모든 작용은 다 마음의 작용이기 때문에 그와 같이 되는 겁니다.

이와 같은 명상법은 부처님께서 돌아가신 뒤에 대승불교를 거치면서 여러 변화를 거치는데, 부처님의 모습을 보지 못한 분들의 요청으로 부처님의 형상을 조각하여 이것을 살아 있는 부처님처럼 생각하면서, 부처님을 생각하고 부처님의 가르침을 명상했습니다. 이 수행법이 티베트로 건너가서는 그림으로 그려져(탱화), 그림을 보면서 부처님을 생각하고 부처님의 가르침을 명상하는 수행으로 발전했으며, 더 나아가서는 자신에게 명상을 가르치는 스승을 끊임없이 생각하고 스승의 가르침을 잊지 않기 위해 아예 '스승과 일치하기를' 하는 어구를 10만 번씩 염송하는 명상법으로 발전했습니다.

11세기의 위대한 명상 수행자였던 밀라래빠는 혼자 수행할 때 스승에 대한 한없는 열망으로 스승에 대하여 이렇게 노래했습니다.

"아버지 마르빠시여, 임을 생각하면 내 마음의 고통은 한결 덜어집니다. 나, 걸식 행자는 임을 향해 노래 부릅니다."

그러면 명상 가운데 스승인 마르빠가 나타나서,

"아들아, 왜 그렇게 간절히 나를 찾느냐? 왜 그렇게도 괴로워하느냐? 너는 스승과 불타(佛陀)에 대한 불변(不變)의 신심을 갖고 잇지 않느냐? 바깥세상의 유혹이 네 생각을 어지럽히더냐? 죄업을 정화시켜 공덕을 성취하는 데 이르지 않았더냐? 우리는 결코 헤어지지 않으리니 진리를 위하여 중생의 행복을 위해 너는 명상을 계속하라."

스승 마르빠는 밀라래빠의 부름에 응답합니다.

이와 같이 염불의 원형은 명상 속에서 살아 있는 스승(부처님)과 마음의 교류를 통하여 정진하는 명상의 한 방법인데, 이것은 아주 대단히 중요한 명상이기도 합니다. 또 한편으로 부처님께서 돌아가신 이후에 부처님을 볼 수 없으니까 그냥 오직 부처님의 이름을 간절히 부르고 염송하는 방법도 생기고, 일체중생을 다 구제하시는 부처님의 자비로운 마음과 항상 고요하고 평화로우시며 일체중생을 모든 두려움과 괴로움에서 벗어나게 하시는 부처님의 마음을 생각하는 방법도 생기고, 궁극에 가서는 석가모니 부처님께서 깨달으신 본래 부처인 진리의 부처를 명상하는 것으로도 발전합니다.

그래서 이 네 가지를 요약하면 부처님의 이름을 간절히 부르는 칭명염불(稱名念佛), 부처님의 성스러운 상을 생각하는 관상염불(觀象念佛), 부처님의 거룩한 마음과 그 성품을 생각하는 관상염불(觀想念佛), 자신과 일체 만유의 본래면목이며 진리의 부처[法身佛]인 자성불을 생각하는 실상염불(實相念佛)로 말씀드릴 수 있습니다.

● 경전을 독송하는 것도 염불한다고 하는데 어떤 연유로 염불이라고 하는지요?

앞에서 말씀드린 것처럼 석가모니 부처님을 간절히 생각하고 그 이름을 부르는 것이 말 그대로 염불(念佛)이라 하고, 부처님의 가르침을 생각하고 부처님의 가르침을 염송하는 것, 이를테면 경전을 읽고 염송하거나 경전 속의 게송을 염송하는 것을 염법(念法)이라 하며, 밀라래빠가 살아 있는 자신의 스승을 생각하듯이 깨달음을 얻은 선지식과 스승들과 스님들의 공덕과 삶과 가르침을 생각하는 것은 염승(念僧)입니다.

또한 일체의 번뇌와 업을 끊고 닦아서 깨달음으로 나아가는 길을 잊지 않는 것을 염계(念戒), 모든 욕망을 끊고 일체의 상을 타파하여 자비의 마음으로 중생들을 보면서 중생을 돕고자 하는 것을 생각하는 염시(念施), 일체의 욕망을 끊어 하늘과 같이 모든 망상이 끊어지고 청정하고 깨끗함을 생각하는 것은 염천(念天)입니다.

내쉬고 들이쉬는 숨을 알아차림 하면서 들어오고 나감에 시비분별(是非分別)이 없고 너와 내가 없듯이, 부처님이 이와 같이 들고 나면서 중생제도를 했던 것을 생각하는 염출입식(念出入息), 모든 인연을 끊고 일체 번뇌가 끊어져서 일체가 쉬어 버린 적멸(寂滅)을 생각하는 것은 염휴식(念休息)입니다.

사대[地·水·火·風, 공간을 넣어 오대라고 함]가 화합하여 만들어진 이 몸의 실체를 생각하는 염신(念身), 인연화합으로 만들어진 이 몸[地·水·火·風]과 마음[受·想·行·識]은 조건이 다하면 물거품[泡] 같이, 그림자[影]같이, 이슬[露]같이, 아지랑이[炎]같이 사라진다는 것을 알고, 이것이 사라져 없어지는 것을 생각하는 것을 염사(念死) 라 하는데, 이러한 것들을 모두 합해서 십념(十念)이라 하며, 이것도 광의의 염불 수행법입니다. 또한 이와 같은 수행법들이 관법과 크게 다르지 않기 때문에 앞의 네 가지 염불 수행법을 주로 염불이라고 생각하는데, 그중에서도 일반 대중들은 칭명염불(稱名念佛)을 주로 염불 수행으로 알고 있는 경우가 많은 것 같습니다.

● 교회에서 '하나님 아버지'하고 부르는 경우나 예수님을 관상 하는 명상을 하는데 이것도 염불과 같은 원리입니까?

하나는 부처를 생각하고 부처를 부르며[念佛], 또 하나는 신을 생각하고 신을 부른다[念神]는 방법에는 하등의 차이가 없습니다. 차이가 있다면 부처와 신을 어떻게 생각하고 부르는가 하는 데에 차이가 있을 수 있습니다. 그러나 부르는 이름이 다르다해도 부르는 사람들이 부르는 부처나 신에 관한 내용이 같다면 차별이 있을 수 없지요. 이를테면 모양 없고 너와 내가 없는 진리 자체를 부처로 보고 신으로 본다면 말입니다. 물론 진리를 무엇으로 보느냐에 따라 또 달라질 수 있습니다. 마찬가지로 똑같은 부처를 부른다 해도 부르는 사람마다 마음속의 부처가 다르다면 이름만 같은 부처지 각자 자기가 만든 부처를 부르는 꼴이 되지요.

예를 든다면 같은 부모로부터 난 자식들이 '아버지'라고 부를 때는 동생이 부르나 형이 부르나 한 아버지이지만 아버지가 부르는 아버지, 엄마가 부르는 아버지는 전혀 다른 아버지가 되는 이치와 같은 것이지요. 또한 같은 아버지를 놓고 딸은 '아빠'라고 하고, 며느리는 '아버님', 부인은 '여보'라고 부르는 것과 같은 이치입니다.

● 불보살의 이름이 많은 것도 같은 이치입니까?

바로 그와 같은 이치입니다. 이를테면 비로자나불이니, 노사나불이니, 석가모니불이니, 아미타불이니 하는 수많은 불보살의 이름이 많은데, 이 모든 것은 부처의 본질과 부처의 작용과 부처의 성품과 부처의 특징에 따라 다르게 부르지만 결국은 서로 다른 것이 없습니다.

사람은 하나이지만 상황과 조건과 역할에 따라 아버지이기도 하고, 아들이기도 하고, 손자이기도 하며, 할아버지이기도 하고, 남편이며, 동생이고, 형이고, 오빠이며, 친구이면서, 사장일 수도 있고, 변호사일 수도 있으며, 어떤 단체의 회장일 수도 있는 것과 같습니다. 직함에 따라 역할을 하듯이 부처의 이름도 이와 같은 것입니다.

오직 염불 소리만 남을 때까지
쉬지 않고 염송하라

● 염불 수행은 어떻게 하는지 그 원리와 방법을 자세히 일러 주시면 좋겠습니다.

앞에서 말씀드렸듯이 염불 수행법은 칭명염불(稱名念佛), 관상염불(觀象念佛), 관상염불(觀想念佛), 실상염불(實相念佛) 이렇게 네 가지로 나눌 수 있습니다.

첫째, 누구든지 쉽게 할 수 있는 칭명염불은 말 그대로 부처님의 명호를 염송하는 것입니다. 석가모니 부처님이든 아미타 부처님이든 칭명을 하고자 하는 부처님의 이름을 정한 후에 고요히 마음을 가라앉히고 바르게 앉습니다.

둘째, 바르게 앉은 다음 명상이나 마음 명상에 대하여 어떤 마음이 있는지 살펴서 어떤 의도가 있다면 의도를 내려놓습니다. 즉 무엇인가 얻고자 하는 마음이나 해결하고자 하는 마음이나 이루고자 하는 마음이 없어야 됩니다. 말하자면 무소득(無所得)이 되어야 하는 것입니다.

셋째, 이런저런 마음들을 다 내려놓은[放下着] 다음 오직 부처님의 명호만을 간절하게 염송하되, 입으로는 명호를 정확히 소리 내어 부르고, 귀로는 그 명호를 추호라도 놓치지 말고 듣고, 마음으로는 한순간이라도 그 명호를 잊지 말고 새기며 부처님의 명호를 부르는 자기를 놓치지 않고 알아차림 합니다.

넷째, 이와 같이 입으로 부르고 귀로 듣고 마음으로 새기고 관(觀)하는 모든 행위가 오직 칭명하는 것에 다 모여져서 보고 듣고 소리 내고 관하는 것이 오직 염불일념(念佛一念)이 되게 합니다.

다섯째, 염불일념으로 십 분, 삼십 분, 한 시간, 두 시간, 하루, 이틀, 사흘, 한 달, … 이렇게 쉬지 않고 염불을 해가다 보면 누구든 염불 삼매에 들게 됩니다.

● 보살의 명호도 상관없는지요? 불보살의 명호가 다양한데 어느 것을 불러야 할지 혼란스러울 때가 있습니다.

관세음보살이나 지장보살 또는 문수보살, 어느 것도 상관없습니다. 보살 역시 부처님의 화신(化身)이니까요. 화신은 중생을 교화하기 위해 갖가지 형상으로 변화, 즉 화현(化現)하는 것이고 특정한 시대와 장소에 특정한 사람들을 구제하기 위해 몸을 나툰 부처님이 곧 화신입니다. 화신은 부처님 형상이 아닌 용(龍), 귀(鬼) 등으로 나타나기도 하고 중생들을 구제하기 위해 부처님 스스로 변현(變現)하여 중생의 모양으로 되기도 합니다.

어느 것을 부르든지 본래는 상관이 없습니다만, 그 이름이 갖는 특성상 이름에 따라 조금씩 차이가 있습니다. 하지만 그 차이점이라는 것은 결국은 끝에 가서는 다 하나로 모이게 됩니다. 무슨 말인가 하면, 석가모니불은 말 그대로 석가족의 깨달음을 이룬 성자 싯다르타를 지칭하는 것이요, 아미타불은 한량없는 빛[無量光佛], 한량없는 생명[無量壽佛]이라는 의미입니다.

경에서 보면 아미타불은 법장 비구가 부처의 나라를 건설하겠다는 원을 세워서 불국토를 이룬 다음 얻은 이름이요, 관세음보살은 모든 중생의 아픈 소리를 다 들어서 그 아픔을 다 받아서 소멸시켜 주기 때문(대비수고)에 자비의 화신이요, 문수보살은 일체중생의 무지를 타파하여 지혜를 다 드러낸 분이기 때문에 지혜의 화신입니다.

따라서 문수보살을 염송하다 보면 지혜가 밝아질 것이며, 관세음보살을 염송하다 보면 자비를 이룰 것이며, 아미타불을 염송하다 보면 생사(生死)와 상관없는 영원한 생명을 알 것이며 불국정토를 알게 될 것이나, 지혜나 자비나 무한 생명 그 자체는 본래가 다 한 자리에서 나왔고 석가모니 부처님은 이것을 다 깨치고 이루었기 때문에 결국은 차별 없이 하나로 모입니다. 예를 들면 깨달음이라는 산(원각산)을 하나 놓고 한 사람은 동에서, 또 한 사람은 서에서, 또 다른 사람은 남에서, 북에서, 올라가 정상에서 만나는 것과 같은 것이지요.

● 불보살의 명호를 염불하는 방법을 구체적으로 말씀해 주십시오.

일반적으로 절에서는 관세음보살 명호를 가장 많이 부르는데 관세음보살의 명호를 예를 들어 말씀드리겠습니다. 먼저 정좌를 한 다음 일체의 생각을 다 내려놓고 편안하면서도 간절한 마음으로 "관세음보살, 관세음보살…" 명호를 부르되, 입으로는 관세음보살의 이름을 한 자 한 자 놓치지 말고 부르고, 귀로는 자신이 부르는 "관세음보살" 하는 칭명 소리를 놓치지 말고 듣고, 마음으로는 '관세음보살' 하면서 부르고 듣고 하는 것을 놓치지 않도록 관세음보살의 명호를 한순간도 잊지 말고 그 명호를 생각하며 염불하는 것입니다. 이렇게 하면서 염송이 끊어짐이 없이 이어가서 일체 생각이 끊어지고 오직 염불 소리만 남을 때까지 쉬지 않고 염송해 가는 것입니다.

염불 소리는 높낮이에 따라서 고성, 중성, 저성, 밀념 등 네 가지로 나눌 수 있는데, 고성일 경우는 번뇌망상이 많거나 졸음이 오거나 할 때 번뇌망상과 졸음을 쫓아내고 일념이 되게 하고자 하는 방법이며, 중성은 그냥 일반적으로 하는 자연스러운 칭명염불이며, 저성은 자신만 들을 수 있도록 내는 소리로 아주 작게 소리를 내도 자신의 염불 소리를 들을 수 있을 정도로 집중이 되어 있거나 주변 상황이 고요하고 타인에게 방해가 될 때 작은 소리로 염불하며, 밀념은 소리를 내지 않는 염불로서 입술만 움직이는 것으로 소리를 내지 않아도 될 경우이거나 소리를 내서는 안 될 경우에 하는 방법입니다.

소리를 낼 수 없을 때는 입술도 움직이지 않고 마음으로 하는 염불[金剛念]이 있는데, 이 경우는 소리를 내지 않기 때문에 칭명염불이라 하기는 정확하지 않지만 방법은 크게 다르지 않습니다. 이를테면 마음으로 명호를 부르고 마음으로 그 명호 소리를 듣고, 마음으로 새기고 관하면서 염송하는 방법입니다. 칭명염불을 많이 하던 사람의 경우에 졸음도 없고 번뇌도 없고 오직 칭명에만 마음이 모이면 소리를 내지 않고 마음만으로 염불해도 염불의 효과는 차이가 나지 않습니다.

오히려 염불의 깊이가 더욱 깊어지며 행주좌와(行住坐臥) 어묵동정(語默動靜) 내지는 호흡지간에도 일념으로 염불할 수 있습니다.

● 염불 중 졸음이 오거나 몸이 아프거나 온갖 생각이 끊이지 않을 때는 어떻게 하면 좋을까요?

첫째, 졸음이 오거나 몸이 아프거나 생각이 일어나도 일어나는 현상에 마음을 두지 말고 오직 칭명에만 마음을 두고 몰두하세요.

둘째, 그래도 안 될 경우는 칭명을 고성으로 하면서 염불에 몰두하세요.

셋째, 고성 염불을 해도 졸음이나 몸의 통증이나 여러 가지 번뇌망상이 염불에 몰두하는 것을 방해할 때는 염불을 계속하면서 졸음이 오면 오는 현상과 졸음이 일어나는 몸의 부위를 알아차림 하면서, 졸음 현상과 졸음이 일어나는 부위에 주의를 두고 염불을 하세요. 졸음이 오는 것을 잘 알아차림 해 보면 바로 눈에서 일어나기도 하지만 머리 위에서 졸음의 기운이 내려오기도 하고 목 뒷덜미에서 올라오기도 합니다. 이와 같이 눈에서 졸음의 기운이 나오면 졸음의 기운이 나오는 눈과 졸음 현상에 '관세음보살', '관세음보살' 하면서 주의를 집중하면 잠이 오는 현상이 그냥 사라지거나 아니면 잠 오는 현상 속에 그 기운이 일어나게 하는 마음이 있다는 것을 알게 됩니다. 먼저 그 마음을 알아차리면 졸음이 사라집니다. 그리고 다시 염불에 몰두하시면 됩니다.

몸의 통증도 졸음이 오는 경우와 같습니다. 통증도 그 현상과 통증 부위가 있습니다. 그러면 그 부분을 먼저 알아차림 하면서 오직 그 부위에 마음을 두고 염불을 하시다 보면 통증이 사라지거나 통증이 일어난 이유를 알게 됩니다. 그 원인을 알고 그 마음을 내려놓고 염불하면 통증이 사라집니다. 그러면 다시 염불에 몰두하시면 됩니다.

생각도 마찬가지입니다. 생각이 일어나는 것을 가만히 알아차림 해 보면 생각이 어디서 일어나는지를 알 수 있습니다. 생각이 일어날 때는 생각 따라서 자신의 몸에 느낌이 일어납니다. 그러면 그 느낌이 일어난 부위와 일어난 생각에 주의를 두고 염불을 하거나 생각을 알아차리면서 염불을 하면 일어나던 생각도 다 사라지고 다시 염불에 몰두할 수 있도록 마음이 고요해집니다. 이렇게 해가다 보면 졸음이나 통증이나 망상도 다 사라지고 오직 염불에만 몰두할 수 있습니다.

● 저는 염불 중에 관세음보살님을 친견하고 많은 가피를 입는데 관음 염불을 하면 굉장히 환하고 눈부신 광채를 발하면서 머리에 보

관을 쓰고 황금색 옷을 입으신 관세음보살님이 나타나서 '무엇이 진리일까?' 늘 궁금했던 의문에 일체가 다 법이고 진리임을 일러 주었습니다. 의문점도 풀어 주시고 몸 아프던 것도 어루만져 주셔서 오랫동안 앓아 왔던 견비통도 없어졌습니다.

이것도 법인가요? (볼펜을 들어 보인다.)

예, 그렇습니다.

그러면 이것도 법인가요? (주먹을 들어 보인다.)

예, 그렇습니다.

그러면 이것이 어째서 법이지요? (주먹을 다시 들어 보인다.)

…모르겠습니다.

모르는 것이 분명하다면 일체가 진리라는 생각을 내려놓고 일념으로 염불하면서 '이것이 어째서 법인가?' 하고 화두를 참구 하도록 해 보세요. 좀 더 말씀드리자면 누구든지 일념으로 염불하다 보면 부처님을 친견한다든지 관세음보살을 친견하는 체험을 하기도 합니다. 이런 경우에는 주의해야 할 것이 있습니다. 눈앞에 나타나

197

는 불보살님이 불보살이 아닌 것은 아니지만 이것이 진불(眞佛)인 것으로 알게 되면 오히려 진불을 등지게 된다는 사실을 명심해야 합니다.

『금강경』에 보면 부처님께서는 "모양이나 음성으로 부처를 구하게 된다면 사도(邪道)를 행하는 것이다"라고 말씀하셨습니다. 이것은 일체의 명상(名相), 즉 형상을 넘어서야 참된 부처를 깨닫게 됩니다.

따라서 염불 중에 부처님이 나타나서 병을 고쳐 주거나 소원을 들어준다거나 하더라도 이것도 하나의 경계인 줄 알고 여기에 묶이지 말고, 일체 생각이 끊어지고 일체 상이 부서져서 자신의 본래 면목을 깨달아 참다운 부처를 깨닫고 참다운 법을 깨달을 때까지 쉼없이 정진해 나가셔야 합니다.

● 저는 염불을 하는데 처음에는 이마에 눈이 하나 생기더니 손바닥에도 눈이 생기고 손끝에도 눈이 생기다가 세포 하나하나에 다 눈이 생겨서 '이것이 관세음보살의 천안인가?' 하는 생각이 들었습니다.

그것 역시 틀렸다고 할 수 없으나 맞는 것도 아닙니다. 앞으로도 그와 같은 경계가 오면 관세음보살이니 천안이니 하는 개념과 '이것이 관세음보살의 천안인가?' 하는 생각을 붙이지 말고 그냥 염불만 하세요. 그리고 그와 같은 경계 역시 염불 중에 일어나는 현상임을 알고 그냥 다 놓아 버리고 '다만 관세음보살이 천 개의 눈과 천 개의 손을 가졌다고 했는데, 어찌하여 천수천안(千手千眼)인가?' 하면서 참구 하세요. 참구해도 모를 때는 그 눈과 계합(契合)해 보세요. 그러면 그 눈이 어떻게 해서 그렇게 나투었는지 알게 될 것입니다.

칭명염불에 이어서 두 번째로 관상염불(觀象念佛)에 대하여 말씀드리겠습니다. 관상(觀象)이라 함은 말 그대로 불보살님의 거룩한 상호(相呼)를 떠올리면서 염불하는 방법인데, 이를테면 항상 일체의 차별이 없고 집착이 없는 지혜로우신 눈길과 자비로우신 눈길로 중생들을 바라보시고 평화로우신 마음과 자애로우신 마음으로 그윽하게 미소를 머금으신 상호와 일체중생을 자비로 품어 안으시는 부처님의 모습을 관(觀)하면서 염불을 하는 것입니다.

처음부터 관상이 되지 않을 때는 불상이나 보살상 또는 불보살님의 상호를 그려놓은 탱화를 직접 보면서 염불하시되, 마음에 그 상호가 새겨지면 보지 않고 어디서든지 그 상호를 생각하면서 염불하시면 됩니다. 물론 앞에서 칭명염불 중에 체험했던 분과 같이 칭명염불 중에 친견한 불보살님을 관(觀)하면서 염불하셔도 됩니다. 주의할 것은 염불하면서 나타나는 불보살님의 형상에 따라 좋아하고 매달리거나 그 대상으로부터 무엇인가를 얻고자 하는 마음으로 집착하지 않아야 합니다. 또는 두려워하고 불안해하며 거부하지도 않고 다만 일체의 차별이 없고 집착 없는 자비로운 눈길, 평화롭고 자비로운 미소를 머금은 상호를 바라보면서 그냥 일념으로 염불해

가시다 보면 그 자비로운 불보살과 염불하는 자기가 둘이 아닌 하나가 되는 체험이 일어나기도 합니다.

그러면 이와 같은 경우에도 일체의 마음을 붙이지 말고 그 자체가 되어 오직 염불에만 몰두하세요. 즉 자비로운 부처님과 염불하는 자기가 둘이 아닌 하나가 되어 염불에만 전념하시면 됩니다. 물론 처음부터 그와 같은 불보살님의 상호와 하나가 되어서 염불하셔도 좋습니다.

● 염불은 어떻게 해야 하는지요?

칭명염불 때와 같이 칭명을 하되 명호(名號)를 생각하면서 염불하는 것이 아니라 통상적으로 '32상(相) 80종호(種好)'를 가진 부처님의 얼굴상을 뜻하는 상호(相好)를 생각하면서 염불하는 것이 다릅니다. 물론 칭명을 하지 않고 마음으로 불보살님을 생각하면서 거룩한 상호만 생각하고 관하여도 됩니다.

● 법당에서 부처님께 예불드리고 부처님을 보면서 염불하는 것도 이와 같은 뜻인가요?

부처님 당시로 돌아가 보면 부처님을 청해서 공양 올리고 부처님께서 처소로 돌아가신 후에는 부처님을 생각하면서 명상을 했는데, 이와 같은 방법이 후대로 내려오면서 부처님의 상호를 조성해

놓은 불상을 보면서 부처님께서 살아 계신 때와 같이 공양을 올리고 부처님을 생각하면서 명상하고 정진 수행했는데 이것이 관상염불, 예불 기도로 발전한 것이기도 합니다.

● 관상염불(觀想念佛)과는 어떤 차이점이 있는지요?

관상염불(觀象念佛)이 지혜와 자비와 공덕을 두루 갖춘 부처님의 형상인 상호를 일념으로 생각하여 둘 아닌 하나가 되게 하는 염불이라면, 관상염불(觀想念佛)은 부처님의 상호를 생각하는 것이 아니라 부처님의 지혜와 자비와 공덕을 두루 갖춘 부처님의 마음을 일념으로 생각하여 부처님의 마음과 한마음을 이루는 것입니다.

● 관상염불(觀想念佛) 방법을 좀 더 구체적으로 말씀해 주십시오.

관세음보살을 예로 들어 말씀드리자면, 관세음보살님은 자비의 눈으로 모든 중생을 바라보시고[자안시중생(慈眼視衆生)], 일체의 차별 없는 마음으로 중생들의 모든 괴로운 소리를 다 들어주시고, 한없는 연민으로 중생들의 모든 고통을 다 받아들이시고(대비수고), 중생들을 속박을 다 벗어난 걸림 없는 마음으로 모두 다 해탈시키십니다. 따라서 관상염불(觀想念佛)을 한다면 관세음보살님을 쉼 없이 생각하고 부르되 염불하는 자신도 관세음보살님의 마음과 같이 자비의 마음이 되어 이 세상 유정 무정 등 일체중생들을 자비의 눈으로 보고 자비의 마음으로 대하도록 쉬지 않고 관세음보살을 염송하고 생각하는 것입니다.

아울러 시비가 없고 차별이 없는 마음으로 모든 중생의 괴로운 소리를 걸림 없이 다 들을 수 있도록 쉼 없이 관세음보살의 마음을 잊지 않고 생각하며 염불하는 것이며, 지극한 연민으로 모든 중생의 고통을 다 받아들이는 관세음보살을 생각하면서 그 마음을 잊지 않고 그와 같이 행하도록 쉼 없이 염불하는 것입니다.

즉 모든 중생을 자비의 눈으로 보고, 모든 중생의 고통의 소리를 차별 없이 다 듣고, 모든 중생들의 고통을 다 받아들이고, 일체에 대하여 모든 번뇌망상과 시비가 다 끊어져서 본래부터 청정한 관세음보살의 마음을 끊임없이 생각하면서 그와 같은 마음이 되도록 행주좌와 어묵동정 간에 잊지 않고 행하는 것입니다.

물론 관상염불(觀象念佛)이나 관상염불(觀想念佛) 모두 행할 때 자신의 몸과 마음 안에서 일어나는 중생의 모습이나 타인의 몸과 마음에서 보여지는 중생의 모습과, 자신의 삶과 타인의 삶에서 보여지는 중생의 모든 현상과 이 지구상에서 일어나는 중생의 일체 현상에 대해서도 부처님의 상호를 생각하고 부처님의 마음을 생각하며 이와 같은 마음이 되어서 일념으로 염불하되, 행주좌와 어묵동정 간에 쉬지 않고 행하는 것입니다.

이를테면 자신의 몸을 생각하고 관(觀) 할 때에도 부처님의 거룩한 상호를 생각하던 마음으로 보고 염불하며, 자신의 마음을 생각할 때도 부처님의 마음을 생각하던 마음으로 보고 염불하여, 부처님의 몸과 마음과 나의 몸과 마음이 둘이 아닌 하나가 되어 내 안에서, 밖에서, 일체에서, 부처님의 거룩한 상호와 마음이 작용하게 염불하는 것입니다. 물론 타인에 대해서도 이와 같이 둘이 아닌 하나로 보고 행할 때까지 행주좌와 어묵동정 간에 쉼 없이 염불하는 것입니다.

그러면 실상염불(實相念佛)은 무엇이며, 어떻게 염불하는지요?

실상염불(實相念佛)이라 함은 부처의 이름이나 상호나 마음을 넘어선 일체제법(一切諸法)과 일체제불(一切諸佛)의 진실한 자성(自性)을 관(觀)하면서 염불하는 것입니다. 다시 말하면 영원한 부처의 본체(本體)요, 참 나의 본체인 자성법신(自性法身)을 관하면서 하는 염불이 실상염불입니다.

영원한 부처의 본체요, 참 나의 본체인 자성법신을 관하면서 하는 염불이 실상염불이라 하셨는데, 영원한 부처의 본체와 참 나의 본체인 자성법신이 어떤 것인지 궁금합니다.

자성법신이 어떤 것인지 궁금하다 하셨는데, 실상염불의 단계에 가면 불보살의 이름을 소리 내어 부르고 안 부르고, 거룩한 상호를 생각하고 안 하고, 부처님의 거룩한 지혜 공덕을 생각하고 안다고 하는 것을 넘어선 경계에 이릅니다. 이것은 화두선에서 말하는 일체의 생각이 끊어지고 오직 의심 하나만 남은 상태와도 차별이 없고, 위빠사나에서 말하는 오직 알아차림, 즉 각성(覺性)만 남은 단계와도 크게 차별이 없습니다.

실상염불이란 말 그대로 부처의 참된 상만을 간절히 생각함인데, '부처의 참된 상만을 간절히 생각한다' 함은 일체의 마음을 다 항복 받아서 나니 너니, 내 마음이니 네 마음이니, 내 몸이니 네 몸이니 하는 일체의 시비분별과 일체의 아상이 무너져 없어져서 내가 없는 자리에서 부처를 보고 생각하는 것과 같은 것입니다. 이것은 곧 『금강경』에서 말하는 실상무상(實相無相)의 자리에서 부처를 생각하는 것과 같은 것입니다. 따라서 일체 망념 망상이 소멸되지 않은 지금 상태에서 자성법신이 어떤 것이지 모르겠고 궁금한 것은 당연하다 하겠습니다.

그러면 어떻게 정진하면 좋은지요?

먼저 칭명염불부터 하세요. 왜냐하면 번뇌망상이 많은 상태에서는 관상(觀象)이나 관상(觀想) 혹은 실상(實相)염불을 한다 해도 번뇌망상 때문에 염불도 되지 않을 뿐만 아니라 설사 염불을 해도 망상을 여읜 염불이 아니기 때문에 염불이라 해도 염불이 아닙니다. 따라서 이와 같은 경우에도 칭명염불을 통해서 먼저 번뇌망상을 조복 받고 오직 불보살의 명호를 부르는 마음 하나만 남을 때까지 정진하세요.

부처님 당시에는 지금과 같은 칭명염불이 없었던 것 같은데 왜 칭명염불을 해야 하는지요?

당시에도 칭명이 없었던 것은 아닙니다. 예를 들면 빔비사라 왕의 왕비였던 위제히 부인이 감옥에서 부처님을 생각하면서 "세존이시여!" 하고 부처님의 명호를 불렀는데, 이것이 곧 부처님을 부르는 것[稱名]이지요. 차이가 있다면 당시에는 "부처님이시여! 세존이시여!" 하고 이름을 부르되 단순히 이름만 부르는 것이 아니라 이름을 부름[稱名]과 동시에 부처님의 거룩한 상호도 생각하고[觀象] 아울러 부처님의 한량없는 자비심과 고요하고 평화로우신 부처님의 마음도 동시에 생각[觀想]을 했습니다.

부처님의 이름을 소리 내어 외쳐 부르든 마음속으로 생각하든 차별이 없지요. 왜냐하면 위제히 왕비뿐만 아니라 당시의 제자들은 깨달음을 이루신 부처님을 직접 뵙고, 부처님에게 진리에 대한 말씀도 듣고 감화도 받았으며, 부처님에 대한 체취도 직접 느꼈기 때문에 그 당시의 사람들에게는 그 이미지나 이름이나 부처님의 마음이 자신의 마음에 그대로 새겨져 있었던 것이지요. 티베트의 성자였던 밀라래빠의 경우에 있어서도 스스로 명상이 안 되거나 힘겨울 때는 "아버지 마르빠시여" 하고 부른 것도 부처님 당시의 제자들이 부처님을 부른 것과 같은 경우입니다.

그러나 지금은 우리들 눈앞에 당시의 석가모니 부처님이 있는 것도 아니고 부처님의 체취를 직접 느낄 수 있는 것도 아닙니다. 그렇기 때문에 "세존이시여!" 하거나 "관세음보살님!" 하고 그 이름을 부른다 해서 부처님 당시의 위제히 부인과 같이 즉시 자신의 눈앞에 세존이 나타날 수 있는 것은 아닙니다. 육신으로서의 석가모니 부처님은 이미 이 세상에서 열반하셨기 때문에 불상과 탱화를 만들어서 부처님을 생각하고 부처님과 같이 깨닫고자 염불하고 예불하며 공양 올리게 된 것이지요.

아울러 지금과 같은 염불 수행법이 생긴 것은 육신의 부처가 아닌 상주불멸(常住不滅)하시는 법신(法身)만이 예나 지금이나 시공을 넘어서서 분명히 나투고 계시기 때문에 법신의 부처를 보기 위해 염불하는 것이며, 법신불을 보고자 하는 자는 마땅히 일체의 번뇌망상이 소멸될 때까지 염불하여 자성불을 깨치면 법신불을 보게 되는 것입니다. 따라서 칭명염불을 통하여 번뇌망상이 제거되고 염불하는 자만 남을 때까지 부지런히 정진하여 일체가 다 사라지고 고요히 일념으로 칭명이 될 때는 부처님의 거룩한 상호와 부처님의 마음을 관하면서 염불하세요. 그런 후에 일체의 차별이 없이 지혜로우시며 자비로써 일체중생을 품어 안으시는 부처님의 거룩한 상호와 부처님의 마음을 관하면서 일념으로 염불하되, 안에서나 밖에서나 나와 부처가 둘이 아닌 하나가 되어 굴러갈 때까지 쉬지 않고 염불하는 것입니다.

그리하여 나도 없고 남도 없고 몸도 없고 마음도 없이 일체가 끊어지고 소멸되고 비어져서 우주 허공과 같은 청정한 마음만 남을 때까지 행주좌와 어묵동정 간에 쉬지 않고 염불하는 것입니다. 모든 생각이 끊어지고 허공 같은 청정한 마음만 남을 때까지 명상이 진전되면, 이때부터 허공 같은 청정한 마음을 관하면서 염불하면 이를 일러 실상염불이라 이름할 수 있습니다.

● 그와 같은 경우에도 칭명을 하는지요?

하고 안 하고 상관이 없습니다. 무슨 말인가 하면, 칭명을 해도 칭명한다는 생각이 끊어져 없어지고 칭명하는 놈도 사라지고 나중에는 청정한 마음만 남습니다. 마찬가지로 칭명을 하지 않아도 칭명하지 않는다는 마음도 없고 칭명하지 않는 놈도 사라지고 오직 청정한 마음만 남습니다. 청정한 마음이란 유무(有無)를 넘어서고 '이것이다 저것이다' 하는 분별하는 마음이 사라지고, '너다 나다' 하는 개체의 마음이 사라진 마음으로서, 그 어떤 것도 고정되거나 붙들어 매거나 줄거나 늘거나 오거나 가거나 하는 상대적인 현상과 경계를 넘어선 마음입니다.

허공 같은 청정한 마음은 생각으로 알 수 있는 세계가 아닙니다. 이것은 일체의 생각이 끊어지고 일체의 이상이 무너질 때 그냥 알 수 있는 세계입니다. 그러니 생각으로 이해하려고 하지 마세요. 일체의 망념이 다 사라지고 나라는 놈이 없어질 때까지 그냥 일념으로 염불을 하다 보면 염불 삼매(念佛三昧)에 들게 되고 그러면 누구나 경험하게 됩니다.

● 부처님께서 말씀하신 게송을 염송하는 것도 염불이라 하셨는데 어찌하여 그러한지요?

'법(法)이다, 불(佛)이다' 하는 것은 하나의 이름이요, 법과 불은 본래 하나입니다. 부처님 당시 문둥병으로 죽어가던 '바카리'라고 하는 제자가 육신을 일으켜 부처님께 절을 하려 하자 부처님께서는 이렇게 말씀하셨습니다.

"썩어 없어질 이 육신에 왜 절을 하려고 하느냐? 부처라는 것은 썩어 없어지는 이 육신이 아니라 영원히 멸하지 않는 깨달음의 지혜요, 영원한 진리[法]가 부처이니, 육신에 절하지 말고 영원한 법(法)에 귀의하는 것이 부처에 귀의하는 것이다"라고 하셨습니다. 이 말을 들은 바카리는 그 자리에서 육신과 모든 욕망에서 벗어나서 아라한과를 이룬 뒤에 열반에 들었습니다. 이와 같이 부처님께서 말씀하신 법을 염송하는 것도 또한 염불과 다르지 않습니다. 그래서 일반적으로 독경(讀經)하는 것을 염불한다고 하는 이유가 여기에 있는 것입니다.

● 부처님께서 말씀하신 법(法)을 염송(念誦)하는 것도 염불이라 하셨는데 어떻게 하는지요?

법을 염송하는 데는 두 가지가 있습니다. 부처님의 가르침이 담긴 경을 읽는 독경법(讀經法)이 하나요, 경전 가운데 있는 게송(偈

頌)을 수지 독송하는 것이 또 한 방법입니다.

독경은 첫째 독경할 경전을 선택해야 하는데, 선종에서는 보통 『금강경』을 주로 염송합니다. 물론 『법화경』이나 『화엄경』, 또는 그 가운데 있는 「관세음보살품」이나 「보현행원품」을 선택할 수도 있고, 『반야심경』이나 『자비경』도 좋습니다. 가톨릭 신자일 경우엔 복음서를 읽는 것도 한 방법이며, 옛날 선비들은 『중용』이나 『논어』를 염송하기도 했습니다.

둘째는 독경 방법인데, 좌선할 때와 같이 정좌를 한 다음 몸과 마음을 이완시킨 후에 부처님의 명호를 염송할 때와 같은 방식으로 경을 소리 내어 읽습니다. 경을 소리 내어 염송하되 경을 잘 읽으려고도 하지 말고 읽다가 힘들어서 포기할 것도 생각하지 말며 경을 해석하려고도 하지 않습니다. 한 자 한 자를 또박또박 염송하되 그냥 염송만 하시면 됩니다. 마음은 염송하는 글자에 두고 귀로는 염송하는 소리를 들으면서 오직 염송하는 데에만 마음을 모읍니다.

그러나 처음에는 생각과 번뇌가 많아서 염송이 잘되지 않을 것입니다. 그렇다 해도 염송하면서 일체 현상에 끌려가지 말고 염송만 하세요. 그래도 안 되면 일어나는 마음을 살펴서 끌려가게 하는 마음을 버리고 나서 다시 염송해 가시면 됩니다. 그러다 보면 일어나던 생각도 끊어지고 일념으로 독경이 될 것이며, 더 나아가서는 오직 독경하는 자만 남을 것입니다.

이와 같이 될 때 경의 뜻도 저절로 새겨질 것이고 독경하는 자도 독경하는 대상도 사라지고 오직 독경하는 행위만 남게 됩니다.

즉 독경 삼매에 들게 되는 것이지요. 독경 삼매에 들 때 화두를 참구하시는 분들은 '이것이 뭔가?' 하고 화두 참구를 하면 즉시 자성을 깨칠 수도 있습니다.

또 하나 게송을 염송하는 방법인데, 『금강경』에 보면 사구게를 수지 독송하고 이를 타인에게 연설하면 그 공덕이 한량다고 했습니다. 그 공덕이 한량없다고 하는 말은 나와 너, 일체가 다 무너지고 멸도 하여 일체가 다 깨달음을 이루게 된다는 이야기인데, 어떻게 수지 독송하고 타인에게도 일러줄 것인가 하는 것이 문제입니다. 알고 보면 아주 쉬운데 사람들은 몰라서 어려워하지요.

경전에서 부처님께서 말씀하신 대로 사구게를 일념으로 염송하십시오. 사구게를 염송하는 방법도 역시 경전 전체를 염송하는 것과 그 방법은 크게 차이가 없으나 경전 전체를 염송하는 것보다도 행주좌와 어묵동정(行住坐臥 語默動靜) 간에 쉬지 않고 염송할 수 있어서 좋습니다.

● 어떻게 하는지 좀 더 쉽게 말씀해 주십시오.

『금강경』의 사구게인 '범소유상 개시허망(凡所有相 皆是虛妄)'이나 「관세음보살보문품」의 '자안시중생(慈眼視衆生)'▪ 등의 게송을 선택해서 염송하되, 관세음보살이나 아미타불 등과 같은 불보살의 명호를 염송할 때와 같이 정좌하고 앉은 다음 몸과 마음을 고요히 하고 "범소유상 개시허망, 범소유상 개시허망…" 하면서 쉬지 않고 앉으나 서나, 계속해서 염송하되 불보살의 명호를 염송할 때처럼 게송을 정확히 염송하시면 됩니다.

　　그렇게 염송하면서 일체의 마음이 끊어지고 오직 게송하는 데 일념이 될 수 있을 때까지 "범소유상 개시허망…" 하면서 게송을 잊지 말고 염송하고, 보고 듣고 냄새 맡고 밥을 먹고 일할 때도 잊지 말고 염송하여 일체가 이 게송에 의하여 다 환이요, 허망한 그림자인 줄 깨달아 나도 없고 너도 없고 내 마음도 없고 일체가 다 없어질 때까지 잊지 말고 염송하는 것입니다. 더 나아가 없다는 생각마저 끊어지면 누구든지 참다운 자기를 알게 됩니다. 물론 '자안시중생'이라는 게송의 경우는 이 게송을 염송하여 일체의 모든 번뇌가 다 사라지고 보고 듣고 행하는 모든 것이 관세음보살님의 자비 마음 자체가 될 때까지 염송하는 것을 잊지 않는 것입니다. 그리하여 나와 너의 모든 경계가 무너지고 몸과 마음의 경계도 무너지고 천지만물 일체가 자비의 마음이 되면, 부처님께서 말씀하신 한량없는 자비의 마음을 이루게 되며, 이와 같이 될 때는 어떤 경우도 자비의 마음을 잃지 않고 중생을 도울 수 있습니다.

■　　모든 능력을 구비하신 분이여(具一切功德)
자비로운 눈으로 우리를 굽어보네(慈眼視衆生)
넉넉하고 깊기가 바다와 같으므로(福聚海無量)
저희들은 머리 숙여 절하나이다(是故應頂禮)
– 『법화경』 「관세음보살보문품」

마음의 그림자에
속지 말라

● 염불을 해도 미운 마음이 사라지지 않습니다. 미운 마음을 없애려고 하면 더욱 화가 나면서 염불도 때려치우게 됩니다.

염불하는 목적이 어디에 있습니까?

미움이 없어야 서로 사랑할 수 있고, 그래야 행복해지며 사는 것이 의미가 있지 안 그러면 무슨 재미로 살아요?

참으로 행복하게 살고자 한다면 행복도 놓아 버리고 불행도 놓아 버려야 하며, 참으로 의미 있게 살고자 한다면 의미도 놓아 버리고 무의미도 놓아 버릴 것이며, 참으로 재미있게 살고자 한다면 재미도 놓아 버리고 재미없음도 놓아 버리고, 참으로 사랑하며 살고자 한다면 사랑도 놓아 버리고 미움도 놓아 버려야 합니다. 인생 자체를 놓아 버려야 인생을 굴리고 사는 주인이 되지, 인생을 붙들고 인생에 묶여 살면 거꾸로 인생에 굴림을 당하는 노예로 살게 됩니다.

212

염불을 하는데 미움이 사라지지 않는 것도 알고 보면 사랑을 잡고 있기 때문에 미움이 사라지지 않고, 미움과 사랑이 사라지지 않는 것은 상대를 잡고 있기 때문에 사라지지 않는 것이며, 상대를 잡고 있는 것은 결국 나를 잡고 있기 때문입니다.

그와 같은 경우에는 무의식, 즉 아주 깊은 과거 업식이 자리 잡고 있기 때문에 사라지지 않습니다. 따라서 이와 같은 경우는 염불을 하면서 미움을 무조건 없애려고 미워하는 마음과 싸우지 마세요. 마음에 있는 미움이 다 드러나서 완전히 사라질 때까지 문제 삼지 않고 알아차려야 미움이 스스로 나와 사라지게 됩니다.

그리고 그 마음이 어디서 나오는지 몸과 마음을 알아차림 해서 나오는 곳으로 들어가 보면 어떤 마음이 미움을 만들어 내는지 알게 됩니다. 그런 후에 미움을 만들어 내는 원인을 제거해 버리고 미워했던 모든 기억들을 다 놓아 버리고, 미워했던 나도 버리고 상대도 버려서, 오직 염불만 남을 때까지 정진하시면 됩니다.

● 아미타 부처님이 되신 법장 비구는 극락세계를 만드셨고 그 극락세계는 서방에 있다고 하신 걸로 알고 있습니다. 서방정토는 어디에 있는지요?

묻겠습니다. 일반적으로 세상 사람들이 알고 있는 서방은 서쪽을 말하는데 지금 우리가 있는 이 서울에서 서쪽은 어디지요? 더 가면 어디지요?

인천을 지나 황해를 지나서 중국이 있습니다.

계속해서 더 가면 티베트도 나오고 인도도 나옵니다. 그리고 인도양을 지나면 아프리카가 나오고 더 가면 대서양이 나오고, 아메리카가 나오고 계속 가면 태평양이 나오며 계속 가보면 우리가 앉아 있는 이 원점으로 돌아오게 마련입니다. 사실이 이와 같은데 법장비구가 서방에 건설했다는 아미타 부처님의 세계는 어딜까 하는 것입니다.

또 누군가 이렇게 생각할 수도 있습니다. 자기가 앉은 자리에서 지구를 따라 돌지 말고 직선으로 우주 저 서쪽 어딘가를 상상할 수도 있습니다. 그렇다면 우리가 사는 이 지구는 둥글기 때문에 그 사람이 앉은 자리에 따라서 전 우주를 향해서 뻗쳐서 나갈 것입니다. 그러면 사람들이 선 위치에 따라 무수히 많아질 것이고, 또한 서방이니 동방이니 북방이니 남방이니 하는 것도 무의미해지게 됩니다. 그렇다면 도대체 어디를 서방이라 할까 하는 것입니다.

고려 말의 큰 스승이셨던 나옹 스님께서 누이를 위해서 지었다고 전해지는 게송(偈頌)입니다.

아미타불재하방(阿彌陀佛在何方)
착득심두절막망(着得心頭切莫忘)
염도염궁무념처(念到念窮無念處)
육문상방자금광(六門常放紫金光)

214

아미타 부처님은 어디에 계신가?
심두를 착득하여 끊어져서 잊지 않게 하라.
생각 생각 다하여 생각 없는 곳에 이르면
육문은 언제나 금빛 광명 발하리라.

　　이 게송은 염불하는 분들에게는 대단히 중요한 게송인데 화두
참구하는 분들에게도 예외는 아닙니다. 흔히 불가에서 염불하는 분
들은 "아미타불 아미타불 아미타불…" 하고 아미타불의 명호를 부
르는데, 입으로만 명호를 부른다면 송불의 공덕은 있을지 모르나 깨
달음의 공덕은 기대하기 어렵습니다. 게송을 살펴보아도 우리가 아
미타불을 염송하는 것은 그냥 막연하게 남들이 부르니까 부르고 좋
다니까 부르는 형식이 되어서는 안 되는 것입니다. 적어도 아미타불
이 어떤 분인지 아미타불이 어디 계신지 정말로 알고 싶은 간절한
마음으로 아미타불을 불러야 합니다.
　　아미타불이라고 부를 때 아미타라는 것은 가없는 무한한 빛[無
邊光], 한량없는 영원한 빛[無量光], 끝없는 영원한 생명[無量壽], 죽
지 않고 영원히 살게 하는 최고의 생명수[甘露水] 등의 뜻을 갖습니
다. 좀 더 줄여서 말하면, 무한하고 영원한 빛이며, 생사와 상관없는
영원한 생명이라 할진대, 이 영원한 빛이고 생명이라고 하는 것이
도대체 무엇이며 어디에 있는가를 알고 싶은 마음으로 "아미타불
아미타불 아미타불…" 하고 염불해야 염불 수행이 제대로 된다 하
겠습니다.

따라서 "아미타불" 하되, 그냥 아미타불 하는 것이 아니라 영원하고 생사와 상관없는 빛이고 생명인 아미타불이 도대체 어디에 있는가 하는 간절한 마음으로 누구든지 참구를 한다면 누구나 다 아미타불을 친견할 수 있을 것입니다. 이것은 '이 뭐꼬' 하면서 화두 참구를 하는 것과 다르지 않습니다.

그런데 주목할 것은 '아미타 부처님이 어디에 있는고' 하면서 염불하되, 심두(心頭)를 착득(着得)하여 잊으면 안 된다고 하신 말씀입니다. 심두(心頭)라 함은 화두(話頭)와 같이 한 생각 일어나기 전의 마음자리를 말함인데, "아미타불…" 하면서 이 자리를 놓치지 말라 함입니다. "아미타불 아미타불…" 하되, 한 생각 일어나기 전의 마음자리를 여의지 말라 함이지요. 이와 같은 가운데 계속하여 정진하다 보면 일어나던 생각들이 다 사라지고, 일어나던 생각들이 다 사라지면 생각 없는 자리, 즉 생각이 끊어진 자리에 이르게 되는 것입니다.

생각이 끊어진 자리라고 말하는 곳은 저 멀리 어느 허공에 있는 것이 아니라 이 자리는 바로 육문(六門)임을 말씀하시고 계십니다. 육문(六門)은 무엇을 말하는가 하면 보고, 듣고, 냄새 맡고, 맛보고, 느끼고, 생각하는 육근(六根)을 말하는데, 이 육근도 그냥 육근이 아니라 청정해진 육근[六根淸淨]을 말합니다. 흔히 사념청정(捨念淸淨)이라고도 하는데, 말하자면 모든 번뇌망상, 시비분별, 일체의 아상이 무너져서 보되 본 바 없고, 들어도 들은 바 없고, 생각해도 생각한 바 없고, 해도 한 바가 없이 보고, 듣고, 행하고, 생각하되 보고, 듣고, 행하고, 생각한 바를 소소영령(昭昭靈靈) 하게 밝게 알아차리고 있을 때 '사념청정이다, 육근청정이다' 하는 것입니다. 그러면 이 육문에서 항상 변함없이 발하는 금색 광명이 무엇인가 하면 이것이 바로 아미타 부처님입니다. 따라서 아미타 부처님이 계신 곳은 보고, 듣고, 냄새 맡고, 맛보고, 몸으로 느끼고 마음으로 생각하는 육문을 벗어나지 않으며, 육문이다 하는 육근은 또한 마음을 벗어나지 않습니다.

다시 말해서 아미타 부처님이 계시는 서방정토는 마음을 떠나서 따로 있는 것이 아님을 말하는 것이며, 일체의 생각이 비워져서 모든 것을 소소영령하게 비춰 볼 수 있도록 마음을 닦는다면 누구든지 자신의 마음을 떠나지 않고 아미타 부처님을 만나게 될 것이고 이것이 곧 생사와 상관없는 본래의 자기의 마음자리, 즉 본래성품을 깨닫는 것이기도 하는 것입니다.

● 그렇다면 자신의 본래 성품이 아미타불이라는 말씀입니까?

자신의 사량분별이나 생각으로 자성이 아미타불과 같은가 다른가, 혹은 이것일까 저것일까 하는 식으로 이해하려고 하지 마세요. 소리를 내어 칭명하면서 염불하든 마음으로 아미타불을 염하든 일체의 사량분별하는 생각을 알아차리고 내려놓으세요. 일념으로 염불하여 모든 것이 끊어지고 오직 염불하는 자만 남을 때까지 염불을 하다보면 아미타불이 무엇인지 본래 성품이 무엇인지 자연스럽게 알게 됩니다.

● 그러면 자신의 본래성품과 아미타불이 다르지 않음을 어떻게 알게 됩니까?

다시 한번 더 말씀드리지만, 둘로 나누어서 보는 생각을 버려야 합니다. 선이다 악이다, 있다 없다, 같다 다르다, 부처다 중생이다 하는 모든 생각들은 사람들이 생각으로 지어서 만든 생각이며 개념입니다. 이와 같이 둘로 나누는 모든 생각들을 다 버리시고 오직 일념으로 염불하다 보면 모든 것이 사라지고 일체가 다 염불 자체가 될 것입니다. 즉 아미타불을 염송하든 관세음보살을 염송하든 천지만물 일체가 아미타불이나 관세음보살 그 자체로 꽉 채워지거나, 느껴질 때가 오거나, 그렇지 않으면 아미타불 관세음보살을 염송할 때 그냥 아미타불 또는 관세음보살을 염송하는 것만 남을 것입니다.

그렇게 될 때 자신의 근기에 따라 '이것이 바로 아미타불이며 자기를 포함한 일체 만물의 자성이구나' 하는 것을 알게 됩니다. 그러나 이러한 경계가 와도 모르는 분은 이와 같은 상태에서 무엇이 아미타불인가? 무엇이 관세음보살인가? 하고 참구를 하든지, "아미타불…" 하는 이놈은 무엇인가? 하고 참구하세요. 그러면 아미타불과 자신의 본래 성품이 둘이 아닌 참 자성을 알게 될 것입니다.

● 염불을 하는데 금빛 광채를 띤 관세음보살님이 나타나서 저를 어루만지는데 제가 없어지면서 관세음보살이 되었습니다. 그런 연후에 수많은 영가들을 봤는데 손만 가도 영가들이 빛으로 소멸되어 사

라지고 눈에 보이는 모든 물체들도 빛이 되어 허공으로 다 사라지고 나중에는 허공만 남길래 '이것이 참 나인가' 하는 생각이 들었습니다.

'이것이 참 나인가' 하는 생각이 드셨다고 하셨는데 무엇을 말하는 것입니까?

관세음보살로 변한 제가 참 나가 아닌가요?

지금도 금빛 찬란한 관세음보살입니까? 여러분 눈에도 금빛 찬란한 관세음보살로 보입니까?

지금은 없어졌는데요.

어디로 어떻게 사라졌습니까?

관세음보살님도 허공에서 빛이 사라지듯이 사라지고 나중에는 우주와 같은 허공만 남았습니다.

우리가 분명히 알아야 하는 것이 있는데, 어떤 것이 참다운 자기이며 관세음보살인가 하는 것입니다. 앞에서 말씀하신 참 나라고 느껴진 관세음보살이 자기이면서 관세음보살이 아닌 것은 아니지만 그와 같이 형상으로 보이는 것은 참다운 자기, 참다운 관세음보살이 아니라는 사실을 명백히 아셔야 합니다.

무슨 말인가 하면, 본래 참다운 자기는 생사와 상관없는 영원한 것이라 모양과 형체가 없습니다. 모양이 있고 형체가 있는 것은 인연 따라 생멸하는 것이라서 영원한 것이 아닙니다. 인연 따라 생멸하는 것은 환과 같고, 물거품 같고, 아지랑이 같고, 그림자 같은 현상일 뿐입니다. 따라서 아무리 명상 중에 금빛 찬란한 부처를 봤다 해도 모양으로 형체가 생겼다 사라지는 것은 참 부처가 아닙니다. 어떤 형상이나 현상도 생각을 내려놓고 살펴보면 모든 것이 다 마음이 지은 환영이고 물에 비친 달그림자처럼 그림자임을 알게 됩니다.

그러면 어떻게 해야 알게 되는지요?

관세음보살이 나타났다 사라지고 허공만 남았다는 것을 누가 그대로 다 보고 아셨습니까?

제가요.

저라니요. 무엇이 '저'인가요. 허공만 남았다고 했는데 '저'라는 것이 어디에 있지요?

그때는 제가 없었는데요.

그런데 어떻게 알았지요?

그냥 알아지던데요.

"그냥 알았다" 하셨는데 어떤 놈이 그냥 알죠?

…

지금 생각하는 것이 있습니까?

예, 답을 찾고 있는 중입니다.

답을 찾으려는 이런저런 생각을 하지 마세요. 그와 같은 생각들이 다 사라져야 정말로 알게 됩니다. "그냥 알았다" 하셨듯이 일념으로 염불 정진하면서 참구하세요. 그러면 그냥 알게 될 것입니다. 추호도 마음 붙이지 말고 나아가세요.

● 염불을 할 때마다 죽은 영가나 귀신들이 많이 보입니다. 집에서 염불할 때도 보이고, 심지어는 전철에서도 보이고 어떤 사람들은 귀신들을 여러 명씩 달고 다니는 것도 보이고, 어떤 경우에는 제가 화장실에 가면 화장실에서도 있다가 달려드는데, 어떻게 해야 할지 힘들어 죽겠습니다. 때로는 '이 명상을 괜히 했다' 하는 원망스러운 생

각이 들 때도 있고, '다른 사람들은 명상하면서 이런 일이 없는데 나만 왜 이런 일이 자꾸 생기나?' 하는 생각이 들 때도 있습니다.

　　귀신이나 영가가 잘 보이는 사람들은 그 원인을 몇 가지로 짚어 볼 수 있습니다.

　　첫째는 영안(靈眼)이 다른 사람보다 더 열린 경우가 있고, 둘째는 지은 바 없이 많은 경우와, 셋째는 구제해야 할 인연 있는 중생이 많은 경우입니다. 그러나 이와 같은 경우에도 염불 방법은 특별하지 않습니다. 앞에서 금빛의 관세음보살님을 본 분의 이야기를 들었듯이 명상 가운데 보이는 것은 그것이 어떤 모양 어떤 형상의 것이든 모양이 있는 것은 다 실체가 있는 것이 아니라 자신의 마음에 비친 마음의 그림자요, 환영임을 알아야 합니다. 즉 영사기가 돌아가면 스크린에 비친 활동사진이 실체처럼 느껴지듯이 명상 중에 보이는 영가니 귀신이니 하는 것들도 역시 이와 같이 마음에 비친 마음의 그림자임을 아셔야 합니다.

　　'귀신이다, 마구니다' 하는 것은 다름이 아니라 진리와 자신의 본래면목을 깨닫지 못하게 하는 방해물이요, 홀리게 하는 현상들을 이름하는 것이며, 이것도 그 실체를 알고 보면 모두가 다 마음이 만든 허깨비입니다.

　　저는 허깨비다 해도 없어지지 않는데요.

귀신에 대해서 지금 어떤 생각을 가지고 있는지 말해 보세요.

귀신은 무섭고 싫다는 생각입니다.

'귀신은 무섭고 싫다'는 생각을 한다 했는데, 그 마음이 어디서 나오는지 어떤 놈이 무섭고 싫어하는지를 잘 참구 해 보세요. 그리고 그 귀신을 무서워하고 싫어하는 마음을 먼저 알아차리고 놓아 버리고 그 생각을 일으키는 자신도 놓아 버리세요. 귀신을 싫어하고 무서워하는 자신의 마음을 알아차리고 놓아 버리고 나라고 하는 모든 것을 다 놓아 버린 뒤에 그 귀신이 가지고 있는 마음을 없애고 형체도 없애 보세요. 그러면 그 귀신도 망령된 마음에 의해서 만들어진 그림자와 같은 것이기 때문에 즉시 사라질 것입니다.

● 염불 중에 배고픈 영가가 와서 밥을 달라고 해서 마음으로 밥 한상을 차려 주니까 밥을 잘 먹고 고맙다고 하면서 사라지는 것을 경험했습니다.

그와 같이 하셔도 좋습니다. 그러나 그와 같은 경우에도 배고프다고 하는 것이 본래 있는 것이 아니라 마음이 배고프다 하는 것임을 알고 그 마음을 없애고 형상마저도 환영인 줄 알고 내려놓으면 즉시 사라집니다.

● 배고프다고 한 것이 사실인데 어째서 마음이 배고프다 하시는 지요?

배고플 때는 그 현상이 물론 사실입니다. 그러나 시체가 배고프다고 하던가요? 여러분이 배고플 때 배고픈 느낌을 따라서 알아차림 하고 들어가 보세요. 그러면 거기에는 배고픈 마음을 가진 놈이 있습니다. 여러분의 몸과 마음 가운데서 배고픈 놈이나 영가 중에서 배고픈 놈이나 다 둘이 아닙니다. 모두 마음이 만든 마음의 그림자인 줄 알고 놓아 버려야 합니다.

그러면 음식을 먹지 않아도 배고픔이 없다는 말씀입니까?

물론입니다.

그러면 명상하는 분들은 왜 먹는지요?

수행은 몸으로 하는 것입니다. 바꿔 말하면 몸이 없으면 수행하여 생사 해탈할 기회도 없습니다. 업식이 남아 먹기도 하지만 생사 해탈을 하기 위해서는 육신이 있어야 하기에 곡기를 끊지는 않습니다. 배고픈 몸의 감각과 마음을 알아차리면서 염불해서 참 자기를 깨달을 때까지 정진하고 나아가셔야 합니다.

염불

우리 속담에 "말이 씨가 된다"는 말이 있다. "괜찮아, 문제없어, 잘 될 거야!"라고 늘 말하며 마음속에 긍정적 마음을 먹는 사람이 있는 반면 "나는 되는 일이 없어. 재수 없어"라고 말하며 부정적 마음을 일으키는 사람도 있다. 일상에서 긍정적인 마음을 가지고 긍정적인 말을 하면 긍정적인 에너지가 형성되고, 부정적인 마음을 가지고 부정적인 말을 하면 표정도 딱딱해지고 몸도 긴장되어 관계에서도 나쁜 결과를 가져올 확률이 높다.

뇌와 신경학 분야의 저명한 연구자인 엔드류 뉴버거(Andrew Newberg)는 저서 『Words Can Change Your Brain(말이 당신의 뇌를 바꾼다)』에서 "모든 부정적인 것들의 영향을 극복하려면 적어도 세 개의 긍정적인 말이 필요하다"라고 강조한다. 특히 "단 하나의 말(단어)일지라도 신체적, 감정적 스트레스를 통제하는 유전자에 영향을 미친다"라고 설명한다.

'긍정적인 마음'이나 엔드류 뉴버거의 '말(단어)'을 '부처님'으로 대체하면 그대로 염불이다. 염불(念佛)은 말 그대로 부처님의 명호를 부르고 생각하는 것이다. 부처님을 관상하며 부처님의 명호를 계속 염불하면 엄청난 힘이 발생한다. 우주의 모든 것을 다 깨달아 아시는 분, 부처님을 닮고자 하는 순수한 간절함이 강력한 힘을 만들고 일상생활의 긍정적인 변화를 만든다.

　이는 만트라의 원리와 크게 다르지 않다. 산스크리트어 '만트라 (Mantra)'를 그대로 번역하면 '마음(사고) 도구'라는 뜻입니다. 인위적인 의도가 개입하지 않은 언어 혹은 진언(眞言)이라고도 한다. 특정한 음절이나 단어, 문장을 반복하면 강력한 파동이 생겨 마음에 강력한 에너지를 만드는 것이 만트라의 원리이다.

여래십호

부처님에 대한 존칭은 각 경전에서 열거된 것 만해도 수십 가지가 있다. 그중에서도 대표적인 열 가지의 명호를 '여래십호(如來十號)'라고 하는데, 이 열 가지 명호는 부처님께서 갖추신 능력과 덕망, 공덕상을 설명하는 것으로 부처님의 열 가지 이름을 말한다. 부처님의 십대명호는 성자(聖者) 가운데 성자이신 석가모니 부처님에게만 붙이는 절대(絶對)의 명호이다.

- 여래(如來) : 진리로부터 오신 열반(涅槃)에 다다른 분
- 응공(應供) : 공양과 존경을 받을 만한 분
- 정변지(正編知) : 올바른 깨달음을 얻은 분
- 명행족(明行足) : 지혜와 실천을 겸비한 분
- 선서(善逝) : 깨달음의 세계로 가신 분
- 세간해(世間解) : 세상을 잘 아는 분
- 무상사(無上士) : 더없이 높은 분
- 조어장부(調御丈夫) : 조복 받고 제어하는 데 있어 훌륭한 능력을 가지신 분
- 천인사(天人師) : 하늘과 인간의 스승이 되시는 분
- 불세존(佛世尊) : 깨달은 어른·높은 스승

『금강경』 사구게

『금강경』 사구게는 경전의 핵심이 되는 부분을 게송으로 나타냈기에 그 뜻을 잘 이해하면 그 경전의 전체 뜻을 거의 다 이해할 수 있다. 『금강경』 법문 가운데 사구게의 32음절만이라도 이해하고 마음에 새겨 다른 사람에게 자세히 설명한다면 그 공덕이 한량없다.

1. 제1 사구게[여리실견분(如理實見分) 제5]

범소유상 개시허망 약견제상비상 즉견여래
(凡所有相 皆是虛妄 若見諸相非相 卽見如來)
온갖 겉모습은 다 허망한 것이니
겉모습이 참모습이 아닌 줄 알면 바로 여래를 보느니라.

2. 제2 사구게[장엄정토분(莊嚴淨土分) 제10]

불응주색생심 불응주성향미촉법생심 응무소주 이생기심
(不應住色生心 不應住聲香味觸法生心 應無所住 而生基心)
마땅히 색(물질)에 머물러서 마음을 내지 말며,
마땅히 성(聲)·향(香)·미(味)·촉(觸)·법(法)에 머물러서

마음을 내지 말 것이며,

마땅히 아무데도 머무르는 데 없이

그 마음을 내야하느니라.

3. 제3 사구게[법신비상분(法身非相分) 제26]

약이색견아 이음성구아 시인행사도 불능견여래

(若以色見我 以音聲求我 是人行邪道 不能見如來)

만약 겉모양[色身]으로써 부처를 보거나

음성으로써 부처를 구한다면 이 사람은

삿된 도를 행하는 지라 끝끝내 여래를 보지 못하느니라.

4. 제4 사구게[응화비진분(應化非眞分) 제32]

일체유위법 여몽환포영 여로역여전 응작여시관

(一切有爲法 如夢幻泡影 如露亦如電 應作如是觀)

인연에 따라서 생긴 모든 현상은

마치 꿈과 같고, 허깨비(환상)같고,

물거품과 같으며, 그림자 같으며,

이슬과 같고, 또한 번개와도 같으니

마땅히 이와 같이 관할지니라.

화두 명상

참다운 자기를
알기 위하여

● 화두선(話頭禪)을 화두 명상이라 해도 되는지요?

  선(禪)은 마음을 닦아 참된 이치를 사유하는 것이며, 생각을 쉬
어 고요하게 하여 망령된 마음, 즉 망상이 없는 자리로 돌아가는 것
입니다. 마음을 하나로 모아 본래부터 일체 생각이 끊어진 적멸(寂
滅)의 자리로 돌아가는 것이며, 선악과 시비 유무(有無)를 넘어서서
본래면목(本來面目), 즉 참다운 자기를 알기 위해 모든 집착을 놓아
버리는 것입니다. 따라서 이와 같음을 선이라 하고, 명상(瞑想 혹은
冥想)이라 하며, 또한 마음 명상이라 하고, 참선이라 하고, 도를 닦는
다 하는 것입니다. 다만 이름만 달리할 뿐 마음을 닦아 참 자기를 깨
닫고자 하는 데는 하등의 차이가 없습니다.

● 화두는 무엇을 뜻하는지요?

  화두(話頭)라 함은 말 그대로 말머리를 의미하는데 '말의 머리'

는 말로 설명할 수가 없습니다.

그러면 어떻게 알 수 있습니까?

(컵을 들어 보이면서) 이게 뭐죠?

컵입니다.

누가 컵이라 합니까?

사람들이요.

사람들이 언제부터 컵이라 했습니까?

모르겠습니다.

다시 묻겠습니다. 이것은 본래부터 컵이라는 이름이 있었습니까? 없었습니까?

없었습니다.

본래 이름이 없었다면 이름 붙이기 전 이것은 뭐죠?

그냥 그거죠.

그냥 그거라. (컵을 들어 보이면서) 이놈이 그냥 그거라 합니까?

아닙니다.

그럼 무엇입니까? 입을 열어 말로 해도 어긋나고 말로 할 수 없다 해도 어긋납니다. 그렇다면 이놈을 뭐라 해야 되겠습니까?

도대체 뭐라 해야 할지 콱 막혀 말이 나오지 않습니다.

말문은 콱 막히고 오직 '무엇이라 해야 하는가' 하는 의문만 남습니까?

예, 그렇습니다.

말문이 콱 막혔다는 것은 더 이상 생각이나 사량 분별로는 알 수 없어서 생각은 끊어지고 오직 그것을 알고자 하는 의심만 남을 때 이것을 일러 화두(話頭)라 합니다.

● 화두선을 간화선(看話禪)이라고도 하던데 왜 간화선이라고 하는지요?

235

간화(看話)라 함은 말 그대로 화두 즉, 말이 끊어진 참된 자기를 본다[看]는 말인데, 이것은 육신의 눈으로 보는 것이 아니라 마음으로 보는 것이며, 마음으로 본다는 것은 참구하는 화두를 잊지 않고 여의지 않는 것입니다.

● 참구의 뜻을 알고 싶습니다.

참구(參究)라 함은 참된 자기나 진리[法]를 간절히 알고자 하는 마음으로 참 자기와 진리를 간절히 궁구하고 사유하는 것인데, 모든 생각이 다 끊어지고 오직 '이것이 뭘까?' 하면서 간절히 알고자 하는 것을 참구한다 하는 것입니다.

● 간절히 참구해도 화두가 잡히지 않는 이유를 모르겠습니다.

몇 가지 묻겠습니다. 첫째, 참된 자기를 알고자 하는 마음이 간절합니까?

간절한 마음이 없습니다.

왜 없죠?

잘 모르겠습니다. 아무리 화두를 참구하려 해도 딴 생각이 날 뿐, 도무지 화두가 잡히지 않습니다.

스스로 자신에게 물어 보세요. 화두 참구에 대하여 어떤 생각이 있는지 지금 즉시 마음을 고요히 하고 물어 보세요.

이런 생각이 있습니다. '스님들도 하기 어려운데 그 어려운 화두를 내가 어찌 한단 말인가? 화두 참구하다가 허송세월 보내지 말고 마음이나 닦지' 하는 마음이 있습니다.

마음 닦는 명상과 화두 참구를 둘로 보지 마세요. 마음만 닦고 참구를 하지 않으면 마음이 없는 무심의 도리나 모든 것이 공한 공의 도리는 깨칠 수 있으나, 참 자기를 알 수 있는 가능성은 많지 않습니다. 그리고 마음을 닦지 않고 참구만 하다 보면 온갖 업의 마장 때문에 과거 생에 이미 마음을 닦아 참구하던 사람이 아니고서는 쉽게 자기를 깨치기 어려워서 많은 세월을 보내거나 오히려 업만 더 쌓을 수도 있습니다. 그러니 마음을 닦고 비우는 방하착(放下着)과 참 자기를 깨닫고자 하는 참구는 어느 것도 소홀히 할 수 없는 것입니다.
특히 주의하고 잘 살펴봐야 할 점은 '화두 참구가 어렵다, 마음이나 닦자' 하는 생각이 있다면 당연히 화두 참구가 안 될 수밖에 없으며, 그 마음이 마구니가 되어 아무리 간절히 화두 참구를 해도 참구가 되질 않습니다. 그렇기 때문에 한 마음이라도 잡고 있는 것이 있으면 알아차리고 다 놓아 버리세요. 그리고 깨닫겠다는 간절한 마음을 일으켜서 참구하셔야 화두를 여의지 않고 나아갈 수 있습니다. 또 다른 마음은 없습니까?

없습니다.

화두 참구를 하면 여일하게 참구되지 않고 망상이 끼어들거나 졸음이 오는 분들도 있습니까?

있다면 지금 바로 생각을 고요히 하고 자신에게 물으세요. "화두 참구하는데 왜 잠이 오는가? 화두 참구하는데 여일하게 하지 못하고 왜 망상이 끼어드는가? 도대체 어떤 마음이 있어서 화두 참구를 방해하는가?" 하고 물으세요.

● 저는 '귀찮다! 이만하면 됐지 뭐! 더할 필요가 있는가!' 하는 마음이 있습니다.

● 저는 마음을 살펴보니 '화두 참구 한다고 깨달을 수 있는가?' 하는 마음이 있습니다.

다른 분들도 마찬가지로 졸음이 오거나 망상이 일어 화두 참구가 잘 안 될 경우는 자신의 마음을 점검해 보세요. 그러면 틀림없이 참구를 방해하는 마음들이 있습니다. '귀찮다' 하는 마음은 게으르게 하는 마음이요, '이만하면 됐지' 하는 마음은 자만심이요, '깨달을 수 있는가?' 하는 마음은 의심하는 마음입니다. 따라서 그와 같은 마음들이 있으면 무의식 가운데 자신의 명상을 방해하여 망상을 만들거나 잠을 자게 만듭니다. 무조건 잠을 자지 않으려고 애쓰면서 잠과 싸우고, 망상을 무조건 없애려고 망상과 싸우면 애쓰는 마음만 더 생길 것입니다. 그래서 잠이 사라지면 망상으로 분주하고, 망상이 사라지면 잠이 오게 되어서 결국 명상하는 데 좌절만 더하게 되고, 앉아 있는 습관만 생길 뿐, 자신의 마음을 제도하여 참 자기를 깨닫는 길과는 멀어지게 됩니다.

그렇기 때문에 자신의 몸과 마음을 잘 알아차림 해 보면 몸과 마음에서 일어나는 모든 현상들을 여실히 다 알 수 있으며, 그 현상은 자신의 마음이 만든 망상이며 생각임을 알 수 있습니다. 그런 후에 그 마음들을 다 버리고 참구를 하면 순일하게 참구가 될 것입니다. 명상을 함에 있어서 의심이 많은 사람은 그 의심을 소멸시키고 명상에 대하여 확실한 믿음을 가져야 흔들리지 않고 명상이 나아갈 것입니다. 자만심이나 해태심이나 방일한 마음이나 '진리를 깨달아야 별 수 없더라!' 하는 악견과 같은 마음이 있으면 '이놈이 명상을 방해하고 윤회하게 하며 미혹하게 하는 마구니로구나', '이놈을 때려잡지 않고 내 어찌 참 나를 깨달을 것인가!' 하며 이 마구니를 완전히 쳐부수어 없애고 물러서지 않고 명상의 길로 나아가겠다는 강력한 분심과 용맹심을 내셔야 합니다.

● 화두를 참구해서 꼭 깨달아야 할 이유가 있습니까? 저는 '지금

이대로가 행복한데 깨달아야 할 이유가 뭐 있는가? 복이나 지으면 되지' 하는 생각이 있습니다.

그 행복이라는 게 무엇입니까? 가정에 아무 일이 없고 회사 일이 잘되고 아이들이 학교에 잘 다니고 근심, 걱정이 없는 상태 말인가요?

물론 그런 점도 있지만 저는 뭐든지 잘되고 화날 일도 없고 고민될 게 없습니다.

정말 그런가요? 아이들이 갑자기 교통사고를 당해서 사경을 헤매거나 불구가 되어도 행복하고, 회사에 불이 나서 사업이 망해도 행복한가요? 자신이 또한 어느 날 갑자기 다쳐서 몸을 움직일 수 없는 상태가 되거나 불구가 되어도 행복하고, 누군가로부터 억울한 누명을 쓰고 감옥에 가거나 죽임을 당해도 행복한가요?

정말로 아니라고 한다면 자신과 자신의 삶을 잘 살펴보면서 자신이 생각하는 그 행복이라는 것을 살펴봐야 합니다. 달도 차면 기울듯이 우리가 행복하다고 하는 삶도 사라질 때가 되면 다 사라지게 마련입니다. 그 어떤 것도 고정되어 영원히 존재하는 것이 없습니다. 잘 나가고 행복할 때가 사실은 가장 위험한 때임을 알아야 합니다. 좋다고 하는 때가 지나가면 즉시 파란과 곡절이 다가오기 마련입니다. 명상도 때가 왔을 때 해야 합니다. 정신이 혼미해졌을 때는 이미 늦습니다. 오늘 죽을지 내일 죽을지도 모르면서 어찌 행복하다 하겠습니까? 또 복이나 지으면 된다고 하셨는데, 무엇을 가지고 '복 짓는다' 하는지요?

배고픈 사람을 위해 보시를 하고 수행하는 사람들께 공양을 올리고 어렵고 병든 사람들을 돌보는 일 같은 겁니다.

그와 같은 일을 행한다면 대단히 좋은 일입니다. 대다수 교회나 절에 다니는 사람들이 복을 빌고 복을 받으려고 다니는데, 교회나 절에 다니지도 않으면서 복을 짓는다면 참으로 칭찬받아 마땅합니다. 이것은 또한 사람이면 누구나 할 수 있어야 하고, 보다 많은 사람들에게 권장할 일입니다. 복을 지으면 지을수록 지은 대로 받게 됩니다.

그러나 우리가 분명히 알아야 하는 것이 있습니다. 앞에서 말한 복도 분명 복은 복이지만 영원한 복은 아닙니다. 배고픈 사람에게 먹을 것을 주었다 할 때 베푼 사람은 베푼 대로 기쁘고 받은 사람은 받은 대로 감사할 수 있습니다. 하지만 각자는 자신이 왜 배고픈 인생을 사는지, 자신이 사람들을 돕고 있다면 어떻게 해서 사람들을 돕고 있는지를 모릅니다. 뿐만 아니라 어느 때가 되면 베풀던 사람도 받았던 사람도 이 세상을 떠나게 됩니다.

또한 평생을 절에 가서 공양 올리고 수행자를 시봉한 사람도 공양 올리고 시봉만 했지, 법이 뭔지 참 자기가 뭔지 생사(生死)가 뭔지 모르고 있다가, 죽을 때가 되면 살던 일에 집착하고 연연해하며 죽음 앞에 당황하고 미혹에 헤매게 됩니다. 이렇게 되면 미혹한 대로 끌려가기 마련입니다.

그러나 살아서도 분명하고 죽어서도 분명한 진리와 참 자기를 깨닫는다면 생사 가운데에서도 분명해서 미혹함이 없기 때문에 참 자기와 진리를 깨닫는 일은 영원한 복이 됩니다. 또 타인을 깨닫게 하는 일은 세상의 그 어떤 것하고도 비교할 수 없는 최상의 복입니다. 따라서 진짜 복을 지으려면 열심히 마음을 닦고 화두를 참구하여 참다운 자기를 깨닫고 또 타인이 깨달을 수 있게 돕는 일입니다.

● 명상을 하는 많은 분들 중에는 깨달았다고 하면서, 오직 깨닫기만 강조하며 세상의 부조리한 일들을 그냥 놔두는데, 과연 이것이 바람직한 일들입니까?

부조리한 일들이라는 것은 어떠한 일입니까?

이 나라 정치인들을 보면 많은 정치인들이 거짓말을 일삼고 자신의 이익만 추구하고 정치논쟁만 일삼으면서 국민들은 내팽개쳐 놓고 있습니다. 이대로 놔두면 나라가 엉망이 될 텐데, 그들을 그냥 두고 여기 있는 사람들이 깨닫는다 해서 그와 같은 문제가 해결되나요?

또 어떤 강도가 남편이 보는 앞에서 부인을 성폭행하고 한 가정을 파괴하고 유린했는데, 이와 같은 경우에도 그 남편이 해야 할 일은 진리만 참구하고 그 강도를 그냥 놔두어야 하는지요?

누가 그냥 놔둡니까?

깨달았다고 하는 분들 중에서 깨달음만 강조하지, 사회에서 일어나는 이러한 일들에 대해서는 관심이 없는 분들이 많은 것 같습니다. 그리고 깨닫는 것이 사람이 해야 할 일 중에서 최상의 일이라면 이와 같은 문제들은 왜 해결이 되질 않습니까?

여러분들에게 묻겠습니다. 강도에게 강간을 당한 분이나 강간을 당한 분의 남편과 그 가족들이 육신은 때가 되면 썩어서 없어질 것임을 깨닫고, 육신에 대한 집착이 없어지고, 육신은 참다운 내가 아님을 깨달아 육신으로부터 해탈했다면, 강간을 당했다 해서 가정이 파괴되겠습니까?

그래도 순결을 잃었지 않습니까?

순결이라, 다시 묻겠습니다. 남편하고 부부관계를 맺으면 순결하고 남편이 아닌 사람하고 관계를 가지면 더럽다 하는데, 더럽다 깨끗하다 함이 어디에 있습니까? 남녀 성기에 깨끗하다 더럽다 하는 것이 있습니까? 성행위에 깨끗하다 더럽다 하는 것이 있습니까?

없습니다.

그렇다면 성기에도 없고 행위에도 더럽고 깨끗함이 없다면, 어디에 더럽고 깨끗함이 있습니까?

...

더럽고 깨끗한 것이 정말 어디에 있는지를 참구해서 깨달아야 합니다. 또 묻겠습니다. 간음과 강간은 차이가 있습니까, 없습니까?

강간은 한 쪽이 상대의 의사와 관계없이 일방적으로 하는 것이라면, 간음은 두 사람이 쌍방 합의하여 이루어진 것이지만 둘 다 사회의 지탄을 받습니다.

예수님께서는 간음한 여자에게 죄 없는 자만 돌을 던지라 했는데 아무도 던지지 못했습니다. 마찬가지로 여러분 가운데에서도 간음한 사람들에게 돌을 던질 수 있을 정도로 과거에도 지금도 아무런 허물이 없는 분들이 있으면 손을 들어 보세요.

...

또 강간한 사람들에게도 돌을 던질 수 있는 분이 있다면 돌을 던져 보세요. 이것은 돌을 던질 수 있다 해도 방망이감이요, 돌을 던질 수 없다 해도 방망이감입니다. 그러면 어찌할 것인가? 거짓말을 일삼는 정치인에게도 마찬가지요, 부도덕한 기업인도 마찬가지입니다. 이 세상에 있는 그 어떤 사람에게 돌을 던질 수 있는지 참구해 보세요. 또한 정치 모리배나 부도덕한 기업인이나 강도질하고 강간이나 일삼는 사람들을 그냥 외면하고 놓아두는 행위가 정말 바른 일인지, 깨달은 사람이 그와 같다면 정말로 깨달았다고 할 수 있는지 참구해 보세요. 만약 이와 같은 중생의 부조리한 현실을 그냥 두고 깨달음만 주장하고 있다면, 이것은 깨달음이라는 것에 묶여 있는 것이지 진정 깨달은 것이 아니고 중생의 아픔을 외면한 자비심이 없는 사람이라 하겠습니다.

예수님은 진리를 설하시다가 모함받아서 십자가에 못 박혀 돌아가셨습니다. 그때, 예수님께서는 '저들이 몰라서 저러는구나' 하고, 자신을 죽이는 사람들을 용서하고 자신을 등지고 팔아먹고 모른다고 한 제자들에게도 한 마디 원망 없이 그냥 죽음을 받아들였다고 합니다. 특히 죽기 전에 제자들에게 이렇게 말했습니다. "나는 내가 없다. 나는 내가 온 곳도 알고 갈 곳도 안다. 이 육신은 썩어 없어지는 것이며, 나는 죽어도 영원히 죽지 않는다."

이 영원히 죽지 않는 참 자기를 알고, 육신은 썩어 없어지는 껍데기에 불과하다는 것을 안다면 무슨 문제가 되겠습니까?

부처님께서도 역시 과거 수행 당시 가리 왕이 오해하여 온 사지를 절단해서 죽였을 때도 내 몸이라는 생각, 나라는 생각이 없어서 가리 왕에 대해서 아무런 분노나 원망이 없었습니다. 또 원망하고 분노한다고 해서 이미 일어난 일이 없어지는 것이 아닙니다. 정치인을 욕하고 강도를 감옥에 넣었다 해서, 이미 거짓말을 하고 있고 강간하던 일이 그 자리에서 당장 없어지는 것이 아닙니다. 죽을 일이 다가왔을 때 두려워하고 걱정한다 해서, 죽을 일이 없어지는 것이 아닙니다. 이 모든 일의 실체를 참으로 깨달은 사람이라면 어떻게 하겠습니까?

일체의 시비가 없을 것 같습니다.

그것뿐입니까?

강도질하고 강간하는 사람들과 사기를 치고 거짓말하는 사람들을 제도하여, 다시는 그와 같은 일을 다시는 하지 않게 할 것 같습니다.

우리가 사는 이 세계는 보고 듣고 먹고 말하고 움직이는 순간순간이 진리이고 각(覺)입니다. 그러나 순간순간 망상을 피우고 이상에 따라 살기 때문에 진리 속에 살아도 진리를 모르고, 각 속에 살아도 각과 상관없습니다. 본래는 상처 줄 일도 없고 상처받을 일도 없으며 상처랄 것도 없습니다. 그러나 사람들은 끊임없이 망념 망상을 일으켜 욕심부리고 성질내고 미망에 빠져 서로 상처를 주고 상처를 받으며 또 상처받을 일을 만듭니다.

그러면 어떻게 명상해야 하는지요?

상처받은 사람은 먼저 상처부터 치료해야 합니다. 말하자면 독화살을 맞은 사람은 먼저 독화살을 뽑아내고 상처를 치료하는 일이 필요합니다. 그러고 나서 자신이 왜 화살을 맞았는지 화살 맞은 자신이 누구인지를 참구한 후에 화살 맞은 이유를 알면, 다시는 화살을 맞지 않도록 화살을 맞게 만든 자신의 허물에서 벗어나야 합니다. 그리고 화살을 맞은 자기를 참구해 깨달아서 욕망과 분노와 어리석음 때문에 화살을 날려대고, 칼을 휘두르는 망령된 중생을 제도하여 더 이상 상처를 주고받는 일이 없게 해야 합니다.

● 일반적으로 사람들에게 비난받고 욕을 먹으면 마음이 아프기 때문에 욕한 사람에게 항의하거나 더 이상 욕하지 못하게 하는데 이것이 당연한 현상 아닌가요?

당연한 것 같지만 그렇지 않습니다. 왜 그런가 하면 자신이 욕을 먹거나 비난받을 허물이 없으면 절대로 그와 같은 일이 일어나지 않습니다. 물론 때에 따라서는 오해받는 일도 있기 때문에 상대가 잘못 알고 비난하는 경우도 있으나 오해받은 그 행위 자체에는 아무런 문제가 없다 해도 과거나 또는 다른 어떤 행위의 결과로 계속해

247

서 욕먹을 수도 있는 것입니다. 즉 평소에 거짓말하던 사람은 사실을 말해도 사람들이 거짓으로 생각하고 믿어 주지 않을 수 있는데, 이것은 평소 그가 거짓말하는 이미지를 상대에게 심어 줬기 때문입니다. 그렇기 때문에 항상 자신의 허물을 먼저 소멸하는 것이 중요한 일이며, 자신을 욕한 사람에게는 오히려 자신의 허물을 일러 주었으니 따질 일이 아니라 감사할 일이지요.

● 욕하는 것은 허물이 아닙니까?

욕하는 것도 물론 허물이지요. 그렇다 해서 상대의 허물을 문제 삼아보세요. 그러면 자신의 허물이 소멸되는가. 절대로 자신의 허물이 소멸되지 않습니다. 오히려 서로 간에 화살을 쏘아서 상처만 더 키울 뿐입니다. 욕을 하는 사람치고 상처받지 않은 사람이 없습니다. 욕을 하는 것은 상대 때문에 뭔가 마음 상한 일이 있기 때문에 화가 나서 욕하는 것입니다. 이것이 인과의 법칙이요, 연기의 법칙입니다.

이쪽에서 상처 준 마음이나 말이나 행위가 있으면 상대의 마음에 상처가 생겨서 상처받는 마음으로 말과 행동을 할 것이며, 이쪽에서 마음이 사라지면 상대도 때가 되어 사라질 것이요, 이쪽에서 마음이 없으면 상대도 없을 것이요, 이쪽에서 마음을 일으키면 상대도 일으킵니다. 사실 자기가 지어서 자기가 받는 것입니다. 그렇기 때문에 원수를 원수로 갚아서는 해결이 되지 않습니다. 오히려 그

업의 고리는 더욱더 깊고 단단해지며 커져만 갑니다.

● 이쪽에는 마음이 없다 해도 상대가 계속 업을 지을 때는 어떻게 해야 합니까? 구체적인 방법을 말씀해 주십시오.

그럴 때는 자비심으로 상대가 스스로 깨닫게 하여 더 이상 악업을 짓지 않게 해야 합니다.

상대를 깨닫게 하는 방법 또한 고정되어 있지 않습니다. 진리에 합당한 바른 행위를 보여 줌으로써 깨닫게 할 수 있다면 이것이 최상이요, 말로 자기를 돌아볼 수 있게 이해시키는 것은 그다음이요, 채찍을 쓰거나 경책을 해서 깨닫게 하는 경우는 최하입니다.

● 힘이 세고 무지하여 위의 세 가지가 통하지 않는 경우는 어떻게 해야 합니까?

달라이 라마께서 중국이 침략했을 때 인도로 피하는 방법을 찾은 것이 한 방법이요, 예수님과 같이 죽음을 통해 진리를 증거 하는 것이 또 하나요, 간디와 같이 침묵하되 불의에 협조하지 않는 것이 또 한 방법입니다.

● 무도한 사람에게 폭력을 쓰는 것은 어떤지요?

마호메트는 처음에는 평화적인 방법으로 응대하다가 상대가 이쪽을 아예 죽여 없애려고 하니까 무력으로 상대를 물리쳤고, 만델라나 구한말 동학이 칼을 들고 나서고, 임란 때 서산 스님께서 승병을 일으킨 경우도 이와 같은 경우인데, 안 된다고는 할 수 없으나 한번 폭력을 쓰면 폭력을 내려놓기가 정말 어렵습니다.

아무리 세운 뜻이 정의롭고 자비롭다 해도 폭력을 쓰면 반드시 그 과보가 있게 마련입니다. 따라서 폭력을 쓰는 방법은 가장 최하의 방법임을 알아야 합니다. 혹 폭력을 써서 상대를 제압했다면 폭력 쓴 것을 참회하고 다시는 폭력을 쓰지 않아야 하는데, 그 방법을 정당화시키면 이것이 나중에 죄를 짓게 되는 원인이 됩니다.

기독교의 십자군 전쟁이나 성전이라는 이름으로 다른 나라를 정복했던 이슬람의 경우가 이와 같습니다. 오늘날 북아일랜드의 신·구교 전쟁과 중동 전쟁도 이와 같은 경우라 볼 수 있습니다.

● 화두 수행법은 앞에서 말씀하신 명상 방법들과는 다르고 대중적이지도 않은 것 같습니다.

극적인 방법으로 볼 수도 있습니다. 약 처방으로 보자면 극약처방 같다고나 할까요? 그렇기 때문에 대중적인 방법이 되기도 어렵습니다. 화두는 일체 망념이 끊어지고 의심에 사무쳐야 하는데, 사람마다 업이 다르고 근기가 다르기 때문에 의심이 생기는 것이 같지 않습니다. 그래서 한 가지를 가지고 여러 대중이 한꺼번에 똑같이 의심하기 쉽지 않으며, '이 뭐꼬?', '뜰 앞에 잣나무', '무(無)'자 화두 등 여러 가지 화두가 생겨난 이유 또한 사람들의 업과 근기가 다르기 때문이며 다양할 수밖에 없습니다.

따라서 그 처방 또한 개인적이며 극적이고 결과 또한 즉각적입니다. 말하자면 화살을 맞으면 화살을 뽑고 치료를 하고 나서 화살 맞은 자기를 없애는 것이 아니라 '아프다 하는 이놈이 어떤 놈인가?' 하는 의심 하나로 화살이고 상처고 상처받는 놈이고 몽땅 하나로 뭉쳐서 한꺼번에 다 해결하는 것입니다.

이 생각이
어디에서 오는가?

● 화두 명상은 어떻게 해야 하는지요?

먼저 자신에게 큰 의문이 하나 있다면 스승을 찾아가서 그 의문을 점검받으세요. 이를테면 '생사가 뭘까? 부모로부터 몸 받기 이전의 본래면목은 뭘까? 천지만물이 왜 생겼을까? 부처란 뭘까? 진리란 뭘까? 진짜 나는 뭘까?' 하는 의문들이 삶에서 항상 따라다녔다면 이것 자체가 이미 화두입니다.

삶에서 자연스럽게 항상 의문이 들 때 화두 명상을 어떻게 지어가야 하는지 바른 안내를 받으면 머무름 없이, 막힘없이 바르게 명상을 지어가게 될 것입니다. 그러나 '나는 성공할 수 있을까? 내가 원하는 여자와 만날 수 있을까? 돈을 잘 벌 수 있을까? 일이 잘될까?' 하는 의문은 화두가 아니라 오히려 삶을 힘들게 하는 번뇌며 근심이고 걱정입니다. 그리고 의문 나는 것이 하나도 없다면 독참(獨參)을 해서 화두를 받으셔야 합니다.

● 저는 화두를 들고 있다가 보면 어느 사이에 화두는 사라지고 일체 생각도 사라지고 그냥 고요하기만 합니다.

무슨 화두를 들고 있습니까?

'이 뭐꼬?' 하는 화두를 들고 있습니다.

왜 화두를 들고 있습니까?

자성을 깨치려고요.

자성을 깨치려면 무엇을 알아야 자성을 깨닫는지 아십니까?

모릅니다.

화두를 어떻게 참구합니까?

그냥 '이 뭐꼬' 합니다.

알고자 하는 대상도 없이 그냥 '이 뭐꼬' 한다는 말입니까?

예, 그냥 오직 '이 뭐꼬' 합니다.

달을 놓치셨군요.

무슨 말씀인지요?

달을 가리켜서 달이 뭔지 깨달으라고 '이 뭐꼬' 하는 화두를 들
라고 했는데, 달은 어디로 사라져 버리고 달을 가리키는 막대기와
같이 말만 잡고 '이 뭐꼬' 하고 있다가 '이 뭐꼬'라는 말마저도 사라
져 버리고 고요한 마음에 빠져있습니다.

이해가 잘 가지 않습니다.

(컵에 물을 따라서 들어보면서) 이것을 봅니까?

예.

무엇이 봅니까?

눈이 봅니다.

물 한 잔 드세요. (물컵을 내민다.)

(물을 받아 마신다.)

무엇이 물을 마십니까?

…

입이 물을 마신다 할 수 있습니까?

아닙니다.

시체도 눈이 있고 입도 있죠?

예.

시체가 보기도 하고 먹기도 합니까?

아닙니다.

(종을 치면서) 소리를 듣습니까?

예.

무엇이 보기도 하고 듣기도 하고 물도 마시고 '예'라고 말도 합
니까?

마음입니다.

(종을 다시 치면서) 마음이 이 소리를 듣는다고 합니까?

아닙니다. 그냥 듣습니다.

그러면 뭐죠?

모르겠습니다.

'없다' 할 수 있습니까?

'없다' 할 수 없습니다.

그렇다면 바로 일러 보세요.

말로 할 수 없습니다.

말로 할 수 없지만 분명하지요?

예, 분명합니다.

이와 같이 숨도 쉬고, 밥도 먹고, 말도 하고, 걷기도 하고, 일도 하고, 앉기도 하고, 눕기도 하고, 서기도 하고, 온갖 짓거리를 하는데 말로는 할 수 없습니다. 그러나 말로 할 수 없어도 항상 분명 있습니다.

그렇다면 말로 할 수 없는 이것이 무엇인지 알고자 한다면 어떻게 해야 하겠습니까?

보는 순간, 듣는 순간, 숨 쉬는 순간, 물 마시는 순간, 움직이는 순간, '이것이 뭔가?' 하고 한순간도 여의지 말고 여일하게 참구하면서 나아가셔야 합니다.

그러면 보고, 듣고, 숨 쉬고, 물 마시고, 움직이는 이것이 뭔가하고 참구하면 되겠습니까?

보고, 듣고, 숨 쉬고, 물 마시고 움직이고 하는 것이 본다, 듣는다, 숨 쉰다, 물 마신다, 움직인다 합니까?

그렇지 않습니다.

보고, 듣고, 숨 쉬고, 물 마시고, 움직이고 하는 것이 각각 따로따로 있습니까?

모르겠습니다.

왜 '모르겠다'고 하지요?

말로 할 수 없습니다.

말로 할 수 없다 함은 무엇입니까?

이거다 저거다 이름 붙일 수 없고 설명할 수 없지만 그렇다고 없다고 할 수도 없고 도무지 말로 표현할 수가 없습니다.

그러면 그놈이 뭐죠?

모르겠습니다. 다만 콱 막혀서 답답할 뿐입니다.

어떻게 화두를 참구해야 하는지 이제 알겠습니까?

… 몰라서 오직 답답하기만 합니다.

없는 것은 아니나 "이것이다"라고 말로 할 수도 없고 알고자 하나 모르기 때문에 오직 답답하기만 해서 '이 뭐꼬?' 하는 의문만 남는다면, 말이 끊어진 화두문(話頭門)에 들어섰다 하겠습니다. 이와 같이 물러서지 말고 '이 뭐꼬' 하면서 참구해 가시면 됩니다.

(며칠 후에 다시 만나 묻기를) 저는 화두 참구가 잘 안 되는데 어떻게 하면 잘할 수 있습니까?

지난번에 일러 주었던 것과 같이 물러서지 않고 참구하면 분명할 텐데 무엇이 또 방해를 해서 잘 안된다고 하지요?

가슴이 너무 답답해서 도저히 화두를 참구할 수 없었습니다.

가슴이 어떻게 답답하던가요?

화두를 들면 들수록 처음에는 가슴이 답답하다가 점점 커져서 가슴이 터질 것 같고, 나중에는 온통 답답함으로 꽉 차는 것 같습니다.

그래서 어떻게 하셨습니까?

꼭 제가 무너질 것 같아서, 너무 두렵고 해서 그만두었습니다.

내가 무너질 것 같다 했는데 그 내가 정말 자기입니까?

…아닙니다.

두려워하는 것이 본래 자기입니까?

…아닙니다.

그러면 물러설 일이 있습니까?

아닙니다. 제가 잠시 나를 잡고 있었습니다.

그것이 분명하다면 자신이 무너질 것 같다는 것이 망상이니, 나라고 생각하는 것이나 무너질 것 같다는 생각도 놓아 버리고 물러서지 말고 오히려 한 걸음 더 나아가서 참구해 가세요.

선생님, 저는 어찌해야 할지 몰라서 답답한 마음이 사라지지 않습니다.

그러면 '이를 어찌할꼬' 하는, 몰라서 답답한 마음에 알고자 하는 간절함으로 사무쳐보세요. 일체의 마음이 다 사라지고 오직 '이를 어찌 할꼬' 하는 마음만 남는다면 그것도 역시 화두이니 사무쳐 참구해 보세요.

스승, 어두운 길을
밝혀 주는 등불

● 선생님께서는 어떻게 명상을 하셨습니까?

저는 군대에 가기 전에는 교회에 열심히 다니면서 진리가 뭔지, 고통이 왜 생기는지, 인간이 왜 사는지, 내가 이 세상에 어떻게 왔는지 알기 위해 애를 많이 썼지요. 그러다가 군대 가기 직전에 불교와 천도교에 관심을 가지기 시작했습니다.

교회를 다니면서 예수님의 가르침은 좋은데 목사님 말씀에 의문이 있었습니다. 그 의문의 시작은 70년대 초에 빌리 그레함 목사가 한국에 와서 여의도에서 대단위 집회를 했는데, 그때 유명한 목사님 한 분이 뭐라고 하는가 하면 "기독교를 믿지 않으면 다 죄인"이래요. 그래서 '기독교를 믿지 않으면 정말 다 죄인일까?' 하는 강한 의문이 일어났습니다.

'원효 스님이나 한용운 스님, 최제우 선생이나 최시형 선생도 죄인일까? 석가모니 부처님이나 간디도 죄인일까?' 하는 의문이 사라지지 않아서 불교와 천도교에 대해서 한 번 알아봐야겠다는 생각이 들어 절에도 가보고 천도교 교당도 찾아갔는데 이 의문을 풀지 못하고 군에 입대하게 되었습니다.

군 생활은 70년대 말에서 80년대 초에 했는데 그 당시 우리 사회는 변화가 참 많았던 시기라 제가 속해 있던 부대에 삼청교육대생들이 많이 들어왔습니다. 그들을 보면서 '정말 이들이 죄인인가? 전두환 정권은 정말 죄인이 아니라고 할 수 있는가? 오히려 이 군인들이 죄인이 아닐까? 광주에서 일어난 일은 정말 진실일까?' 하는 생각이 일어났고 한 발짝 더 나아가 '인간은 도대체 왜 죄를 짓고 옳다 그르다 하면서 서로 싸우고 죽고 죽이고 할까? 도대체 죄라는 것은 무엇이며 무엇이 죄를 짓게 하는가?' 하는 의문이 항상 있었습니다.

그러다 군대를 제대하고 나서 직장생활을 몇 년간 했는데, 직장 내 부조리가 심했습니다. 거래 업자와의 관계나 직장 내 승진 관계를 보면서 능력과는 상관없이 서로의 이익이나 이해관계에 따라 사람들이 사는 모습을 그냥 두고 볼 수 없었지요. 혼자서 이런 불평등한 현실을 고치자니 거대한 절벽 같아 직장을 그만두고 출가해서 이런 부조리한 삶의 문제를 규명해야 하겠다고 결심하고 직장생활 때부터 모셨던 스님을 찾아갔습니다. 스님께서 먼저 동국대 불교대학에 들어가서 불교를 명상하라 하셔서 불교 명상을 시작했습니다.

그런데 불교 명상을 해도 제가 평소에 가졌던 '기독교인이 아니면 다 죄인인가? 인간은 왜 죄를 짓는가? 인간은 왜 부조리한가? 진리란 뭔가? 괴로움이란 왜 생기는가?' 하는 문제가 속 시원하게 해결되지 않았습니다. 특히 당시에는 우리 사회에서 학생운동이 가장

심하던 시기인데, 제가 복무했던 군대는 말할 필요도 없고 다녔던 직장뿐만 아니라 대학도 그렇고 사회 전체가 하나의 모순덩어리로 보였지요.

그래서 사회운동에 관심을 가졌는데 사회운동을 하는 사람들의 뜻을 보면 좋은데, 그분들의 내면을 들어가면 역시 싸우고, 다투면서 '옳다, 그르다' 하는 데서 벗어나지 못하고 있었습니다. 졸업 후에 법당에서 한때 원장 소임을 맡고 있었는데, 저 자신도 이러한 부조리한 틀 속에 있음을 알고 원장 소임을 그만두었습니다.

이때부터 구도여행이 시작되었습니다. 미얀마로, 전국 산천으로 유명한 선지식을 찾아다녔지요. 그때 제가 서암 큰스님으로부터 받은 화두가 조주 스님의 '무(無)'자 화두였습니다. 처음에는 도대체 의심이 들지 않았습니다. 그래서 화두는 그만두고 여기저기 마음 명상하는 데가 있다 하면 어디든지 찾아다니며 염불 수행, 주력 수행, 관법 등을 익혔습니다. 화두를 내려놓고 여러 수행을 하는 가운데 조금씩 업도 벗겨지고 생각도 줄어들면서 명상을 이어 가는데, 어느 날 버스를 타고 가다가 홀연히 '죄니, 고통이니, 외로움이니, 슬픔이니 하는 것은 다 생각이 만든 것이구나' 하고 알아지면서 그러면 '이 생각이 어디서 오는가?' 하는 대의심(大疑心)이 들었지요. 이때부터 의심이 계속 이어지면서 화두 명상이 다시 시작이 되었습니다.

● 화두 명상하시면서 다른 명상법은 어떻게 하셨는지요? 계속하시던 염불 수행이나 주력 수행, 관법 수행, 절 수행 등은 버리고 오직

화두 참구만 하셨는지요?

버리고 말고 할 게 없었습니다. 무슨 말인가 하면, 저는 생각이 많아서 염불을 하면서도 생각이 끊어지질 않고 주력을 해도 그렇고 절을 해도 마찬가지고 일을 해도 생각이라는 마구니가 쉬지 않고 올라와서 괴로웠습니다. 호흡관을 해도 마찬가지였지요.

그래서 올라오는 생각을 없애려 무진 애를 썼지요. 이를테면 생각이 일어나면 일어나는 것을 쉬지 않고 바라보기도 하고, 마음으로 망치를 만들어서 생각이 올라오는 것을 쳐부숴서 없애기도 하고, 바람에 날려 보내기도 하고, 불보살의 명호로 쳐 없애 보기도 하고, "옴 마니 반메 훔"을 염송하면서 진언을 이용해 없애기도 하고, "범소유상(凡所有相) 개시허망(皆是虛妄)" 하면서 『금강경』의 사구게를 이용해 없애기도 하고, 절을 하면서 번뇌망상 일으키는 나 자신을 통째로 버려 보기도 했지요.

그러다가 '이 생각이 어디서 오는고? 어떤 놈이 이 생각을 만드는가?' 하는 의심이 들면서 이 의심이 계속 이어졌습니다. 염불을 하면서도, 호흡관을 하면서도, 주력을 하면서도, 절을 하면서도, 일을 하거나 걸을 때도, 염불을 하든 호흡관을 하든 주력을 하든 그 어떤 것을 하든지 안 하든지 아무 상관없이 '이 생각이 어디서 나오는가?' 하고 화두가 들렸습니다.

● 참구를 하기 전에 했던 다른 명상은 수행에 도움이 되었는지요?

쳐부수어 없애는 명상은 도움이 많이 되었습니다. 실제로 여러 가지 번뇌망상이 명상하기 전보다는 현저하게 줄어들었지요. 생각을 많이 하던 제 업을 놓고 본다면 거의 없어졌다 할 정도로 줄어들었던 것은 사실입니다. 또한 칭명(稱名)염불이나 주력 수행을 할 때 그 명호나 진언 자체의 소리에 몰두하는 것도 번뇌를 제거하고 업식을 소멸하는 데 도움이 많이 되었습니다.

● 그러면 화두 명상은 어떻게 계속 하셨는지요?

염불을 하든, 주력을 하든 호흡 명상을 하든 느낌을 알아차림 하든 상관없이 상황에 맞게 수행해 가면서 '이 생각이 어디서 오는가?' 하는 의심을 놓지 않고 계속 정진했습니다. 그러던 중에 어떤 여성이 좋아한다고 해서 마음이 흔들려 결혼 약속을 했는데 한 달도 안 되어서 그 여성이 다른 남자를 좋아하면서 문제가 생겼습니다. 말로는 상대 여성에게 "그래, 그 남자한테 가서 잘 살아라. 우리가 했던 약속은 없었던 것으로 하자" 해놓고도 가슴에서는 그 여자에 대한 마음이 사라지지 않고 하루하루가 괴로운 것입니다.

그래서 모든 것을 팽개치고 경기도 양주에 있는 회암사로 갔지요. 회암사에서 명상을 하는데 밥도 먹히지 않고 잠도 오지 않고 다른 생각도 일어나지 않고 그 여자에 대한 마음밖에 없었습니다. 그런데 묘한 것은 이것이 전화위복이 되어 명상에 더 몰두하게 되었습니다. 무슨 말인가 하면, 그 여자에 대한 마음 때문에 다른 생각은 다 사라지고 그 여성에 대한 마음만 간절해지는 것입니다. 여자 하나로 이렇게 잠도 못 자고 밥도 못 먹는 '이 마음이라는 것이 뭔가?', '나라는 것이 도대체 뭔가?', '도대체 이놈이 어떤 놈인가?' 하는 의문이 들면서 '이 뭐꼬?' 하는 화두가 사무쳐졌습니다.

이렇게 하기를 여러 날이 이어졌는데 나중에는 '이 뭐꼬?' 하는 화두만 남았지요. 그러다가 한 일주일쯤 됐을 때 낮에 소나무밭을 거닐고 있는데, 소나무를 스치고 지나가는 바람 소리를 듣는 순간 일체 생각이 사라지면서 생각이 일어난 처소도 없고, 생각을 만드는 놈도 없고, 여자니 남자니 하는 것도 없고, 여자를 잡고 있는 마음도 없고, 나도 없고, 일체가 텅 비어서 너 나가 없는 겁니다. 또한 다음과 같은 시가 절로 나왔습니다.

"삼라만상 일체가
본래부터 둘이 아니며
고통이니, 행복이니, 불행이니
이거니 저거니, 옳으니 그르니
인생이니, 삶이니 하는 모든 것이
마음이 만든 생각의 그림자일 뿐.

나무를 스치는 바람 소리는
'쏴' 하고
소나무는 푸르고

266

흰 구름은 흘러가고
고양이는 '야옹' 하니
삼라만상 일체 그대로가
법을 설하는구나."

● 명상의 장애라고 하는 애욕이 명상을 더 할 수 있게 만든 셈이군요.

그렇습니다. 그러나 그 전부터 나 자신의 개인적인 문제나 사회 문제나 인간의 모든 문제를 안으로 돌려서 참구하고자 하는 노력이 없었다면, 오히려 애욕의 노예가 되었을지도 모릅니다. 우리 주변에는 애욕 때문에 미치거나 살인을 하거나 패가망신하는 경우도 너무도 많지 않습니까? 애욕뿐만 아니라 돈이나 명예도 마찬가지이며, 인간의 모든 문제가 예외일 수는 없습니다.

인간의 모든 문제가 예외가 아니라는 말씀이 무슨 말인지 구체적인 예를 들어 말씀해 주십시오.

영화 '쿤둔'을 보면 달라이 라마께서는 티베트 민족을 위해서 어떻게 할 것인가 하고 대단히 고민하십니다. 중국에 항복을 하여 국권을 넘겨줄 것인가 아니면 싸울 것인가. 만약 항복을 하면 자신을 포함한 모든 티베트 국민들은 중국 공산 정부에 복속되어 노예가 되어야 하고, 싸우게 된다면 엄청나게 많은 사람들이 목숨을 걸고 싸우다가 죽을 것이고, 그렇다면 항복도 하지 않고 싸우지도 않으면서 티베트의 자존과 부처님의 뜻을 따르는 길은 무엇인가 하고 거듭 거듭 사유를 하셨던 모양입니다.

그래서 내린 결론이 망명인데, 그분이 망명한 이유는 자신의 목숨을 유지하기 위해서가 아니라 수많은 사람들의 목숨을 살리고자 하는 자비심과 전쟁을 통해서는 부처님께서 말씀하셨던 참된 평화를 이룰 수 없다는 확신과 티베트 민족의 자존을 잃지 않는 방법은 망명밖에 없다는 결론을 내렸다고 생각합니다.

이와 같은 결단은 정말이지 자신의 내면을 통한 심원(心願)한 사유와 이에 따르는 참다운 용기가 없이는 참으로 어려운 문제입니다. 달라이 라마께서 그 이후로 보여 준 삶이 이를 잘 증명하고 있지 않습니까?

● 달라이 라마 같은 분들은 본래 영향력이 컸던 분이지 않습니까?

그렇기 때문에 한 개인의 영적인 성숙이 대단히 중요합니다. 만약 그 당시에 그분이 만약 흥분을 했거나 오기가 발동했거나 무지했다면 티베트 민족은 어떻게 되었을지 모르는 일입니다. 영향력이 있는 사람일수록 자비심과 지혜가 얕은가 깊은가 하는 문제가 대단히 큰 영향력을 미치게 됩니다.

반면, 마더 테레사를 보세요. 그분은 처음부터 영향력이 있던 분이 아닙니다. 그분은 죽어가는 콜카타의 빈민들을 보고 날마다 묵상하고 날마다 사랑으로 위로하는 일을 통해서 인류의 수많은 사람들의 마음을 움직였습니다. 인도의 힌두교도들도 마더 테레사의 사랑에 감동해서 적극적으로 협조했다는 유명한 일화가 있지 않습니까? 종교 간의 이념과 이해관계 때문에 끊임없이 싸우는 일들을 볼때 마더 테레사와 힌두교도들의 협조적인 관계는 시사하는 바가 큽니다.

회암사에서 일주일간 정진 후에는 어떻게 하셨는지요? 명상은 언제 다 마쳤는지 궁금합니다.

본래 시작이 없는데 끝을 말하는 것은 그 자체가 맞지 않습니다. 오히려 저는 그때부터 진짜 명상의 길로 들어선 것 같습니다. 무슨 말인가 하면 회암사에서 내려온 뒤에도 한동안 그 상태가 지속되었는데, 그러다가 어느 날 홀연히 이런 의문이 일어났습니다.
본래부터 '나'라는 것이 없고 일체 만물이 본래부터 둘이 아닌데 어찌하여 가지가지 모양으로 나투는가? 내가 본래 우주 허공 법계와 다르지 않는데, 어찌하여 천지만물과 달리 여기 이렇게 보고 듣고 움직이고 또 생각하는가? 또 이와 같음을 아는 이놈은 또 무엇인가? 생사와 상관없이 생사에 물들지 않는 놈은 또 무엇인가 하는 의문이 들면서 '이 뭐꼬?' 하는 화두가 다시 오롯해졌습니다.

● 명상의 끝과 시작이 없다고 하셨는데 그러면 명상을 어떻게 해야 하나요?

아침에 밥을 먹고 나서 점심때 또 먹는다고 설거지하지 않습니까? 아침에 잠자리에서 일어나서 저녁에 또 이부자리를 펴서 사용한다고 해서 아침에 이부자리를 그냥 둡니까?

밥 먹고 나면 그릇을 씻고, 잠자고 나면 이부자리를 개는 일은 누구든지 그날그날 행하는 행일 뿐입니다. 설거지는 그냥 설거지며 밥을 먹는 일은 그냥 밥을 먹는 것일 뿐 그 자체에 시작이니 끝이니 반복이니, 어제 하고 오늘 하고 또 내일도 한다는 말도 개념도 생각도 없습니다. 그냥 그와 같은 일일 뿐입니다. 명상 또한 이와 같습니다. 목마르면 물 마시고 배고프면 밥 먹고 밥 먹었으면 설거지하듯이 그때그때 해야 할 바를 그냥 해갈 일이지, 이거다 저거다 하고 구분 짓거나 규정하거나 나누지 않는 게 중요합니다.

● 마음 명상에 있어서 스승은 어떤 의미가 있습니까?

스승은 마음 명상에 있어서 대단히 중요합니다. 비유하자면 길을 모르는 사람이 길을 갈 때에, 법(法)은 나침반이나 표지판, 또는 지도 같고 어두울 때는 길을 밝혀 주는 등불 같다면, 스승은 나침반과 표지판과 안내 지도를 환히 다 알고, 또 길 자체를 알아서 언제든지 길을 알려줄 수 있는 안내자와 같고 그 길을 함께 가 줄 수 있는 참된 벗과 같습니다. 더불어 그분이 깨달은 바가 분명하다면 부처님과 다르지 않고 법과도 다르지 않습니다.

그렇기 때문에 자신이 가고 있는 길이 분명하고 확신이 들 때는 이 길이 바른길인지 아닌지를 먼저 그 길을 가 본 사람을 찾아가서 묻고 확인해야 합니다. 자신에게 확신이 들면 들수록 묻는 것을 잊어서는 안 됩니다. 이것은 법이 맞는지 틀리는지 의심해서 확인하는 것과 다른 문제입니다. 특히 화두 명상하는 분들은 더욱더 그러해야 합니다. 그래야 삿된 길을 가지 않고 바른길로 가게 됩니다. 명상인들이 선지식을 찾아다니는 이유는 다 이와 같은 이유 때문입니다.

그러나 지나친 확신으로 상대와 겨루거나 자신이 최고라는 것을 드러내기 위함이거나 자신이 명상한 것을 자랑하기 위해서 선지식을 찾아다닌다면, 이것은 이미 아만이라는 크나큰 마구니에 끌려가고 있음을 알아야 합니다. 물론 자기 동료에게 자신의 명상을 자랑하는 것도 예외는 아닙니다.

● 자신이 명상한 바와 스승이 일러 주는 것과 다를 때는 어떻게 해야 하는지요?

그것은 물론 스승이 일러 주는 바대로 명상을 하는 것입니다. 석가모니 부처님도 여러 스승을 찾아다니면서 명상을 하셨는데, 스승이 인정할 때까지 명상을 했지요. 그런데 그 스승이 생사 문제를 해결하는 법을 일러 주지 않았기 때문에 떠나갈 수밖에 없었지요.

이것은 여러분도 마찬가지입니다. 선지식을 찾아가 보면 그분이 가르치는 바가 무엇인지 분명해집니다. 즉 생사 해탈에 있는지, 깊은 선정이나 신통에 있는지, 어떤 능력이나 어떤 문제를 해결하는 데 있는지가 분명합니다. 따라서 명상의 궁극은 생사 해탈에 있으며 태어남이 없는 진리를 깨닫는 것입니다.

회암사에서 일주일간 명상한 이후로는 생사 문제를 간절히 참구했으며, 그 이후로는 저도 역시 여러 선지식들을 찾아다니며 두루 참문(參問)했지요.

● 스승의 도움을 받지 못할 때는 어떻게 명상해야 하는지요?

스스로 명상해서 분명한데 스승을 만나지 못하거나 스승으로부터 도움을 받지 못할 때는 부처님께서 말씀하신 경을 보거나 역대 조사님들의 어록을 보세요. 그러면 궁금한 바가 풀리게 됩니다. 그래도 부족할 때는 아직 명상이 부족한 줄 알고 간절히 참구하세요. 명상이 부족할 때는 경전을 봐도 스승의 가르침을 들어도 도무지 알 수가 없습니다.

신통을 경계하라

● 명상을 하면서 경험하게 되는 기이한 현상이나 특히 신통을 경계하라는 말씀을 많이 하시는데 왜 신통을 경계해야 하는지요?

명상을 지속적으로 하거나 기도를 하다 보면 이런저런 능력이 생기는데, 이것을 불가(佛家)에서는 신통(神通)이라 하고 기독교에서는 은사(恩師)라 합니다. 여러 기이한 경험들을 보면 지나간 일을 알아맞히는 능력, 미래의 일을 미리 아는 능력, 타인의 업이나 마음을 아는 능력, 타인의 병을 고치는 능력, 말을 잘하는 능력, 앉아서 저 먼 곳 이를테면 부산이나 미국에서 일어나는 일을 아는 능력, 이름만 보고도 그 사람이 어떤 사람인지 아는 능력, 사업이 잘될지 안될지 아는 능력, 땅속을 잘 보는 능력, 귀신을 부릴 줄 아는 능력, 천계를 볼 수 있는 능력, 천계의 말을 들을 수 있는 능력 등 온갖 능력들이 있습니다. 그러면 명상하시는 분들이 이러한 능력들을 왜 경계해야 하는지를 살펴보겠습니다.

예를 들어 누군가가 자신을 미워하고 있는 상대의 마음을 안다고 칩시다. 그러면 대부분의 사람들은 '네가 나를 미워하다니' 하면서 자신도 상대를 미워하거나 저주하든지, 외면하거나 무시하든지, 힘들어하거나 상처받아서 좌절하고 절망합니다. 그래서 결국에는 두 사람 간의 관계가 더 불편한 관계로 확대 재생산됩니다.

● 모르는 것도 문제가 있는 것은 아닙니까?

모르는 것은 두 가지 측면이 있습니다.

자신의 허물 때문에 상대가 미운 마음을 일으켰다면 이것은 모르고 지은 허물이라서 그 과보 또한 오래가고 고치기 어려운 죄업이 되지요. 그러나 상대가 오해해서 미움이 일어났다면 세월이 지나면 저절로 사라지게 됩니다.

따라서 상대의 마음을 모르는 것이 반드시 문제가 되는 것은 아닙니다. 오직 자신에게 허물이 있는가 없는가의 문제일 뿐입니다. 물론 상대의 마음을 알 때 안으로 돌이켜서 자신의 허물을 소멸시킬 수 있다면 이 또한 죄업을 소멸하여 해탈로 가는 길이지만, 상대의 마음을 보고 오히려 마음을 일으킨다면 자신의 업을 확대시키는 결과가 됩니다. 따라서 명상의 차원에서 보면 어느 것이 더 좋다 나쁘다가 없으며, 오직 자신의 허물이 문제가 될 뿐입니다.

그리고 우리가 일반적으로 말하는 남의 마음을 안다고 말하는 마음은 그 마음 자체가 망령된 것이라서 망령되이 타인의 마음을 안다 해서 자신이 해탈할 수 있는 것과는 아무런 관계가 없습니다. 오히려 남의 마음을 잘 읽는 능력 때문에 타인에게 명상이 많이 된 것 같은 착각을 일으키게 할 수도 있거니와, 이것 때문에 오만해져서 타인을 자신의 수족처럼 부리고자 하는 망상에 빠져서 타인을 끊임없이 단죄하고 심판하게 되는 죄업을 짓게 될 수도 있습니다. 즉 무당과 같은 짓을 하게 될 수도 있지요.

● 그런 경험이 생기면 어떻게 해야 하는지요? 안 보려고 노력해야 하는지요?

안 보려고 하는 것도 마음을 일으키는 것이니 보려고도 하지 말고, 안 보려고도 하지 마세요. 이것은 오직 자신의 마음을 보고 명상하는 것과 차이가 없습니다. 무슨 이야기인가 하면 자신에게 이런저런 망령된 마음이 일어나면 그냥 가만히 바라보면서, 일어나면 일어나는 줄 알아차리고, 있으면 있는 줄 알아차리고, 사라지면 사라지는 줄 알아차리되, 집착하고 붙들고 있는 것이 있거나 과거 기억 때문인 줄 알면 알아차림 속에 그냥 다 놓아 버리세요.

타인의 마음에 일어나는 망령된 마음 역시 내 마음, 네 마음 나눌 것이 아니라 모든 것이 자신 안에서 일어난 환영임을 알고 자신의 마음을 바라보고 알아차리고 놓아 버려야 하듯이 그 또한 하나의 망령된 마음인 줄 알고 그냥 바라보고 알아차리고 내려놓으셔야 합니다.

그리고 해야 할 바가 있다면 마음을 일으킨 사람이 스스로 자신의 업과 마음을 알아차려 깨달을 수 있도록 도와야 합니다. 안다고 해서 무조건 말하거나 지적하거나 알려 주는 것이 반드시 도움이 되는 것은 아닙니다. 오히려 자기 스스로 자신을 살펴보려고 하지 않고 점쟁이한테 묻듯이 해결한다면 의타심만 길러 줘서 노예와 같은 의존적인 사람으로 만들 수도 있습니다. 또한 두려워서 피하게 만들기도 하고 상대는 다 아니까 알아서 해결해 주리라는 생각을 해서 자신의 지혜를 스스로 덮게 만들기도 합니다.

● 미래를 미리 알아서 불행을 방지하는 일이 왜 나쁜 일입니까?

나쁜 일이 아니라 의타심과 스스로 지혜 개발을 덮어 버리는 것을 경계하라는 말씀입니다.

경계하라는 말씀은 나쁘니까 하지 말아야 한다는 말씀이 아닌지요?

미래를 미리 아는 일은 특별한 일이 아닙니다. 미래를 잘 예측하고 안다 함은, 자동차 정비공이 자동차를 오랫동안 다루다 보면 자동차의 수명을 예측하고 자동차 소리만 들어도 그 자동차의 고장 유무를 알아내는 능력과 크게 다르지 않습니다.

즉 미래를 예언하는 능력은 하나의 능력이지 이것이 깨달음의 척도가 된다거나 진리[法]를 깨달았다거나 생사 이전의 자신의 참된 본성을 깨닫는 것과는 전혀 상관없는 일입니다. 아무리 미래의 불행을 알아서 미리 방지한다 해도 생사 해탈의 이치를 모르고 죽으면 윤회를 벗어나지 못합니다. 이것이 곧 마음이 만든 망령된 허깨비인데도 이것을 진짜라 생각하고 '행복이다, 불행이다' 하는 것입니다.

경상북도 문경에 실제로 있었던 일을 하나 말씀드리겠습니다. 그냥 평범하게 농사짓던 분이 있었는데 이분의 농사짓는 밭에 농사짓기 불편하게 하는 아주 큰 돌이 하나 있었습니다. 그래서 늘 고민이 되었는데, 어느 날 근처에서 일하던 굴착기 기사를 보고 밭에 있는 돌을 치워 주기를 부탁했습니다. '이 돌만 없으면 앓던 이가 빠지듯이 속이 시원할 텐데' 하고 돌 때문에 늘 신경이 쓰였던 모양입니다.

부탁을 들은 굴착기 기사는 바쁘다는 핑계로 차일피일 미루다가 어느 날 치워 주기로 하고 굴착기로 돌을 치우는데, 기사가 돌을 치우면서 이 돌을 자기 집에 가져가도 되는지 물었습니다. 그 농부는 그 돌을 치우는 것이 기분 좋아서 그 돌이야 기사가 가져가든 말든 상관이 없어서 가져가게 했습니다. 그런데 얼마 후에 밭에 있던 돌을 치워 버리고 기분 좋아하던 농부에게 갑자기 가슴이 무너지는 기막힌 이야기가 들려왔습니다.

무슨 말인가 하면, 그 돌을 집으로 가져간 굴착기 기사의 집에 수석 전문가가 와서 그 돌을 500만 원에 팔라고 제안을 했다는 것입니다. 그 말을 들은 굴착기 기사는 거절을 했고, 수석 전문가는 값을 계속해서 올려 부르다가 얼마 후에는 "2,000만 원, 3,000만 원" 하고 부르다가 5,000만 원에 사갔다는 말을 들었습니다. 얼마나 기막힌 이야기입니까? (참고로 문경은 우리 나라에서 수석이 많이 나는 곳으로 알려져 있다.)

농부는 자기 밭에 있던 돌이 '그냥 돌이 아니라 값나가는 돌이었는데, 그것을 모르고 그냥 버리다니 이렇게 한스러울 수가 있는가?' 하면서 가슴을 쳤지요. 그 돌만 생각하면 화가 나서 참을 수 없었습니다. 그래서 농사를 그만두고 자신도 본격적으로 수석 수집에 나섰습니다. 집에는 돌무더기가 쌓이기 시작하고 남들이 좋은 수석이라고 하면 돈을 주면서까지 돌을 모았습니다. 땅까지 팔아서 말입니다.

그런데 자신이 모아 놓은 수석들을 누군가 돈을 주고 사 가야 돈이 되는데 아무도 사 가지 않는 것입니다. 결국 집에는 애물단지 같은 돌만 잔뜩 쌓여 있을 뿐 농사짓고 싶은 마음도 나지 않고 농사지을 땅도 얼마 남지 않고 급기야는 병들어 누울 수밖에 없었습니다.

행·불행이라는 것은 바로 이와 같이 만들어지는 것입니다. 세상 사람들은 돌을 문제 삼을지 모르나, 가만히 살펴보면 그 농부의 무지와 울화와 탐욕이 빚은 결과입니다.

따라서 미래라는 것도 그 사람의 마음이 만드는 것이며, 그 마음이 본래 그림자라서 미래를 안다는 것도 알고 보면 마음의 그림자를 아는 것에 지나지 않습니다. 그렇기 때문에 탐·진·치 삼독심(三毒心)이 끊어져서 집착이 없어진다면 행·불행이랄 것도 없습니다.

● 자동차 사고를 미리 알아서 죽거나 다치는 일을 피해 가는 것은 좋은 일이 아닙니까?

세상 사람들은 당연히 좋은 일이라고 생각합니다. 자동차가 망가져서 돈이 들어가기보다는 돈이 들어가지 않은 상태에서 오랫동안 사용하게 되는 것을 좋아하고, 사람이 다치기보다는 다치지 않고 오랫동안 건강하게 사는 것을 좋아하고, 사람이 일찍 죽기보다는 오래 사는 것을 좋아합니다. 그러나 이것은 지극히 한 면만을 보는 관점이라서 행복할 수도 있을 일을 불행하다 못 박아 버리고 행복을 누리지 못할 수도 있습니다.

몸을 다치지 않는 것은 행복하고, 몸을 다치는 것은 불행하다는 것이 진실이라면, 몸을 다쳐서 신체의 일부가 손상되어서 장애인이 된 사람은 행복하지도 않고, 행복해질 수도 없습니다. 이것이 사실이라면 몸이 건강한 사람은 다 행복해야 하는데 그렇지 않은 경우가 너무도 많고, 장애인은 불행해야 하는데 장애인 중에서도 인생을 행복하게 성공적으로 사는 사람도 대단히 많습니다.

따라서 몸이 건강하고 건강하지 않고, 몸에 병이 있고 없는 상황에 따라 행·불행으로 생각하는 것은 육신을 자기로 삼고 육신에 집착한 결과이며 죽음 때문에 '행복하다, 불행하다' 하는 생각은 생사(生死) 문제를 모르는 무지 때문에 생긴 문제일 뿐입니다.

그렇기 때문에 생사를 넘어선 참 자기를 참으로 아는 사람은 육신이 다치거나 병이 들거나 때가 되어 죽는다 해도 문제가 될 것이 아무것도 없습니다. 바람이 목을 스치고 지나가는 일이나 칼이 목을 지나가서 목이 잘리는 일이나 하등의 차이가 없습니다.

일본 강점기 경허 스님의 제자였던 수월 스님의 이야기입니다.

스님께서는 만년에 만주에서 짚신을 삼고 주먹밥을 만들어서 만주에서 굶주리는 동포들과 독립군을 도우면서 정진을 하셨습니다. 그러던 중에 마적들이 쳐들어와서 붉게 달군 인두로 고문을 하면서 돈을 요구했는데, 인두로 아무리 몸을 지져도 솔바람 스쳐 지나갈 때와 같이 너무도 태연하니까 마적들이 오히려 혼비백산하고 도망갔다고 합니다.

신통을 경계하라 함은 신통 자체에 문제가 있기 때문에 그러한 것이 아니라 신통에 의미를 부여하고 신통에 집착을 하게 되면, 집착을 하게 되는 신통 자체가 마구니가 되기 때문입니다. 생사뿐만 아니라 일체로부터 해탈하여 본래면목을 깨달아서 모든 중생들이 고해의 바다를 건너게 하는 것이 수행하는 사람들의 본분사인데, 명상하다가 생긴 여러 현상들과 작은 재주를 믿고 이것을 좋아하거나 이것을 세상 사람들에게 보여 준다면, 세상 사람들도 눈멀게 할 뿐만 아니라 자기 자신도 눈이 멀게 되어, 참 명상과는 거리가 멀어져서 다시 생사 윤회하는 마귀의 굴로 뛰어들게 되는 것입니다. 그뿐만 아니라 화두 참구하는 명상과는 멀어져서 대도(大道)를 등지게 됩니다.

오직 사무치게 화두 참구하여 생사 관문을 뚫고 본래 얻을 바 없고(무소득), 태어남이 없는, 본래부터 해탈되어 있는 존재하는 모든 것은 태어난 바가 없다는 깨달음의 확신을 의미하는 영원한 진리 무생법인(無生法忍)을 깨달아야 합니다.

화두는 금을 캐는 도구

● 화두 참구를 하는데 몸도, 마음도 온 천지가 의심으로 가득 차서 잠도 오지 않고, 일도 할 수 없고, 차를 타고 가다가 차를 타고 가는 것도 잊어버리고 종점에 내려서 돌아오기도 하는데, 이럴 경우는 어떻게 하면 좋은지요?

그럴 경우는 화두 자체가 모든 번뇌망상을 다 소멸시키고 일체 생각을 끊어지게 하여 일체가 다 사라지고 의심덩어리 하나만 남은 경우입니다. 잠도 안 오고 일도 안 되고 내리는 곳도 잊어버리는 상태라면 일상생활을 하는 게 어렵습니다. 하던 일을 멈추고 오직 화두 참구에 몰두하시기 바랍니다. 즉 '본래면목이 이것이구나. 생사와 상관없는 자리가 이 자리구나. 생사에 물들지 않는다는 것이 이것이구나' 하고 깨달을 때까지 정진에 몰두하세요.

● 조사어록을 보면 그것이 무슨 도리인지 다 알겠는데 번뇌가 끊어지지 않고, 어떤 분들의 말을 들어 보면 "화두를 타파할 때는 통 밑이 쑥 빠지듯이 몸과 마음에 있던 온갖 업이 무너진다"라고 했는데

저는 그런 느낌이 없습니다. 그래서 내가 하는 이 명상이 맞는가 하는 의심이 들 때도 있습니다.

번뇌가 끊어지지 않은 것은 화두를 참구해서 조사스님들께서 깨달은 바를 깨달아 알았다 해도 참으로 깨달은 것이 아니기 때문입니다. 머리로 안 것이지, 참으로 의심에 사무쳐서 온갖 업장이 녹으면서 증득되어 깨친 바가 아니라서 그러합니다. 따라서 그와 같은 경우는 완전히 깨쳐서 증득할 때까지 부지런히 자신을 버려서 아상이 없어질 때까지 정진해 가는 일이 중요합니다.

그리고 경계할 일은, 화두 참구한다고 해서 통 밑이 빠지는 듯한 체험을 다 하는 것이 아닙니다. 온몸이 무너지는 듯하고, 밑이 빠지는 듯하고, 풍선이 터지듯 하고, 온몸에 열이 나는 것은 그 사람의 업에 따라서 여러 가지 현상이 일어날 뿐입니다. 본래부터 쌓아 놓은 업이 없거나 번뇌망상이 별로 없이 평소에 마음이 쉬어져 있는 사람은 특별한 느낌이 없이 그냥 '아하, 그렇구나' 하고 깨달을 수도 있습니다.

번뇌가 끊어지지 않거나 '이 명상이 맞나?' 의심이 일어나는 것은 자신의 마음을 버리지 못함이요, 자신의 마음을 버리지 못한 것은 아상 때문에 그러합니다. 이런 경우 자신의 아상을 내려놓고 자신이 집착하고 있는 것이 무엇인지 여실히 살펴서, 추호도 남김없이 마음이 일어나게 만드는 마음의 뿌리를 잘라내야 합니다. 자신이 집착하는 마음의 뿌리를 잘라내지 않으면 화두 관문을 통과해도 완전히 통과한 것이 아닙니다.

● 화두를 잡고 있으면 마음이 편안하고 고요하면서 화두가 성성한데 일상생활에서는 화나는 일이 완전히 끊어지지 않습니다.

화두를 잡고 앉아 있을 때는 화두가 여일하고 번뇌가 없어서 성성적적(惺惺寂寂)하지만, 일상 가운데에서는 화가 여전하다면 그것은 참으로 성성적적한 것이 아닙니다. 참으로 일체 번뇌가 끊어지면 앉아 있으나, 일을 하나, 밥을 먹으나, 화장실에 가나, 사람으로부터 칭찬을 듣거나 욕을 들어도 상관없이 일체 시비가 일어나지 않으며, 오직 화두만 성성하게 됩니다. 오고 가고, 일을 하고 하지 않고, 사람이 죽고 살고에 상관이 없습니다. 오직 화두에 사무치게 된다 이 말입니다.

● 저는 화두를 참구하는 데 진전이 없어 어떤 생각에 묶여 있는지 알 수 없습니다.

제가 묻는 대로 일러 보세요. (손으로 방바닥을 치면서) 이 소리가 어디서 납니까?

거기서 납니다.

거기라니요. 거기가 어딥니까?

방바닥이요.

방바닥 어디입니까?

선생님께서 치신 곳이요.

(다시 바닥을 친다.) 이곳에서 난다고 이 소리가 말했습니까?

아닙니다. 제가 말했습니다.

그것은 누구의 생각입니까?

제 생각입니다.

이 소리는 어떻게 납니까? (다시 바닥을 치면서)

손과 방바닥이 부딪쳐서 납니다.

손과 방바닥이 부딪쳐서 난다고 이 손이 그렇게 말합니까? 아니면 이 방바닥이 그렇게 말합니까?

손과 방바닥은 아무 말이 없습니다.

누가 그렇게 말합니까?

제가 그렇게 말했습니다.

그 말은 어디서 나왔습니까?

제가 그렇게 생각을 했습니다.

이제 어떤 생각에 묶여 있는지 알겠습니까?

예, 알 것 같습니다.

이거다 저거다, 이렇다 저렇다 하는 것이 모두 생각입니다. 그런 생각들을 모두 놓아 버리세요.

이런저런 생각 붙이는 놈이 사라지지 않습니다.

생각 붙이는 놈이 어디에 있습니까?

제 머릿속에 있습니다.

그러면 먼저 마음으로 머릿속에서 생각을 만드는 놈을 알아차리고 내려놓아야 합니다. 그놈이 바로 명상을 방해하는 번뇌의 마구니입니다. 그놈을 쳐부수어 열반을 시키지 않고서는 참구를 해도 명상이 더 나아가지 않습니다.

● 참구를 하다 보면 화두가 슬그머니 없어집니다.

그러면 화두 참구에 대해서 어떤 마음이 있는지 살펴보세요.

참구하기가 싫다는 마음이 있습니다.

왜 참구하기가 싫습니까?

'진리를 알아서 뭣하나. 이 몸도 하나 건사하지 못하는데' 하는 생각이 있습니다.

몸이 왜 문제가 되지요?

몸이 너무너무 아파서요.

몸이 왜 아픈지 살펴보셨습니까?

아니요.

몸이 아픈데 왜 아픈 것에 대해 살펴보지 않았습니까?

아픈 것이 너무너무 싫습니다.

아픈 것을 싫어하는 마음부터 내려놓으셔야 합니다. 싫어하면 싫어할수록 마음이 고달프고, 마음이 고달프면 몸은 당연히 아프고, 몸과 마음이 아프면 삶 또한 고달프게 마련입니다. 그러니 '아픈 것은 싫다' 하는 마음을 내려놓고 왜 아픈지, 아픈 현상이 몸 중에서 어떤 부위에서 어떻게 일어나는지 가만히 알아차림 해 보세요. 그러면 아픔의 실체가 무엇인지 아픈 이유가 무엇인지 알게 됩니다. 그렇게 아픔의 실체를 알고 이유도 알게 되면 당연히 아픔에서 벗어나게 됩니다.

그것이 안 될 때는 몸이 언제부터 아팠는지, 몸이 아프기 전에 어떤 일이 있었는지를 자신이 살아온 삶을 돌아보면서 살펴보세요. 자신의 인생을 돌아보면 틀림없이 몸을 아프게 만든 일이 있고, 몸이 아프게 된 그 일에는 일에 대해 집착하는 마음이 붙어 있을 것입니다.

우리가 뭔가에 집착하는 마음이 있으면 그것은 업이 되고 습이 됩니다. 그때 먹었던 마음에 따라 그와 비슷한 상황이 생기게 되어 당시의 기억은 잊어먹고 자기도 모르는 사이에 그 업식에 따라 반복하여 마음이 일어나게 됩니다. 또한 몸도 그 마음에 따라 반응하고, 말도 그 마음에 따라 말하고, 인생도 그와 같이 살며, 수행할 때도 그 습관에 따라 하기 마련입니다. 따라서 지나간 삶 속에서 심어 놓았던 과거의 마음을 버리지 않고서는 몸 아픈 것은 물론 명상 또한 막히게 됩니다.

그런데도 그 아픔이 소멸되지 않고 명상에 방해가 된다면 다음과 같이 해 보세요. "어리석어서 이 몸을 이렇게 아프게 해 놓고 싫어하고, 짜증 내고, 화내는 허물을 참회합니다." 그렇게 참회하면서 아픈 몸을 받아들이세요. 계속 참회하면서 "제가 지금 이와 같이 아픈 것으로 인연하여 이 세상에서 몸 아픈 모든 중생들이 아픈 몸에서 다 해탈하시기를…" 하고 발원해 보세요. 그런 후에 아픈 몸에 대하여 집착하던 마음이 사라지거나, 아픈 현상이 사라지면 다시 화두를 참구하세요.

● 저는 일어나는 현상을 알아차리고 내려놓기를 하거나 호흡관을 하고 있으면 마음도 편안하고 별로 일어나는 생각도 없는데, 화두만 참구하면 온갖 생각이 일어나거나 현상들이 일어나서 도대체 참구를 할 수 없습니다. 그래서 화두 참구가 싫어지고, 그만두고 싶고, 도망가고 싶고, 놀고 싶고, 여행 가고 싶습니다.

호흡관을 하거나 그냥 일어나는 현상을 알아차리고 내려놓기를 할 때는 편안하고, 화두를 참구하기만 하면 온갖 현상과 온갖 생각이 일어난다고 하셨는데, 그와 같은 현상에 대하여 염려하거나 명상이 안 된다고 자신을 속박하거나 시비하지 마세요. 오히려 그와 같은 일이 일어나면 명상이 깊어가는 과정 중에 일어나는 현상인 줄 아시고 오히려 기쁜 마음으로 화두를 여의지 마시고 여일하게 참구하세요. 그러다 보면 그와 같은 현상들도 스스로 다 사라지고 오직 화두 일념의 삼매로 나아가게 됩니다.

무슨 말인가 하면 화두를 참구하는 것은 광부가 금광을 찾아서 금을 캐는 일과 같은 것이며, 화두는 금을 캘 때 쓰는 도구와 같은 것입니다. 금을 캘 때는 먼저 금이 아닌 잡석을 파내는 것과 같듯이 화두를 들어 참구하는 것 자체가 저 마음속 깊이 저장되어 있던 온갖 업식들을 나오게 하는 것입니다. 그렇기 때문에 어떤 마음들이 올라오더라도 문제 삼지 말고 오직 화두 참구에만 몰두하세요.

그래도 여의찮으면 화두만 남을 때까지 화두로써 번뇌·업식을 없애도록 하시고, 이것도 어려우면 화두를 잠시 접어놓고 올라오는 번뇌망상과 온갖 업식들을 없애고 나서 이것들이 사라진 후에 다시 화두 참구하시기 바랍니다.

● 화두를 잊어버리면 왜 안 됩니까?

화두는 보석을 캐는 도구와 같아서 금을 캐는 사람이 도구를 잃어버리면 금을 캐고 싶어도 금을 캘 수 없듯이 화두를 잊어버리면 참다운 자기 본성을 알 수 없습니다.

● 화두 참구하다가 답이 빨리 안 나오면 하기 싫어서 그만두게 됩니다.

왜 답이 빨리 나오기를 바라죠?

빨리 깨달아야 모든 고통에서 벗어나잖아요.

빨리 깨닫고 싶고 답을 빨리 알고 싶다고 해서 빨리 깨닫게 되는 것이 아닙니다. 곡식도 심으면 때가 되어야 꽃이 피고 열매 맺어 알곡이 여물어야 추수를 하듯이, 화두 참구 역시 부지런히 참구하여 스스로 익어야 깨닫게 됩니다. 익지도 않은 땡감을 따게 되면 감은 감이지만 먹기는 불편하듯이, 설사 깨달았다 해도 온전히 깨달은 것이 아닐 때는 깨달은 것이 온전히 자기 것이 못 됩니다. 특히 화두를 참구하여 시험 볼 때 답과 맞추듯이 한다면, 남이 만들어 놓은 모범 답안을 외워서 답과 맞추는 것과 같아서 자신이 깨닫는 것과는 아무런 상관이 없습니다.

답을 알려고 하거나 빨리 깨닫고자 하는 마음을 내려놓고 오직 화두만 남을 때까지 참구하세요. 즉, 화두가 사무쳐서 앉아 있을 때도 분명하고, 걸을 때도 분명하고, 밥 먹을 때도 분명하여 오직 화두 일념이 될 때까지 참구하고 나아가세요. 그리하여 때가 되면 일체를 요달(要達)하고 모든 것을 사무쳐 밝게 아는 '참 자기'를 깨닫게 됩니다.

마음이란
무엇인가?

● 마음을 어떻게 알 수 있습니까?

마음은 모양이 있습니까?

아니요.

색깔이나 말이나 냄새나 맛이 있습니까?

아니요.

그러면 '사물을 보고, 소리를 듣고, 냄새를 맡고, 숨 쉬고, 맛을 보고, 말을 하고, 물건을 들고, 똥을 누고, 길을 가고 하는 것'은 무엇이 합니까?

몸이 합니다.

정말로 몸이 합니까?

예.

시체도 보고 듣고 냄새 맡고 숨 쉬고 맛을 보고 말하고 손으로 잡고 길을 가고 똥을 누고 합니까?

아니요.

그러면 무엇이 이와 같이 하죠?

마음이 하는 것 같습니다.

마음이 한다면 마음은 어디에 있습니까?

몸에 있습니다.

마음이 몸에 있다면 몸 어디에 있습니까?

몸속에 있습니다.

마음이 몸속에 있다면 어떻게 해서 몸 밖에 있는 것을 알 수 있지요?

몸 안에서 몸 밖에 있는 것을 보고 압니다.

그렇다면 몸 안에 있는 것은 밖에 있는 것보다도 더 소상하게 알겠군요.

그렇지는 않습니다.

마음이 몸 안에 있으면서 어찌하여 몸 안의 상황을 잘 모르죠? 자, 보세요. 우리가 이 방에 있을 때는 이 방 안에 있는 것을 다 보고 다 알 수 있습니까, 없습니까?

다 알 수 있습니다.

그러면 마음은 어찌하여 자신의 몸 안에 있으면서 자신의 몸 안에 있는 것을 모르죠?

몸 밖에 있는 것 같습니다.

(죽비를 들어 보이면서) 여기에 마음이 있습니까?

없습니다.

그러면 몸 밖 어디에 있습니까?

허공에 있는 것 같습니다.

허공에 있다면 저 멀리 지구 밖 우주에서 일어나는 일을 압니까?

잘 모릅니다.

그러면 아프리카나 미국에서 일어나는 일을 압니까?

아니요.

서울에서 일어나는 일은 고사하고라도 이 건물 밖에서 일어나는 일도 잘 모르지요.

예.

그러면 마음이 몸 밖에 있다고 했는데 어디에 있지요?

잘 모르겠습니다.

(죽비를 들어 보이면서) 이것을 보세요. 보고 있습니까?

예.

마음이 어디에 있지요?

보는 데 있습니다.

(죽비를 치우고) 지금은 어디에 있습니까?

…

볼 때는 보는 것을 알아차리고, 들을 때는 듣는 것을 알아차리고, 냄새 맡을 때는 냄새 맡는 것을 알아차리고, 말할 때는 말하는 것을 알아차리고, 일할 때는 일하는 것을 알아차리고, 호흡 명상을 할 때는 숨이 들어오고 나가는 것을 알아차리고, 밥 먹고 물 마시고 걷고 움직일 때는 밥 먹고 물 마시고 걷고 움직이는 것을 알아차립니다. 그렇다면 마음이 무엇인지 마음이 어디에 있는지, 또 그 마음이 어디에서 나오는지 여실히 참구해 보세요. 그러다 보면 마음이 무엇인지 참다운 자기가 무엇인지 깨닫게 됩니다.

화두에도 명상에도
상하가 없다

● 화두에는 수많은 화두가 있다고 들었습니다. 그리고 그중에서도 조주 스님의 '무(無)'자 화두가 제일 수승하다고 들었습니다. 어떤 화두부터 들어야 합니까?

화두는 운문 선사의 48칙, 벽암 스님의 100칙 등을 위시해서 많게는 1,700공안[화두는 흔히 공안(公案) 또는 고칙(古則)이라고도 부른다]이 있습니다. 그뿐만 아니라 모든 분별망상이 끊어지고 오직 자성에 대한 의심이 분명하게 드러나서 자신의 본성을 깨칠 수 있다면 화두 아닌 것이 없습니다. 그런데 공안 자체를 놓고 어느 화두는 수승(殊勝)하고 어느 화두는 하열(下劣)하다 하는 것은 다 모르고 하는 소리입니다. 특별히 '어떤 화두부터 들어야 한다'라고 정해진 법은 없습니다.

● 만공 스님께서는 '만법귀일 일귀하처(萬法歸一 一歸何歸: 만법은 하나로 돌아가는데 하나는 어디로 돌아가는가?)'라는 화두로 깨달은 후

에 다시 '무(無)'자 화두로 크게 깨달았다는 말씀을 들었습니다.

저도 그렇게 알고 있습니다. 그러나 만공 스님께서 그렇게 명상하셨다고 해서 '무'자 화두가 '만법귀일' 화두보다 높다고 할 수 없습니다. 만약 그것이 진실이라면 '여사미거 마사도래(驢事未去 馬事到來: 나귀 일이 가지 않았는데 말의 일이 도래한다)'라는 영운(靈雲) 선사의 화두를 참구하다가 '소가 되어도 고삐 뚫을 콧구멍이 없다'라는 말을 듣고 홀연히 깨친 경허 스님의 '여사미거 마사도래' 화두가 '무'자 화두보다 수승하다 해야 합니다.

● 그러면 어찌하여 그런 일이 생기는지요? 예를 들어 말씀해 주십시오.

그것은 각자의 공부 인연이 그러해서 생기는 것이지 본래 화두 자체에는 높낮이가 없습니다.

어떤 스님이 운문 스님 문하에서 선 수행을 하면서 기회가 생길 때마다 스님에게 불법이 무엇인지 부처가 무엇인지를 물었습니다. 그런데 물을 때마다 스님께서는 이렇다 저렇다 하는 말 한마디도 없이 피하는 것입니다.

말하자면 밥을 먹고 계실 때 "스님, 부처가 무엇입니까?" 하면 스님께서는 밥을 먹다가 숟가락을 놓고 일어서서 나가시고, 쉬면서 차를 마실 때 물으면 차 마시다 일어서서 나가시고, 가만히 앉아 있을 때 물어도 대답도 하지 않고 일어나서 나가시고, 마당 쓸다가도 묻기만 하면 하던 일을 그만두고 가버리는 것입니다.

그래서 궁리를 했습니다. '어떻게 하면 스님께서 피하지 않는 상황에서 물을 수 있을까?' 하고 말입니다. 왜냐하면 어떤 상황에서도 묻기만 하면 벌떡 일어나서 나가시거나 피해 버리시니 도대체 방법이 없는 것입니다. 그래서 생각해낸 것이 스님께서 화장실에 가서 똥을 누고 있을 때 물으면 피할 수 없을 거라는 생각을 하고, 스님께서 화장실에 가서 막 똥을 누는 찰나에 냅다 물었습니다. "스님, 부처가 뭡니까?" 운문 스님께서는 그때 어떻게 하신 줄 아세요? 똥을 닦지 않고 일어났겠습니까?

그때 스님께서 어떻게 하셨는가 하면, 앞에 놓여 있는 마른 똥막대기[乾屎橛]를 턱 하고 내밀었습니다. (죽비를 들어 대중들에게 내밀어 보인다.) 이때 부처가 뭔지 알고 싶어서 간절했던 그 수행자는 즉각 깨달았습니다.

이것이 그 유명한 운문 스님의 간시궐(乾屎橛) 화두입니다. 좀 더 보충해서 말씀드리면, 중국의 옛날 화장실에는 종이 대신 나무막대기를 잘 다듬어 놓아두었다가 똥을 닦았던 모양입니다. 즉 똥을 닦은 후에는 물에 씻어서 다른 사람이 쓸 수 있게 놓아두었다가 다시 쓰곤 했던 막대기가 간시궐입니다. 옛날 우리 농촌에는 휴지 대신 마른 짚을 가지고 똥을 닦았습니다. 저도 어릴 때 마른 짚을 잘 말아서 닦았던 기억이 납니다.

아무튼 운문 스님께서는 "부처가 무엇입니까?" 하는 제자의 물음에 앞에 있는 마른 똥 막대기를 이렇게 턱 내밀었고 (죽비를 들어서 내보이면서) 제자는 이때 크게 깨쳤습니다. 제자는 그동안 차를 마시고, 밥을 먹고, 일을 하고, 앉아 있는 가운데 부처가 무엇인지 물었고, 그때마다 운문 스님께서 일어나서 나가셨던 것은 대답이 싫어서 피한 것이 아니라 그때마다 스님께서는 제자의 물음에 부처의 진면목을 일러 주었던 것입니다. 그리고 이러한 스승의 뜻을 깨닫고 나서야 참으로 깨달았습니다. 바로 이와 같이 운문 스님은 마른 똥 막대기를 내밀어서 제자가 깨닫게 하셨고, 제자는 스승이 내민 마른 똥 막대기를 보고 깨달았습니다. 이와 같이 마른 똥 막대기를 보고서도 깨달았습니다.

그런데 그는 도대체 무엇을 깨달았으며 스님은 왜 마른 똥 막대기를 내밀었을까요? 깨달은 바가 있거나 느낀 바가 있는 분들이 있으면 일러 보세요.

● 마른 똥 막대기가 부처입니다.

마른 똥 막대기가 어찌하여 부처입니까?

운문 스님께서 마른 똥 막대기를 보여 주었잖아요?

운문 스님께서 '마른 똥 막대기가 부처다' 하고 말씀하셨습니까?

아닙니다.

마른 똥 막대기가 스스로 부처라 한 적이 있습니까?

없습니다.

그때 깨달은 스님이 마른 똥 막대기가 부처라 하셨습니까?

아닙니다.

그러면 뭐가 부처입니까?

…

언제인가 누구라 하면 세상 사람들이 다 아는 학자 한 분도 똑같이 운문 스님의 예를 들어 '마른 똥 막대기가 부처다' 하면서, 그렇기 때문에 부처는 특별하지 않으며 이 세상에 부처 아닌 것이 없다, 따라서 어떤 것도 함부로 대해서는 안 되며 차별해서도 안 된다고 말씀하시는 것을 들은 일이 있습니다. 논리적으로 보면 하나도 틀린 바가 없습니다. 그러나 간과하고 있는 것이 있습니다.

『금강경』에 보면 부처님께서 "약이색견아 이음성구아 시인행사도 불능견여래(若以色見我 以音聲求我 是人行邪道 不能見如來)"

라고 하셨습니다. 즉 "형태나 눈에 보이는 현상을 부처로 보거나 소리나 말을 듣고 부처를 구한다면 삿된 도를 따라가는 것이지 부처를 볼 수 있는 길을 가는 것은 아니다"라는 말씀입니다. 이와 같이 마른 똥 막대기가 부처다 하면 진주를 똥 속에 처넣는 격입니다.

무슨 말씀이신지….

진주를 똥통 속에 처넣어 버리면 진주가 보입니까, 보이지 않습니까?

보이지 않습니다.

이와 같이 마른 똥 막대기를 부처라고 생각하면 진불(眞佛)을 볼 수 없다는 이야기입니다. 말하자면 (몸이라는) 이 고깃덩어리를 부처로 알거나 법당에 있는 등신불을 진짜 부처로 알면 참된 부처는 영영 알기 어려워집니다.

그러면 마른 똥 막대기나 등신불이 부처가 아니라는 말씀입니까?

운문 스님께서 마른 똥 막대기는 부처가 아니라고 하셨습니까?

아닙니다.

마른 똥 막대기가 '나는 부처가 아니다' 하고 말했습니까?

아닙니다.

그러면 뭐가 부처입니까?

모르겠습니다.

그 모르는 자리에서 참구하고 더 나아가셔야 합니다.

도대체 어떻게 해야 할지 모르겠습니다.

눈에 보이는 일체 현상이나 귀에 들리는 소리를 부처라 해도 안 되지만, 형상과 소리를 등지고서 부처를 구한다 해도 이는 또한 불가합니다. 그러니 '마른 똥 막대기가 부처다'라는 생각도 내려놓고, '마른 똥 막대기는 부처가 아니다'라는 생각도 내려놓고, '스님은 어찌하여 마른 똥 막대기를 내밀었는가?' 하고 참구해 가세요. 아니면 '스님은 어찌하여 벌떡 일어나서 나가셨는가?' 하고 참구하셔도 좋습니다. 부지런히 참구하셔서 일체 망념이 끊어지고 의심에 사무쳐서 각자 자신의 본래면목을 깨달으시기를 바랍니다.

● 화두 명상이 최상승이라고 하는 이야기를 들었는데 정말 그러

합니까?

화두 자체에 상하가 없듯이 명상에도 상하가 없습니다.

혜능 스님께서 최상승법을 말씀하셨다고 들었습니다.

물론 혜능 스님께서 최상승법을 말씀하셨습니다. 그러나 혜능 스님께서 말씀하신 최상승법은 생사를 여윈 자성을 깨닫는 법을 말씀하신 것이지, 화두 명상법 자체를 말씀하신 것이 아닙니다. 말하자면 화두를 참구한다 해도 생사와 상관없는 본래의 성품을 깨닫는 화두가 아니면 화두 참구 자체가 오히려 병이 되어 업을 지을 수도 있습니다.

● 화두를 참구하는데 어찌하여 업을 짓게 되는지요?

앞에서 말씀드렸듯이 한 제자가 운문 스님에게 '부처가 뭡니까?' 하고 물었을 때 운문 스님은 간시궐(마른 똥 막대기)을 제자 앞에 턱 내밀었습니다. 이때 머리 회전이 빠른 사람은 '아, 마른 똥 막대기가 부처구나' 하고 생각할 수 있습니다. 바로 이와 같이 명상을 하면 생각이나 시비분별로 부처를 만드는 격이 되며, 이것이 곧 업을 짓는 것입니다.

따라서 화두를 참구하되 '간시궐이 부처구나', '잣나무가 부처구나' 하고 생각하면 자성을 깨치기는커녕 이를 버리지 않는 한은 깨달음의 길과도 영영 멀어집니다.

● 그러면 어찌하여 운문 스님은 마른 똥 막대기를 내밀었고 조주 스님은 뜰 앞에 잣나무를 가리켰습니까?

바로 그 질문과 같이 '어찌하여 마른 똥 막대기를 내밀었는가?' 하고 참구해 가세요.

● 어떤 스님께서 "위빠사나 수행법은 화두 명상보다 못하다"라는 말씀을 하셨는데 이것도 틀린 것입니까?

맞다, 틀렸다 할 것이 못 됩니다. 왜냐하면 위빠사나 수행으로도 생사를 넘어 참된 자기를 깨닫는다면 이것 또한 화두 명상과 마찬가지로 생사 해탈의 길로 가는 방법의 하나입니다. 그러나 위빠사나 수행을 하다가도 명상 중에 망견을 만들어 망견에 빠지면 이것 또한 자성을 깨닫는 길과는 멀어지게 됩니다.

● 그래도 어떤 명상 방법이 도움이 되는지 비교할 수 있지 않을까요?

사람에 따라서는 좋고 나쁨이 있겠지만 명상 방법 자체에는 좋고 나쁨이 없습니다. 예를 들면 이렇습니다. 여기 옷이 하나 있습니다. 이것은 제가 입은 옷인데 이 옷은 제 몸에 잘 맞습니다. 그러나 몸집이 좀 더 큰 사람은 이 옷이 작아서 입을 수가 없습니다. 또 몸집이 저보다도 작은 사람은 입을 수는 있으나 입어도 볼품이 없고 편치 않습니다. 이와 같이 옷 자체에는 맞다 틀리다, 좋다 좋지 않다 하는 것이 없습니다. 다만 사람에 따라서 크다 작다, 맞다 맞지 않다, 좋다 좋지 않다 하는 일이 생길 뿐 옷 자체에는 그 어떤 것도 고정되어 시비분별할 것이 없습니다.

다시 말하면 똑같은 칼이라도 살인강도가 들면 살인검이며, 보살이 들면 중생을 제도하는 활인검이 되고 똑같은 물이라도 독사가 마시면 독이 되고 소가 마시면 우유가 되는 이치와 같은 것입니다. 그래서 저잣거리의 도적놈이 한 말이라도 깨달은 사람이 쓰면 법설(法說)이 되고, 부처님 말씀이라도 자성을 깨닫지 못한 사람이 빌려다 쓰면 마설(魔說)이 되는 이유가 여기에 있습니다.

● 조주 스님께서는 '개에게도 불성이 있는가?' 하고 물었을 때 왜 '무(無)'라고 하셨는지 알았습니다.

알았으면 일러 보세요.

의혹을 끊어 주려고 '무'라고 하셨습니다.

의혹을 끊어서 뭐 하려고요?

깨닫게 하려고요.

그러면 무엇을 깨달았는지 일러 보세요.

모르겠습니다.

조주 스님의 의도를 파악하거나 조주 스님의 뜻을 알고자 생각
하지 마세요. 일체의 생각이나 의도를 내려놓고 오직 "왜 '무'라고 하
셨는가?" 하고 더 참구하세요.

● 조주 스님의 '무'자 화두에 대해서 말씀해 주십시오.

조주 스님은 조주종심(趙州從諗) 혹은 조주고불(趙州古佛)이
라 하는데 흔히 조주(趙州)라 합니다. 스님께서는 중국 산동 지방 사
람으로 『전등록(傳燈錄)』에 따르면 778년에 출생하여 120세가 되
도록 살았다 하며, 조주라 불리는 이유는 조주 지방의 관음원(觀音
院)에서 오랫동안 방장을 지냈기 때문이라고 합니다.

스님께서는 어려서 출가하여 남전(南泉) 선사를 찾아가서 스승
으로 모시면서 스승의 뜻을 완전히 깨치셨고, 스승이 돌아가신 후에
는 오랫동안 천하를 주유하시다가 80세에 조주 관음원에 계시면서
수많은 사람들을 깨달음의 길로 인도하셨습니다. 특히 스님께서는
제자들의 질문과 근기에 따라 그때그때에 맞는 질문과 답변으로 깨

닦게 했는데, 조주 스님의 '무'자 화두는 그중의 하나입니다.

'무'자 화두에 대하여 좀 더 설명하자면 이러합니다. 조주 스님의 문하에서 수행을 하던 한 스님이 의심이 일어났습니다. '아주 작은 미물에서부터 축생에 이르기까지 일체중생이 모두 불성이 있다고 부처님께서 말씀하셨는데 정말 그럴까?' 이와 같은 생각을 골똘히 하면서 걷고 있는데 조주 스님께서 앞을 지나가셨습니다. 그런데 그때 마침 개가 뜰 앞을 지나갔습니다. 이것을 본 그 수행자는 조주 스님께 다가가서 스님에게 자신에게 일어난 의심을 물었습니다.

"스님, 부처님께서는 일체중생에게 불성이 있다고 하셨다는데 정말로 저 개한테도 불성이 있습니까?"

조주 스님은 평소 제자들에게 부처님께서 말씀하신 일체 중생에게 불성이 있다고 말씀하셨는데, 이 말을 듣는 순간 스님께서 "없다[無]"라고 말씀하셨습니다.

이것이 불가에서 수많은 수행자들이 생사를 초탈한 참된 자기를 깨닫고자 참구하는 조주 스님의 '무'자 화두입니다. 바로 이와 같이 조주 스님께서는 평소에는 "일체중생에게 다 불성이 있다"라고 하셨다가 "개에게도 불성이 있습니까?" 하는 질문에 "없다" 하셨는데 '왜 없다 하셨을까?' 하고 의심이 일어나면 이것이 '무'자 화두가 되는 것입니다. 말하자면 일체중생이 다 불성이 있다고 하셨는데 왜 '무라고 하셨을까?' 하는 의문에 사무치면 '무'자 화두가 분명해지는 것입니다.

운문 선사의 48칙

01) 제1칙 "조주구자(趙州狗子)" 조주의 개

02) 제2칙 "백장야호(百丈野狐)" 백장선사의 들 여우

03) 제3칙 "구지수지(俱胝竪指)" 구지가 손가락을 세우다

04) 제4칙 "호자무수(胡子無鬚)" 오랑캐에 수염 없다

05) 제5칙 "향엄상수(香嚴上樹)" 향엄이 나무에 오르다

06) 제6칙 "세존염화(世尊拈花)" 세존이 꽃을 드시다

07) 제7칙 "조주세발(趙州洗鉢)" 조주가 발우를 씻다

08) 제8칙 "해중조차(奚仲造車)" 해중이 수레를 만들다

09) 제9칙 "대통지승(大通智勝)" 대통지승불

10) 제10칙 "청세고빈(淸稅孤貧)" 청세는 외롭고 가난함

11) 제11칙 "주감암주(州勘庵主)" 조주가 암주를 시험하다

12) 제12칙 "암환주인(巖喚主人)" 서암이 주인공을 부르다

13) 제13칙 "덕산탁발(德山托鉢)" 덕산의 탁발

14) 제14칙 "남전참묘(南泉斬猫)" 남전이 고양이를 베다

15) 제15칙 "동산삼돈(洞山三頓)" 동산의 삼돈방

16) 제16칙 "종선칠조(鐘聲七條)" 종소리와 7조 가사

17) 제17칙 "국사삼환(國師三喚)" 국사가 세 번 부르다

18) 제18칙 "동산삼근(洞山三斤)" 동산의 삼 세 근

『벽암록』100칙

312

화두에만 몰두하라

● 화두 참구만 하면 온갖 생각이 더 많아지는데, 왜 그런지 모르겠습니다.

화두를 참구하는데 번뇌가 더 많아지는 이유는 화두를 참구하되 빨리 답을 얻고자 하기 때문이거나, 평소에 생각을 많이 하는 습관이 그대로 드러나거나, 과거 어느 때에 수많은 생각을 했던 것이 저장되어 있다가 나오는 경우가 대부분입니다.

다시 말하면 과거로부터 살아오면서 끊임없이 생각하던 습관이 평소에도 끊임없이 생각을 지어서 굴리게 되고, 이 습관이 화두를 참구하면서도 끊임없이 생각을 짓고 붙이고 굴리게 되니 번뇌가 많을 수밖에 없습니다.

● 화두 참구하면서 번뇌가 많을 때는 어떻게 명상을 하면 좋습니까?

먼저 화두를 참구하고자 할 때에는 화두 참구에 대하여 간절한 마음이 있어야 합니다. 간절함이 없을 때는 화두를 참구하고자 해도 화두 참구가 되지 않습니다. 이런 경우에는 화두를 참구하고자 하는 마음이 없기 때문인데, 자신의 마음을 가만히 알아차림 해 보면 어떤 마음이 화두 참구를 방해하는지를 알게 됩니다. 그러면 화두 참구를 방해하는 마음을 먼저 소멸시킨 후에 자신의 본래면목을 간절히 깨닫고자 하는 보리심(菩提心)을 일으켜야 합니다.

그리고 보리심(菩提心)이 있어 깨닫고자 하는 마음은 간절한데 번뇌가 많은 분들은 번뇌가 있거나 말거나 일어나거나 말거나 상관없이 화두가 들리면 번뇌에 상관하지 말고 화두에만 몰두하세요. 그러다 보면 번뇌도 스스로 사라지고 화두만 또렷해집니다.

● 화두를 들면 들수록 머리에 열이 나고 머리가 깨질 듯이 아픕니다.

질문하신 분의 경우는 화두를 참구하면서 번뇌가 일어나고 사라지는 현상에 개의치 않고 참구만 한 것이 아니기 때문입니다. 머리가 아프고 열이 나는 것은 화두를 들되 일체 시비나 분별 그리고 욕심이 없이 참구만 해야 하는데, 참구를 하면서 자기도 모르게 빨리 깨닫겠다고 욕심을 부리거나 빨리 깨닫지 못한다고 화나 짜증을 내거나 번뇌 없이 빨리 화두 삼매에 들어가서 일체의 번뇌가 없이 화두 일념이 되었으면 좋겠다는 의도가 있었기 때문입니다. 다시 말해서 화두를 참구하되 자기도 모르는 가운데 의도를 가지고 욕심을 부리거나 화를 내거나 용을 쓰게 되면, 화기가 머리를 치받고 올라가서 머리를 아프게 하거나 머리를 뜨겁게 합니다.

이럴 때는 화두를 내려놓고 화두를 참구함에 있어서 어떤 의도를 가지고 참구하는지 먼저 살펴볼 일입니다. 그래서 자기도 모르는 가운데 어떤 의도를 가지고 참구했다면 그 의도를 다 내려놓고 의도 없이 다시 참구해 가셔야 합니다. 그래도 화기나 머리 아픈 현상이 있으면, 다시 살펴 완전히 소멸시킨 후에 화두를 드시기 바랍니다.

또 번뇌가 일어나고 사라지는 일에 대하여 마음 붙이지 않고 화두를 드는데도 계속해서 번뇌가 들끓으면 일단 화두를 내려놓고 일어나고 사라지는 번뇌를 먼저 알아차려 보세요.

그러면 어떤 번뇌가 일어나고 사라지는지를 알게 됩니다. 어떤 번뇌인지를 알게 되면, 그 번뇌의 뿌리가 무엇인지 가만히 알아차림 해 보세요. 알아차림을 통해 번뇌의 뿌리가 무엇인지 알게 되고, '이것 때문에 이렇게 마음을 일으켰구나!' 하고 자각하기만 해도 대부분의 마음은 사라집니다.

그래도 사라지지 않을 때는 마음을 일으키는 것이 무엇인지, 아니면 그것이 영원한 것인지 영원하지 않은 것인지, 그것이 실체가 있는지 없는지를 스스로 자문자답하면서 살펴보세요. 이것이 분명해지면 이것 역시 바로 사라질 것입니다.

이와 같이 해도 사라지지 않으면 자신이 집착하고 있는 것이 무엇인지를 살펴보세요. 자신이 무엇을 집착하고 있는지를 자각하기만 해도 바로 사라집니다. 그래도 사라지지 않을 경우는 마음을 일으키고 집착하는 놈이 어떤 놈인지를 살펴보세요. 그러면 마음을 일으키고 집착하는 놈이 무엇인지 자각하게 되고 마음을 만들고 집착하게 하는 놈을 자각하게 되면 명상 속에서 쳐부수어 열반시키세요. 그러면 즉시 소멸될 것입니다.

이렇게 해도 소멸되지 않을 때는 자신의 몸을 고요히 느끼면서 몸의 감각을 알아차림 해 보세요. 그러면 마음이 일어나는 부위가 느껴질 것입니다. 머리나 가슴, 배 부위를 가만히 주의를 두고 알아차림 해 보면 온갖 번뇌를 일으키는 마음이 자신의 몸 어느 부위에 저장되어 있다가 계속해서 일으킨다는 사실을 알게 될 것입니다. 몸에 기록되어 있고 저장된 마음을 잘 알아차림 해서 소멸시키면 번뇌를 일으키는 마음도 즉시 사라집니다.

● 몸에 마음이 저장되어 있다는 것을 어떻게 알 수 있습니까?

몸의 느낌을 따라 가만히 느끼고 알아차리며 들어가 보세요. 느낌을 따라 들어가면서 가만히 알아차림 해 보면 마음이 어떻게 저장되어 있고 만들어지고 있는지를 알 수 있습니다. 이것을 자각하여 온갖 번뇌를 만드는 마음의 뿌리를 잘라 버리면 모든 마음은 즉시 사라집니다.

● 화두 명상에서 분별을 끊어야 한다고 하는데 그 이유가 어디에 있는지요?

사량하고 분별하는 마음은 무엇과 같은가 하면, 하늘을 보고자 하는데 하늘을 가리고 있는 구름과 같고, 집을 나가서 세상을 보고자 하는데 자신을 나가지 못하게 하는 닫힌 문과 같고, 보물을 찾고자 하는데 모든 것을 덮고 있는 어둠과 같은 것입니다.

따라서 이 분별하는 마음이 사라지지 않고서는 구름이 사라진 하늘과 같은 자신의 본성도 볼 수 없고, 자기가 만든 분별이 끊어지지 않고서는 자기라는 아상의 집에 갇혀서 참다운 세계를 볼 수 없습니다. 분별이 끊어지지 않고서는 이 분별이 만든 무지 때문에 보물을 손에 쥐고 있어도 보물이 보물인지 알 수 없습니다.

● 분별, 망상은 어떻게 끊어야 하는지요?

본래부터 명상이 간절하여 생사 해탈하여 진리를 알고 싶고 참다운 자기를 알고 싶은 분은 오직 일념으로 참구해야 할 것입니다. 아무리 참구하려 해도 화두는 어디론가 달아나 버리고 온갖 생각이 일어날 때는 주로 어떤 생각이 일어나는지, 또 무엇에 대하여 일어나는지를 가만히 지켜보세요.

아무리 온갖 생각이 일어나고 그 생각이 춤을 추더라도 그냥 놓아두시고 가만히 지켜보기만 하면 어떤 생각이 일어나는지, 무엇 때문에 일어나는지, 어떻게 굴러가는지 보일 것입니다. 그러면 오직 그냥 가만히 지켜보는 것만으로도 그 분별망상이 사라질 것이며, 이럴 경우에는 생각이 일어나는 것으로서 '이 생각이 어디서 나오는고…' 하면서 알아차림을 해보면 생각이 일어나게 되는 처소를 알수 있게 됩니다. 또한 가만히 지켜보고 있어도 사라지지 않을 때는 자신에게 이렇게 질문해 보세요.

'너는 무엇을 집착하고 있는가?' 하거나 '네가 원하는 것은 무엇인가?' 또는 '네가 하고자 하는 것은 무엇인가?' 하고 말입니다. 그러면 생각이 일어나는 이유가 떠오르거나 그 원인에 대하여 자신의 마음으로부터 답이 나옵니다. 그런 후에 그 원인을 끊어 없애면 그 생각들은 즉시 사라져 없어집니다. 그러고 나서 화두 참구를 다시 하도록 하세요.

● 선생님, 있다 해도 맞지 않고 없다 해도 맞지 않습니다.

그렇다면 깨달은 바를 일러 보세요.

조주 스님께서는 있다 해도 맞지 않고 없다 해도 맞지 않기 때문에 '무'라고 하신 것입니다.

그것은 누구 견해입니까?

제 견해입니다.

제가 물은 것은 그대의 견해를 물은 것이 아니라 깨달은 바가 무엇인지 일러 보라는 것입니다. 더 참구하고 참구하셔서 참다운 자기를 깨달을 때까지 명상하고 나아가세요.

● 선생님, 조주 스님께서 "개에게도 불성이 있습니까?" 하는 질문에 "없다" 하신 이유를 알았습니다.

왜 "없다" 하셨는지 일러 보세요.

불성이 본래 없기 때문에 "없다" 하셨습니다.

부처님께서는 불성이 "있다" 하셨는데, 그러면 부처님께서 말씀하신 것은 틀렸다는 말씀입니까? 왜 부처님은 "있다" 하셨고, 조주 스님께서는 "없다" 하셨죠? 더군다나 조주 스님께서는 다음 날 여러 수행자들에게 "개뿐만 아니라 움직거리는 미물에 이르기까지 일체중생이 모두 불성이 있다"라고 하셨습니다. 그런데 불성이 본래 없기 때문에 "없다" 하신 것이라면 불성이 "있다" 하신 것은 무슨 뜻입니까? "없다" 할 때는 언제고, 왜 또 "있다" 하셨습니까? 그 도리를 아시겠습니까?

모르겠습니다.

본래 없기 때문에 '없다' 함은 마른 똥 막대기가 부처이기 때문에 "부처가 뭡니까?" 하는 물음에 "마른 똥 막대기를 내보였다"라고 하는 대답과 다르지 않습니다. 말하자면 운문 스님께서 마른 똥 막대기를 내밀었다고 해서 '마른 똥 막대기가 부처구나' 하고 생각한 다든지, 조주 스님께서 뜰 앞의 잣나무를 가리켰다 해서 '잣나무가 부처구나' 하고 생각하는 것과 다르지 않다는 것입니다. 이는 선지식들께서 달을 가리켰을 때 달을 본 것이 아니라 손가락을 보고 손가락을 이른 것과 같습니다. 즉 없다는 말에 묶여서 없다고 생각해서는 안 된다는 말씀입니다. 그러니 없기 때문에 없다는 생각도 내려놓고, 부처님은 "일체중생이 불성이 있다" 하셨는데 조주 스님은 어찌하여 "없다" 하셨는지 다시 참구하세요.

● 화두를 들면 모든 번뇌가 끊어지고 편안해집니다.

화두를 들면 일체 번뇌가 끊어지는 것은 당연한 것입니다. 그러면 화두를 들 때와 같이 일상생활에서도 일체 번뇌가 끊어져서 항상 편안합니까?

그렇지 않습니다. 짜증도 나고 화도 나고 성질도 납니다.

화두를 들고 있을 때는 편안한데, 어떤 경우에 화나고 짜증이 납니까?

아이들이 명상 안 하거나 놀러 다니면 화가 나서 참지 못합니다.

그 외에는 화내는 일이 없습니까?

제 마음에 들지 않으면 다 화가 나지요.

그렇다면 화두를 잘못 들고 있군요. 화두를 어떻게 들고 있는지 말씀해 보세요.

저는 '무'자 화두를 들고 있는데, 화두를 들면 모든 생각이 사라지고 '무'자만 남습니다. '무'자만 남으면 마음이 편안하고 고요합니다.

그다음은 어떻게 합니까?

그냥 '무~' 하고 있지요.

그것은 '무'자 화두를 참구하는 것이 아니라 '무'자를 그냥 잡고 있는 것입니다. 그것은 신을 만들어서 신을 잡고 있는 것과 같은 것으로, '옴 마니 반메 훔'을 염송하는 것보다도 못하며, 번뇌망상이 일어나고 사라지는 것을 알아차리면서 바라보는 것보다도 못합니다.

말하자면 '무'자를 진언처럼 염송하고 있는 것이지 화두가 아니라는 말씀입니다. '무~' 하고 있는 한은 깨닫는 것은 고사하고 번뇌 망상도 다 제도하지 못할 것이니, '무~' 하는 것을 화두 들었다 생각하지 말고 화두 명상을 바르게 해 가셔야 합니다.

● 왜 '무~' 하고 화두 드는 것이 잘못되었는지 자세히 말씀해 주시겠습니까?

어떤 수행자가 조주 스님께 묻기를 "개에게도 불성이 있습니까?" 하고 물었는데, 조주 스님께서는 그 질문을 받자마자 "없다" 했습니다. 왜 없다고 하셨지요?

모르겠습니다.

모르면서 그냥 '무~' 하고 있어야 하겠습니까? 부처님은 "일체 중생이 다 불성이 있다" 하셨고, 조주 스님께서도 다음 날 다른 수행자들에게는 부처님처럼 "일체중생이 다 불성이 있다" 하셨습니다. 그렇다면 그 수행자에게는 왜 "없다" 했겠습니까? 이것을 참구해서 깨달아야 합니다.

즉 '무' 자를 그냥 잡고 있는 것은 달을 가리켰는데 달은 보지 않고 달을 가리킨 손가락만 보고 있는 격입니다. 이는 그가 손가락에 마음이 묶여 있는 경우라서 애를 써서 손가락에 마음을 두면 둘수록 달을 가리킨 본래의 뜻은 잃어버리고, 손가락 때문에 잠시 마음이 집중되어 편안하고 고요하나 손가락만 치우면 편안하고 고요한 마음은 온데간데없고 번뇌망상이 다시 들끓게 될 뿐만 아니라 번뇌도 소멸되지 않고 자신의 본래면목도 깨달을 수 없습니다.

그와 같이 화두를 들고 있는 것은 '무'라는 상을 들고 있는 것이며, 마음으로 신을 만들고 부처를 만들어서 진신(眞神)인 줄 알고 진불(眞佛)인 줄 착각하고 있는 것과 같은 경우라서, 자신의 본래면목을 깨닫지 못하게 하는 마구니인 줄도 모르고 잡고 있는 것과 같습니다.

그러면 어떻게 참구해야 하는지요?

그냥 '무~' 하지 마시고, '부처님께서 일체중생에게 불성이 있다 하셨는데, 조주 스님께서는 어찌하여 없다 하셨는가?'를 참구하셔야 합니다. 스님께서 왜 "없다" 하셨는지 아시겠습니까?

모르겠습니다.

스님께서 왜 "없다" 하셨는지 알고 싶습니까?

알고 싶습니다.

부처님께서는 "있다" 하셨는데 조주 스님께서는 "없다" 하셨습니다. 그런데 왜 "없다" 하셨는지, 정말로 궁금해서 알고는 싶으나 생각으로는 알 수 없고 오직 몰라서 꽉 막힐 때는 모르는 그 마음을 잊지 말고 오직 '왜 없다고 하셨을까?' 하고 참구해 가세요.

그러면 화나는 마음은 어떻게 없앨 수 있는지요?

화날 때도 화두가 여일합니까?

혼자 있거나 절에 가서 선방에 앉아 있을 때 화두를 들었습니다. 그리고 화날 때는 화두를 잊어버립니다.

화가 날 때도 일할 때도 혼자 있을 때도 여럿이 있을 때도 밥 먹을 때도 화장실 갈 때도 '어찌하여 무라고 하셨는가?' 하고 참구해 가세요. 사실 화두 참구가 여일하면 화날 일도 없고 화나는 일에 마음이 가지도 않습니다.

자식이 명상을 하지 않거나 놀러 다니면 화가 나고, 사람들이 하는 일이 내 마음에 들지 않는다 함은 자신의 마음을 타인의 행위나 못마땅한 마음에 두고 이에 따라서 시비분별을 하고 있다는 증거입니다. 즉 그동안 '화두 명상'이라고 하셨지만 대상에 따라 시비분별은 시비분별대로 하고, 이에 따라 화가 나면 화기를 가라앉히기 위해서 '무~' 하면서 화두 아닌 화두를 들고 있었던 것입니다.

깨닫고자 하는 마음이 간절하면 대상을 보며 시비분별할 겨를도 없을 뿐만 아니라, 깨닫지도 못한 자가 어찌 시비분별을 하겠습니까? '나니 너니, 옳으니 그르니' 하는 것 자체가 부질없는 일인데 무엇을 붙들고 시비하겠습니까? 화두를 들고 있어도 시비가 끊어지지 않고 대상을 보거나 경계에 따라 시비가 일어나면서 화두가 사라진다면, 먼저 시비하고 집착하는 마음부터 살펴서 이를 내려놓으셔야 합니다. 탐·진·치 삼독심(三毒心)을 끊어 버리지 않고 화두를 들어 참구하고자 함은, 기름 묻은 손으로 빨래를 하려고 하는 것과 같아서 빨래를 하면 할수록 빨래에 기름이 더 묻는 것과 같습니다.

그렇기 때문에 자기가 좋아하는 것에 집착하고, 싫어하는 것을 거부하며, 싫지도 않고 좋지도 않은 것에 대하여 무관심하면 할수록 탐심과 진심(瞋心)과 무지, 즉 치심(癡心)이 더 커지고 깊어지고 굳어져서 깨닫는 길과는 점점 더 멀어집니다.

● 화두를 참구할 때 "탐진치(貪瞋癡) 삼독심(三毒心)을 끊지 않으면 깨달음의 길과 멀어진다"라고 하셨는데 왜 그런지 좀 더 자세하게 말씀해 주십시오.

탐심이라는 것은 어떤 대상에 대하여 탐내는 마음인데, 흔히 이 마음에는 욕심과 집착하는 마음인 착심(着心)이 동반됩니다. 따라서 탐심을 탐욕이니 탐착이니 하고 말하는 것은 탐심에 욕심과 착심이 함께 작용하기 때문이며, 이 마음들이 구체적으로 어떻게 작용하는지 함께 알아보도록 하겠습니다. 먼저 여러분에게 묻겠습니다. 여러분은 어떤 경우에 탐심이 생기는지 말해 보세요.

● 저는 예쁜 옷을 보면 탐심이 납니다.
● 저는 멋진 차를 보면 탐심이 납니다.
● 저는 좋은 집을 보면 탐심이 납니다.

...

사람들은 사람에 따라, 대상에 따라, 탐내는 마음이 달라지는데, 그 뿌리를 가만히 살펴보면 그것이 좋기 때문에 탐하는 마음이 생기고, 탐하는 마음이 생기면 가지고 싶고 자기 것으로 만들고 싶고 소유하고 싶어 합니다. 마음을 고요히 하고 자기 자신에게 물어보세요. 가지고 싶은 것이 어떤 것들이 있는지 지금 바로 명상해 보세요.

명상하기 전보다도 가지고 싶은 것이 더 많다는 것을 알게 된 분 손들어 보세요.

명상하기 전과 같거나 생각나지 않는 분 손들어 보세요.

별로 생각나지 않거나 아예 생각이 나지 않는 분들은 명상을 하면서 자신에게 물어보세요. 이러이러한 것이 있었으면 좋겠다 하는 것이 전혀 없는지. 그래도 없다면 백화점에 가보거나 시내를 나가거나 여행을 다닐 때 자신의 눈이 가는 곳이나 몸이 가는 곳을 잘 보세요. 그러면 틀림없이 마음에 있는 욕망이라는 놈이 자기를 끌고 갈 것입니다. 그러나 보아도 마음이 일어나지 않고 들어도 마음이 일어나지 않고 몸도 마음도 가지지 않는다면 탐심이나 욕심이 없다고 하겠지요. 그래도 또 살펴보아야 할 것들이 있습니다.

예를 들면 사람 중에서도 어떤 사람은 좋다든지 보고 싶다든지 그 사람하고 같이 있고 싶다든지 예뻐 보인다든지 같이 일하고 싶다든지 하는 마음이 있으면 반드시 탐심과 욕심이 있음을 알아야 합니다. 그뿐만 아니라 어떤 일에 대해서도 그 일이 좋거나 재미있거나 의미가 있다고 생각하면 그 일을 하고 싶어지고 하려고 합니다. 즉 가지고 싶다거나 만나고 싶다거나 하고 싶다 하는 마음이 있다면 탐심과 욕심이 있는 것입니다.

● 화두를 참구하면 통 밑이 쑥 빠지는 듯한 체험을 한다거나, 온몸에 열이 났다가 업이 녹으면서 깃털처럼 가벼워졌다는 분들도 있다는 말씀을 들었습니다.

물론 그런 경험이 없는 것은 아닙니다. 그러나 그러한 체험마저도 명상하는 사람의 업식에 따라서 체험을 하기도 하지만 누구나 다 그러한 것은 아닙니다. 말하자면 반드시 통 밑이 빠져야 하는 것도 아니요, 온몸에 열이 났다가 사라져야 하는 것도 아닙니다. 그것은 그가 지은 업식에 따라서 경험하는 세계가 다르기 때문에 명상 중에 경험하게 되는 하나의 현상이지 그 자체가 명상 과정에서 체험해야 하는 보편적인 과정인 것은 아닙니다.

이를테면 어떤 분은 지옥 같은 경험을 더 많이 하는 분도 있고, 어떤 분들은 천상의 경험을 더 많이 하는 분들도 있는데, 그것은 명상 중에 경험하는 일부의 과정입니다. 사실 그러한 과정들도 알고 보면 그가 만들어서 잡고 있던 마음의 세계일 뿐입니다.

예를 들면 이러한 경우도 있었습니다. 어떤 수련생이 화두를 참구하다가 자신의 마음속에 있던 분노도 사라지고, 두려움도 사라지고, 외로움도 사라지고, 괴로움도 사라지면서 너무나 자유롭고 행복해서 '이것이 바로 깨달음이구나! 깨달으면 바로 이렇게 되는구나!' 하는 생각이 들면서 '명상이란 바로 이런 것이구나!' 하는 생각을 하게 되었습니다. 그런데 이분은 이것이 다인 줄 알고 더 이상 명상을 하지 않고 명상 자체를 놓아 버렸습니다. 바로 이것이 문제가 되었습니다. 무슨 말인가 하면, 그와 같은 상태가 약 일주일간 지속되더니 차츰차츰 약해지는 것입니다. 그러자 이분은 이때부터 두려움이 생기기 시작했습니다. 그리고 걱정도 생기고 온갖 생각도 생겼습니다. '옛날같이 화나고 짜증 나고 괴로운 상태는 싫어!' '절대로 옛날로 돌아갈 수 없어!' '어떻게 하든지 이 상태를 붙들어야 해!' 하고 말입니다.

그런데 이런 생각을 하면 할수록 더욱더 초조해지고 명상하면서 체험했던 상태는 온데간데없고 불안과 초조만 더 늘어났고, 급기야는 명상 자체에 대한 불신과 불안 내지는 명상을 일러준 스승마저도 의심하기 시작했습니다.

'선생님은 왜 나의 이런 상태를 외면하고 챙겨주지 않지?' '적어도 스승이라면 내가 이런 상태에 있다는 것을 안다면 즉각 해결해 주어야 하지 왜 안 해주는 거야!' '선생님 가르침에 문제가 있는 것은 아닐까?' 등등 온갖 생각이 일어나면서 결국은 명상하기 전과 같은 상태로 돌아갔습니다.

2년 정도 망상을 피우고 괴로워하다가 다시 명상을 처음부터 하기 시작하면서 스승과 깨달음에 대한 특별한 상 때문에 그리되었음을 알게 되었습니다. 그리고 지금은 그와 같은 상태에서 많이 벗어나서 명상의 길을 다시 가고 있습니다.

깨달음의 세계

● 깨달음의 세계는 특별하지 않다고 하셨는데 왜 그런지 알고 싶습니다.

자신이 아는 깨달음의 세계는 어떤 세계입니까?

지금과 같은 세계는 아닌 것 같습니다.

지금과 같은 세계라 하셨는데 어떤 세계를 말합니까?

저는 요즘 제가 사는 이 세상이 답답하고 짜증 나고 심심하고 재미없습니다.

지금 사는 세상이 답답하고 짜증 나고 심심하고 재미없다고 하셨는데 깨달으면 그렇지 않을 거란 말이지요?

예. 적어도 깨달으면 답답하고 짜증 나고 심심하고 재미없는 마음은 없어지고 뭔가는 신나고 재미나고 속이 시원할 것 같습니다.

이 가운데 답답하고 짜증 나고 심심하고 재미없는 마음이 없는 분이 있습니까?

예.

그러면 깨달음의 세계에 있습니까?

아닙니다.

그러면 깨달음의 세계가 아닌 세계에 있습니까?

그것도 아닙니다.

그러면 어떤 세계에 있습니까?

답답하고 짜증 나고 심심하고 재미없는 마음이 없습니다.

그것밖에 없습니까?

('탁' 하고 손으로 바닥을 친다.)

그것이 다입니까?

…

말 없는 세계에 있군요. 아무튼 좋습니다. 계속해서 정진하셔서 일체 시비가 끊어지고 일체의 말길이 끊어진 본래 성품을 완전히 증득하실 때까지 열심히 참구하고 나아가시길 바랍니다.

그리고 앞에서 질문하신 분을 위해서 다시 말씀드리는데, 깨달음의 세계를 특별히 만들지 마세요. 왜냐하면 깨달음이라는 것 자체에 이미 고정된 성품이 없고, 세계라는 것도 역시 이것이 세계다 할 고정된 그 무엇이 없기 때문에 깨달음의 세계도 또한 고정된 어떤 세계가 있는 것이 아닙니다.

그러면 깨달음의 세계는 없는 것입니까?

"없다" 해도 맞지 않습니다.

'있다' 해도 안 되고 '없다' 해도 안 되니 도대체 어떻게 해야 할지 모르겠습니다.

어떻게 해야 할지 모르겠다는 마음마저 놓아 버리시고 오직 자신이 참구하고 있는 화두를 놓치지 말고 여일하게 참구해 가세요.

명상의 장애물

● 화내는 마음[瞋心]은 어떻게 해서 본래 자기를 깨닫는 데 방해가 되는지 말씀해 주십시오.

화내는 마음이 어떻게 마음 명상을 방해하는가를 말씀드리기 전에 먼저 묻겠습니다. 마음에서 화를 내면 화기가 작용하는 것을 살펴보셨습니까?

예.

그러면 그 화기가 어떻게 작용했는지를 말씀해 보세요.

● 저는 화기가 가슴을 치받고 올라오더니 목까지 올라와서 목을 조이게 하고 목이 타고 말도 잘 못 하게 만들었습니다.

● 저의 경우는 화기가 등 뒤를 타고 올라가서 목덜미를 뜨겁게 하더니 목덜미를 뻣뻣하게 만들었습니다.

● 저는 눈이 침침하고 눈과 이마가 아파서 살펴보니 화난 마음 때문에 그렇게 되었음을 알았습니다.

● 저 같은 경우는 화가 나면 어깨가 처지고 온몸이 굳어지면서 몸이 천근같이 무거워집니다.

● 저는 화만 나면 온몸에 열이 나고 몸이 아프면서 즉시 감기 몸살 같은 것을 앓습니다.

여러분의 다양한 경험과 같이 화날 때의 증세는 사람에 따라 아주 다양하고 많을 것입니다. 머리가 아픈 사람, 눈이 아픈 사람, 귀가 아픈 사람, 입이 아픈 사람, 목이 아프거나 뻣뻣해지는 사람, 어깨가 아프고 처지는 사람, 가슴이 아프고 옆구리 갈비뼈가 아픈 사람, 배가 아프고 창자가 뒤틀리는 사람 등 그 증세는 이루 말할 수 없습니다. 오장육부 전체에 다 미치게 되는데, 이것은 사람에 따라 모두 달리 나타납니다. 이를테면 자존심이 강한 사람이 자존심이 상해서 화가 나면 폐가 상하고, 코가 아프고 대장에 열이 나고 굳어서 변비가 걸리기도 합니다. 이것 또한 사람의 마음과 그 사람의 체질에 따라 작용합니다.

이제 '화가 명상을 어떻게 방해하는가?'를 살펴보겠습니다. 두 번째는 사람들이 '화를 어떻게 해서 일으키게 되는가?'를 살펴보고 세 번째는 일어난 '화를 어떻게 다스리고 소멸시킬 것인가?'를 살펴본 다음 마지막에는 '어떻게 하면 화 자체가 일어나지 않도록 할 것인가?'를 살펴보겠습니다.

여러분들이 각자 체험한 것을 말했듯이 화가 나면 화나는 상태가 모두 똑같지는 않습니다. 사람에 따라서 화가 나면 밖으로 분출하는 사람이 있는가 하면 자기 자신에게 화를 내거나 꾹꾹 눌러 참는 사람도 있습니다.

화를 밖으로 분출하는 사람을 보면 화가 나면 날수록 그냥 참지 못하고 상대방한테 화를 내고 성질부리는 것이 보통입니다. 그런데 화를 내서 화가 풀리면 괜찮지만, 화는 풀리지도 않으면서 주변에 있는 사람들에게 욕을 하고 성질을 부리고 짜증을 냅니다.

그리고 여기서 그치지 않고 폭력까지 씁니다. 그러다가 안 되면 자살을 하거나 상대를 죽이기도 합니다. 심지어 자신의 화를 상대방한테 풀기 위해서 혼자 애를 쓰다가 안 되면 그럴듯한 명분을 만들어서 세를 규합하고 불린 다음, 상대를 무너뜨릴 수 있다고 판단이 되면 상대를 집단적으로 매장을 시키거나 집단적인 린치를 가하기도 하고 그 명분에 따라 상대를 죽이기도 합니다.

민족이나 국가 간에 일어나는 분쟁도 알고 보면 그 뿌리에는 화내는 마음인 증오나 원한이 자리 잡고 있습니다. 그뿐만 아니라 정치범을 감옥에 가두거나 죽이는 행위도 상대에 대한 분노와 미움이 자리 잡고 있습니다. 말하자면 인간과 인간 사이에 생기는 모든 갈등과 다툼의 저변에는 분노와 미움이 자리 잡고 있습니다.

● 다른 사람에게 화내는 것이 어떻게 해서 명상을 방해하게 되는 지요?

제가 명상했던 바를 예로 들어서 말씀드리겠습니다.

제가 처음 참구하게 된 화두는 봉암사에 조실로 계시던 서암 스님을 찾아갔다가 스님께 조주 스님의 '무'자 화두를 받았습니다. 그런데 화두 공부라는 것은 일체 생각이 끊어지고 화두에 대하여 오직 의심 하나만 남아서 화두가 분명히 잡혀야 하는데, 아무리 화두를 잡고 참구하려 해도 온갖 망상만 들끓고 잠만 오고 도무지 참구가 되질 않았습니다. 그러다가 명상에 대한 회의도 들고 짜증도 나고 자신에게 스스로 화나는 것은 말할 필요도 없이 스님한테도 짜증과 분별이 일어나고 신경질이 났습니다.

그리고 이런 생각들이 일어났습니다. '화두라는 것은 소용없다. 화두가 무슨 깨달음을 가져다주는가! 화두는 의미가 없다. 절이나 염불보다도 소용없으니 차라리 염불이나 하자. 스님은 잘 모르시는 것 같다' 하면서 화두도 팽개치고 공연히 스님만 원망하면서 한동안 스님을 외면했습니다. 그래서 그 후에 화두 참구하는 것을 그만두고 동사섭 수련이나 위빠사나 수행이나 염불 수행, 또 주력 수행을 하는 곳이 있으면 부지런히 쫓아다녔지요.

그런 가운데 몇 년이 흐른 어느 날 서울에서 충주로 가는 버스에서 '한 생각 일으켜 지은 망상이 모든 고통을 만들고 온갖 속박을 만드는구나' 하는 것을 알게 되었습니다. 그 후에 화두에 대한 간절한 마음이 일어나서 화두 명상을 다시 할 수 있었습니다.

제가 명상했던 과정을 살펴보면 처음에 화두를 받고 공부를 시작했을 때, 화두를 들고 명상을 하더라도 망상이 일어나서 화두를 방해하면 그 망상을 끊고 버리는, 즉 방하착하고 화두를 참구했어야 하는데 그렇게 하지 않은 허물이 하나 있고, 그다음은 화두가 잡히지 않는다고 화내고 짜증 내고 신경질 내면서 명상법과 스님에게 분별심을 일으켜 잠깐이라도 명상법과 화두법을 일러 주신 스님을 외면한 허물이 있습니다.

말하자면 화두가 잡히지 않는다고 화를 내고 짜증을 내면서 화두를 버리고 스승을 버리고 등진 허물인데, 만약 그 후에라도 화두 명상에 대하여 다시 명상할 마음이 일어나지 않았다면, 저 역시 화두 명상에 대한 부정적인 생각을 지어서 '화두 명상은 해봐야 소용없다' 하고 명상하는 다른 사람들에게 거짓된 말을 하는 업을 짓게 되었을 것입니다.

그뿐만 아니라 화두로 깨달음을 성취한 많은 선지식들을 부정하는 망언을 했을 것입니다. 특히 제가 명상하러 다니면서 만났던 분들 중에서 화두 명상하다가 실패를 하고 위빠사나 명상이나 선도(仙道) 명상, 또는 미국에서 들어온 '아바타' 명상을 하시고 나서 한 경지를 체험하신 분들이 화두 명상을 잘 모르고 말하는 경우가 있었는데, 사실 자신이 잘 모르면서 함부로 말하는 것은 다 망언입니다.

이와 같이 명상을 하다가 그 명상이 안 되거나 막히면 화를 내면서 그 명상을 부정하거나 외면하면 그 명상으로부터 멀어지게 마련입니다. 심하면 외면하고 등지는 데서 그치지 않고 비방도 하고 욕도 하게 되고, 더 나아가서는 자신이 명상했던 스승이나 단체를 망가뜨리거나 죽이는 경우도 있습니다. 즉 종교 간에 다툼이 일어나고 서로 간에 전쟁이 일어나는 것도 알고 보면 이 같은 이치입니다. 인도인으로서 티베트에 가서 티베트 사람들을 가르쳤던 위대한 스승이셨던 아티샤께서 "수행 방법에도 집착하지 말라"고 하셨던 가르침은 정말로 깊이 새길 일입니다.

● 정법을 보호하고 악을 부수기 위해서 사람을 죽이는 것도 문제가 됩니까? 정법을 수호하기 위해서는 때에 따라서는 악도와 싸워서 물리쳐야 하지 않나요?

부처님은 한 번도 상대가 악한 사람이라고 해서 폭력을 쓰거나 욕을 하거나 죽여 없애라고 하신 일이 없습니다.

정법을 수호한다는 명목으로 상대를 때리거나 죽인다면 그는 법에 집착하고 있다는 증거이며, 법에 집착하여 상대를 죽이는 행위는 자비심을 등지고 상대에게 분노하고 있는 것입니다. 따라서 불법이나 정법을 수호한다는 명목으로 사람을 죽인다면 바로 법을 등지는 일이 됩니다. 다시 말하면 법이라는 것도 본래 법이라고 할 게 없는데, 법이라는 것을 보호하고 수호한다 함은 이미 법상에 묶인 바요, 법상에 묶인 것은 망령된 자기를 지어서 이를 자기로 삼고 있음인데, 법에는 그 어떤 것도 잡고 내세울 것이 없습니다.

그러면 법을 어떻게 유지합니까?

법을 유지한다는 생각이 이미 망상입니다. 법 자체는 그 성품이 본래 공(空)하기 때문에 유지하고 말고가 없습니다.

이해가 되지 않습니다.

법은 무엇으로 깨닫습니까?

마음으로 깨닫습니다.

그러면 마음으로 깨달은 법이 누군가가 이러쿵저러쿵 시비한다고 어디로 사라지거나 훼손됩니까?

법이라는 것은 세상 사람들이 시비하고 문제 삼는 것은 말할 필요도 없을 뿐만 아니라 이 세상 모든 사람이 죽거나 이 우주가 무너진다 해도 상관없으며, 본래가 물든 바가 없고 훼손되는 일이 없기 때문에 추호도 문제가 될 것이 없습니다. 문제가 되는 것은 그것을 명상한 사람의 마음이 문제 될 뿐이지, 법 자체는 아무런 문제가 없습니다. 다시 말해서 명상한 사람의 마음이 이리저리 흔들리고 문제가 되면 되었지, 법은 본래부터 여여(如如)합니다.

그러면 아무것도 수호할 것이 없습니까?

법 자체는 아무런 문제가 없으며 문제가 있다면 그 법을 공부하는 사람이 문제가 됩니다. 굳이 말하자면 명상을 하는 사람들이 얼마나 정진 수행하는가, 하지 않는가 하는 것이 법을 수호하는 척도가 된다고 하겠습니다. 다시 말해서 외형적으로 그 단체를 유지하고 보호하며 지금 명상을 하는 이 건물이나 공간을 유지하려고 애쓴다고 해서 법이 반드시 수호되는 것은 아닙니다. 이 단체나 이 건물이 있고 없고를 떠나서, 명상을 하는 사람들이 열심히 수행 정진하여 각자가 법을 바로 깨달아 마음에 간직하고 이를 행한다면 그는 어떤 모습, 어떤 장소, 어떤 상황에서도 법을 바르게 수호하고 산다고 하겠습니다.

● 명상을 하다가 화를 다스리지 못하면, 그가 명상을 했던 단체나 도반 내지는 자신을 가르쳤던 스승을 비방하거나 죽이는 일도 있다고 하셨는데 정말 그러한 일이 있습니까?

명상을 하다 보면 자기가 좋아하는 체험도 하지만 그렇지 않은 체험도 하게 됩니다. 자기가 싫어하는 이런저런 경험을 하게 될 때, 그 경험에 대하여 문제 삼지 않고 일어나는 바를 잘 살펴서 자기보다 명상이 앞서간 분들이나 자기를 지도하는 스승한테 먼저 물어서 명상해 가면 된다고 수없이 가르쳐도, 화가 나서 마음이 뒤집히면 까맣게 잊어버립니다. 한 생각이 일어나서 묶인 분들을 보면 제일 먼저 하는 행위가 법을 문제 삼고 그것을 가르쳤던 스승을 문제 삼아서 불만을 터뜨리거나 욕을 하거나 비난을 합니다.

또한 저와 같이 법이나 스승을 외면하거나 명상 자체를 때려치웠던 경험들을 하신 분도 있을 것입니다. 그리고 제가 아직 폭행을 당하지는 않았지만 명상하다가 생긴 현상 때문에 푸념하고 시비하는 말도 들어봤고, 다 때려치우겠다고 날뛰던 사람, 다시는 안 보겠다고 하던 사람도 있었지요. 그리고 명상에서 멀어진 분도 있었고 저를 죽이겠다고 하는 사람도 있었습니다.

어떤 분은 과거생[前生]에 자신의 스승을 죽이고 자책했던 마음 때문에 화두 참구가 안 되었던 분도 있습니다. 그분은 명상하는 곳에는 꾸준히 나오셨지만, 화두만 참구하면 '화두 참구해서 뭐하냐, 아무 소용없는 일이야' 하고 자책하는 마음이 무의식 깊은 곳에서 계속 나왔습니다. 그러다가 화두 참구하던 중에 너무 화가 나고 미치는 마음이 일어나서 깊이 명상을 해 보니, 과거 어느 생 중에 명상하다가 명상이 안 되는 것 때문에 자기 스승을 죽이고 자책했던 인과가 있었음을 알게 되었습니다. 그러고 나서 그 마음에서 벗어났습니다.

● 스승을 죽이면 왜 다시 명상하기 어려운가요?

스스로 명상을 통해 경험해 보시면 알게 됩니다. 스승을 등지는 것만으로도 이미 그 명상과는 멀어지게 마련인데 스승을 죽였다고 생각해 보세요. 죽인 사람의 마음이 어떠하겠습니까? 스승을 죽였다는 죄책감 같은 것이 전혀 일어나지 않고 그 마음이 고요하겠습니까? 이미 망령된 마음에 의해서 스승을 죽였는데, 죽인 후에는 더 많은 망념을 지어서 망념에 묶이게 마련이며, 사람을 죽이고 묶인 마음을 푼다는 것은 정말로 어려운 일입니다.

● 부처님 당시에는 제자가 스승을 비방하거나 등지는 일이 없었습니까?

부처님을 가장 오랫동안 모셨던 아난존자도 한 때는 부처님을 원망했습니다. 어떤 제자는 명상에 대한 실망으로 부처님을 등지고 나가서 이익에 눈이 멀어 사람을 죽이기도 했습니다.

부처님의 사촌 동생인 데바닷다는 부처님을 죽이려고 세 번씩이나 범행을 꾸몄습니다. 그런데 데바닷다는 오히려 하늘의 벌을 받아서 지옥에 갔다고 합니다. 기록에 의하면 데바닷다는 범행 실패 후 길을 가다가 땅이 갈라져서 갈라진 땅 사이에 빠져 죽었다고 했습니다.

● 화내는 일이 명상에 방해되는 일은 또 없는지요?

지금까지 말씀드린 것은 화가 나면 이것을 참지 못하고 남을 원망하거나 욕하거나 타인을 해치는 경우입니다. 이와 같은 경우는 대부분 인간관계가 나빠지는 것에 속합니다.

이를테면 자신을 가르쳤던 스승을 원망하거나 비방하여 그 관계를 악화시켜서 결국은 명상과 멀어지기도 하고, 도반들 간에 미워하고 원망하다가 나중에 서로 '명상해 보아야 소용없어. 깨쳐 봐야 무슨 의미가 있나, 닦아도 저 모양인데, 그냥 사는 것이 차라리 낫지' 하는 등의 망상을 지어서 명상을 등지게 됩니다. 이러한 경우는 흔히 도반 간의 불화를 일으키고 명상을 함께 하던 단체(승가)를 깨뜨리기도 합니다. 이와 같이 화가 바깥으로 향할 때는 그 화의 범위가 자신한테만 머무르는 게 아니라 명상을 함께 하던 단체(승가)는 물론이거니와 단체(승가)가 속한 사회까지 영향을 미치게 됩니다.

예를 들면 스님들이 종단이나 사찰 문제로 싸움을 하게 되면 스님 본인뿐만 아니라 일반 신자들도 깊은 상처를 받게 되고, 신자가 아닌 사람들은 아예 마음을 등지게 되니 자기 자신뿐만 아니라 다른 사람마저도 명상을 등지게 하는 결과가 되는 것입니다. 물론 이것 때문에 더욱더 발심하여 명상이 더 깊어지는 경우도 있습니다. 명상하다가 다른 사람의 허물을 보고 떠난 사람도 있지만, 그것을 보고 오히려 명상을 더 열심히 하여 명상이 깊어진 분들도 있는 줄 압니다. 그래도 화를 내는 일은 사람들에게 도움이 되기보다는 많은 상처를 주는 일이기 때문에 화는 참으로 잘 다루어야 합니다. 화라는 놈은 일어났다 하면 자기든 타인이든 반드시 상처를 입히게 마련입니다.

지금까지 살펴본 것은 화가 바깥으로 분출된 경우를 말씀드린 것인데, 화를 분출하지 않고 화를 눌러 참거나 마음속에 담아 두는 일도 있습니다. 이런 경우에는 타인에게 상처를 주어서 인간관계가 악화되거나 자신이 속한 공동체를 해치게 되지는 않지만 자기 자신에게는 바로 문제가 됩니다.

화가 났을 때 경험했던 현상들을 돌아보세요. 머리가 아픈 분, 눈이 아픈 분, 귀가 아픈 분, 입이 아픈 분, 목이 아프거나 뻣뻣해지는 분, 어깨가 아프고 처지는 분, 가슴이 아프고 옆구리 갈비뼈가 아픈 분, 배가 아프고 창자가 뒤틀리는 분들이 있었습니다. 물론 이것 외에도 어떤 분들은 숨이 막히고 사지가 굳고 온몸에 열이 나고 뼈마디가 쑤시고 아픈 분들도 있습니다. 이런 경우 많은 사람들이 아프면 병원에 가거나 약을 먹는데, 그중에는 사실 화났던 것이 몸과 마음에 저장되어 있다가 더 이상 쌓여 있을 수 없으니까 이런저런 병의 형태로 나타나는 경우도 많습니다. 요즘 흔히 말하는 스트레스로 생긴 병들은 바로 이와 같은 화병을 말하는 것입니다.

그러면 '화가 어떻게 명상을 방해하는가?'

화라는 것은 일반적으로 그 기운이 뜨겁기 때문에 그 기운이 밑으로 내려가기보다는 위로 올라갑니다. 그래서 화기가 위로 치받쳐서 올라가게 되면 머리를 뜨겁게 합니다. 보통 목이 뻣뻣해지고 골이 아프거나 눈이 아픈 경우도 화가 치밀어 올라가서 생긴 현상입니다. 흔히들 상기병이라고 하는 것들도 알고 보면 모두 그 원인이 화에 있습니다. 화가 치밀어서 상기가 되면 머리가 뜨거운 데서 그치지 않고 머리가 아프기도 하고 화기 때문에 정신이 흐릿해지기도 합니다. 때에 따라서는 뇌를 상하게 하기도 합니다.

뇌경색이니 중풍이니 신경마비니 하는 것들을 보면 화 때문에 생긴 경우들이 많습니다. 이렇게 되면 명상을 못하게 되는 것은 말할 필요도 없거니와 사람에 따라서는 미치는 경우도 있습니다.

● 화가 났을 때는 화두 참구를 하면 안 됩니까? 왜 그런가요?

화가 날 때 화 기운이 머리 쪽으로 치받고 올라가지 않을 때는 상관없습니다. 머리는 맑은데 몸에서 열이 날 때는 그냥 참구해도 상관없습니다. 그뿐만 아니라 자신의 허물에 대하여 화를 내거나 자신의 무지에 대하여 화가 나면서 분심이 일어날 경우도 있습니다. 이런 경우는 화가 오히려 수행을 강력하게 만드는 원동력이 되기도 하고, 원과 결합하여 수행을 방해하는 마구니를 단번에 쳐 없애는 힘이 되기도 합니다.

그러나 상기가 되는 사람은 화두를 참구해도 명상이 잘 안 되는 것도 있지만 화두를 참구하는 것이 오히려 화를 키워서 더 문제가 되기도 합니다. 즉 화가 치받쳐 올라올 때는 화두도 내려놓고 화를 지켜보다가 화가 사라지거나 가라앉은 후에 다시 화두를 드는 것이 좋습니다.

그리고 화두를 들다가 화기로 상기될 때 계속 화두를 들면 화기가 내려가기보다는 더 심하게 됩니다. 이럴 때는 계속 참구하기보다는 화기가 사라질 때까지 화두를 내려놓고 화를 알아차림 하시는 게 필요합니다. 그러다 보면 화도 사라지고 화기도 사라집니다. 화가 사라지지 않은 상태에서 계속 참구를 하면 오히려 화만 더하게 되며, 화기가 머리를 다치게 하거나 정신을 어지럽게 합니다.

● 명상 중에 왜 화가 나는지요?

명상 중에 일어나는 화는 크게 두 가지가 있습니다.

첫째는 수행에 대하여 욕심을 낸다든지 빨리 결과를 맛보고 싶다든지 다른 사람보다 명상을 잘해서 이기고 싶다든지 하는 마음으로 명상을 하다가, 자신이 생각한 대로 명상이 안 되면 신경질을 내고 짜증을 내는 경우가 있습니다. 명상하면서 이런 경험은 흔히들 하게 됩니다.

둘째는 오래전에 쌓여 있던 잠재된 화가 드러나는 경우인데, 이런 경우에는 보통 화로 인지되지 않고 뜨거운 열기나 화기 내지는 몸 아픈 현상으로 체험되는 경우가 대부분인데, 이러한 경우는 깊이 잘 살펴봐야 그것이 화라는 것을 자각하게 됩니다. 그리고 화라는 것을 자각해도 그것이 어떻게 해서 생겼는지 왜 쌓여 있었는지를 잘 알 수는 없습니다.

그리고 화나는 일에는 명상 문제가 아닌 다른 문제로 화가 나서 명상이 안 되는 경우도 있습니다. 이런 상황에도 역시 화가 사라지지 않고서는 마음이 화두로 가기보다는 화나게 만든 대상을 향하기 때문에 명상이 안 되는 것은 당연한 이치입니다.

화두를 참구할 때는 참으로 일체 모든 생각을 여의고 오직 의심

하나만 남아야 하는데, 자기도 모르게 한 생각 일으켜 그 생각대로 명상이 되기를 바라는 마음으로 화두를 참구하거나 망령된 생각을 잡고 참구하거나 경계에 끄달린 채로 화두를 잡고 씨름하기도 합니다. 이것은 참구를 하는 게 아니라 어떤 상태에 도달하고자 애를 쓰거나 싸움을 하는 것입니다. 화두를 참구한다고 하지만 실제로는 참구하는 것이 아니라 망상과 싸우고 있는 것입니다.

● 저는 명상하다가 힘들면 그만두고 한참 쉬다가 자극을 받으면 다시 몰아쳐서 명상합니다. 그러다가 힘들면 또 그만두고 노는데, 꾸준하게 명상이 안 됩니다. 어떻게 하면 좋겠습니까?

명상할 때는 몰아쳐서 하신다고 하셨는데 몰아쳐서 명상할 때 어떤 마음으로 하시나요?.

빨리 끝장내려는 마음으로 합니다.

무엇을 빨리 끝장내고자 합니까?

화두를 빨리 타파해서 본성을 깨치려고요.

본성을 빨리 깨쳐서 뭐 하시게요?

해탈하려고요.

무엇이 해탈 못 하게 속박하고 있나요?

모르겠습니다.

몰아쳐서 명상할 때 다른 마음은 더 없습니까? 이를테면 '이번 기회에 반드시 깨달아서 이 관문을 통과해야지, 누구는 명상 잘하는데 나는 이게 뭐야. 내가 처진다는 게 말이나 되나?' 하는 등의 마음 말입니다.

그런 마음이 들기도 하지만 '어떻게 하면 빨리 화두를 깨칠 수 있을까?' 하는 마음이 제일 많이 있습니다.

명상하면서 화나거나 짜증 내는 일은 없고요?

화두를 잡아도 잡히지 않고 생각이 많을 때는 화도 나고 신경질도 납니다.

그것밖에 없나요?

'화두를 깨닫는다고 해서 꼭 해탈할까?' 하는 의심도 듭니다. 그리고 명상했다는 분들도 특별히 다를 게 없다는 생각도 있습니다.

명상을 그만두고 놀 때는 어떤 마음이지요?

만사가 귀찮고 아무것도 하기 싫습니다. 생각하기도 싫고 그냥 놀고 싶습니다.

다른 마음은 더 없나요?

모르겠습니다. 생각나지 않습니다.

화두를 참구할 때 힘들다고 했는데 왜 힘든지 아세요?

원래 명상하는 게 힘든 거 아닙니까?

힘들고 힘 안 들고는 원래 명상과 상관없습니다. 명상하는 사람의 마음에 따라 힘들기도 하고 쉽기도 하고, 괴롭기도 하고 즐겁기도 하고, 그냥 하기도 합니다. 어렵기로 비유하자면 하늘에 있는 별을 따기보다 어렵고, 힘들기로 비유하자면 물도 없는 사막을 아무리 걸어도 끝이 없는 것과 같고, 괴롭기로 비유하자면 목에 가시가 걸린 것보다도 더 괴롭고, 쉽기로 비유하자면 세수하다가 코 만지기보다도 쉽고, 즐겁기로 비유하자면 남녀가 사랑하는 것보다도 더 즐겁습니다.

그러나 '어렵다', '힘들다', '쉽다', '괴롭다', '즐겁다' 하는 것도 알고 보면 마음이 그러한 것이지 명상 자체에는 그런 것이 없습니다. 따라서 힘들다 하는 것도 자세히 살펴보면 힘들게 하는 마음이 있습니다.

답을 모르니까 힘들고 답답하던데요.

답을 모르는 것이 어찌하여 힘들지요?

화두를 참구하면서 아무리 알고자 해도 도무지 답은 알 수 없고 답답하기만 한데 당연히 힘들지 않나요?

답을 알려는데 집착하고 있군요.

빨리 알아야 하잖아요?

왜 빨리 알려고 하지요?

해탈하려고요.

해탈하겠다는 것에 묶여 있는데 빨리 해탈할 수 있나요?

모르겠습니다. 제가 그것을 알면 이렇게 고생할 필요가 없지요.

지금까지 하신 말씀을 쭉 들어보니 명상을 하다가 그만두게 될 수밖에 없는 마음들이 있어서 꾸준히 하지 못하고 중간에 그만두게 하는군요.

어떤 마음들이 명상을 꾸준히 할 수 없게 하는지 말씀해 주십시오.

명상을 빨리 끝내려 하거나 본성을 빨리 깨닫고자 하는 것은 욕심이요, 화두가 잡히지 않으면 화나고 알 수 없어 답답해서 힘들어하는 것은 진심(瞋心)이요, 누구는 명상 잘하는데 나만 뒤처진다고 하면 질투요, 생각이 많은 것은 산란심이요, 명상해도 소용없다는 것은 악견(惡見)이요, 화두를 깨닫는다고 꼭 해탈할까 함은 회의(懷疑)요, 명상한 분도 특별하지 않다 함은 아만(我慢)이요, 만사가 귀찮다 함은 해태(懈怠)요, 그냥 놀고 싶다 함은 방일(放逸)이요, 명상은 본래 힘들다 함은 망견(妄見)이요, 무엇에 묶여 있는지도 모르면서 무조건 해탈하려고 하는 것은 무지(無知)입니다. 특히 자신이 무엇에 묶여 있는지도 모르면서 답만 알려고 하니 어찌 해탈을 하겠습니까?

이를테면 방 안에 들어온 벌이 자신이 어디로 들어왔는지, 어디에 있는지도 모르고, 자신이 나가려는 곳에 유리로 된 창문이 있는 줄도 모르면서, 그냥 무조건 돌진해서 밖으로만 나가려고 애쓰다가 지쳐서 죽는 경우가 있습니다. 이런 경우를 무지하다고 하는데, 길도 모르고 무엇이 막고 있는지도 모르면서 무조건 앞으로 나가기만 하면 바깥으로 한 발자국도 나갈 수 없듯이 무조건 화두 참구하여 답만 알면 해탈하는 줄 알고 화두 잡고 답만 알려고 하는 것은 축생이 길도 모른 채 앞을 향해 돌진하는 것과 다르지 않습니다.

앞에서 말씀드렸듯이 먼저 자신이 잡고 있는 마음들부터 내려놓고 비우셔야 합니다. 빨리 깨달아서 해탈하고 싶은 마음이나, 모른다고 힘들어하는 마음이나 다른 사람과 비교하는 마음이나, 명상해도 소용없다거나 깨달으면 해탈할까 하는 의심이나, 만사가 귀찮다 하는 마음이나, 놀고 싶은 마음 등은 다 내려놓으시고 자신이 어디에 묶여 있는지 자신의 마음을 먼저 잘 알아차림 해서 집착하고 있는 마음들부터 끊어내야 합니다.

그런 다음 생사 이전의 자신의 본래면목을 정말로 깨닫고 싶은 마음이 간절한지를 살펴보셔야 합니다. 만약 생사 이전의 본성을 깨닫고자 하는 마음이 간절하지 않다면 화두를 잡고자 해도 잡히지 않을 것이며, 화두를 잡아도 화두를 잡는 이유가 딴 곳에 있어 아무리 화두를 들고 참구한다 해도 소용이 없습니다.

목이 말라서 물 마시고 싶은 분이 물 나올 곳을 찾아서 땅을 파면 물을 만날 수 있으나, 괭이 메고 산에 오른다면 물을 만나겠습니까? 말하자면 이런저런 온갖 일에 묶여 사는 사람은 묶인 것과 씨름하다가 보면 땅 파서 물을 찾는 것은 잊어버리고 있다가, 목마르면 그때 가서 다시 물을 찾는 것과 같은 이치입니다. 화두를 참구해서 깨닫고자 하는 분은 생사 이전의 본래면목이 정말로 알고 싶어서 간절해져야 합니다.

화두를 참구할 때는 이런저런 생각은 말할 필요도 없고, 명상이 잘되고 못 되고, 누가 잘하고 못 하고, 명상이 빠르고 느리고, 해탈을 하고 못 하고, 명상한 분의 모습이 이러쿵저러쿵하는 일체의 생각이 끊어지고 오직 자신의 본래면목에 대한 궁금한 마음, 즉 '의심' 하나만 남아야 합니다. 만약 이것이 안 되면 이런저런 온갖 생각들을 내려놓는 방하착(放下着) 명상부터 하셔야 합니다. 방하착 명상이 안 되는 분들이 있다면 기본부터 차근차근 다시 시작하는 것도 명상을 바르게 하는 출발입니다.

● 명상의 기본이라면 어떤 것을 뜻하는지요?

명상의 기본이라면 자신의 마음을 알아차림 하는 것이 하나요, 둘은 마음을 하나로 모아서 흩어지지 않게 하는 것이며, 셋째는 참구(參究)를 방해하는 방법과 망념들을 남김없이 다 소멸시키는 것입니다. 그런 후에 화두를 참구하면 망상 없이 의심이 또렷해지고 분명해져서 흔들림 없이 나아갈 수 있습니다. 물론 명상의 구체적인 방법에는 염불도 있고, 주력(만트라 염송)도 있고, 절하는 방법(오체투지)도 있고, 알아차림 하는 방법(위빠사나)도 있고, 항마법(마구니를 항복 받아 열반 시키는 법)도 있습니다.

그 외에도 여러 가지 명상법들이 있는데, 자신한테 맞는 방법들을 바르게 지도받아서 차근차근 명상하게 된다면 누구든지 온갖 망상을 여의고 무심에 이르게 되고, 무심에 이르러서 화두를 참구 하면 깨치지 못할 사람은 아무도 없습니다.

본래 정한 바가 없다

● 어떤 분이 저한테 말하기를 자신은 "10년이 넘게 오직 '이 뭐꼬' 화두만 잡고 정진하고 있다"고 하시면서 다른 화두는 절대로 잡으면 안 된다고 하셨습니다. 정말 그렇습니까?

그런 법은 본래 없습니다.

'이것만 해야 된다, 다른 것은 안 된다' 하는 것은 이미 한 생각 지어서 묶인 것입니다. 법이라는 것은 본래 정한 바가 없는 것이 법인데 어떤 것도 정해서 절대화시킬 수 있는 것이 없습니다. 따라서 '이 뭐꼬'라는 화두 자체가 본성을 깨닫는 데 필요한 방편일 뿐인데, 그 방편을 절대화시키면 법을 깨닫고자 화두를 잡는 것이 오히려 법을 등지는 일이 됩니다.

그분의 주장이 사실이라면 '무(無)'자 화두를 들고 깨달은 분이나 구지 선사의 '일지(一指)' 화두를 들고 깨달은 분들이나 '부모미생전본래면목(父母未生前本來面目)'을 참구하여 깨달은 분은 절대로 안 되는 화두로 깨달은 일이 되니 "절대로 안 된다"는 주장은 이미 법집(法執)이거나 망집(妄執)이라는 사실이 명백하게 드러난 것입니다.

　단정할 수는 없습니다. 말씀하신 분이 정말 그와 같은 견해에 묶여 있기 때문에 그와 같은 말을 할 수도 있겠지만, 들은 사람이 잘못 들어서 지금과 같은 질문을 하게 되었을 수도 있습니다. 그러나 분명히 말씀드릴 수 있는 것은 말한 분이 그와 같은 견해를 주장하거나 들은 분이 잘못 듣고 그와 같은 견해에 묶인 것이거나 상관없이 '이것만 하고 다른 것은 절대 안 된다' 하는 것은 그 자체가 이미 상이요, 집착이니 어떤 것도 집착도 하지 말고 즉시 놓아 버려야 합니다.

　선생님도 그렇게 말씀하신 일이 있었습니다.

　언제, 어떻게 말했는지 이야기해 보세요.

　얼마 전에 한 수련생을 보고 "너는 돌아다니지 말고 앉아서 정진만 해라"고 말씀하셨습니다.

　그랬던 일이 있지요.

　…

　지금 어떤 생각을 하고 있습니까?

이해가 되지 않습니다.

제가 묻는 바를 잘 듣고 답을 하세요. 지금 어떤 화두를 참구하고 있습니까?

사실 어떤 화두를 잡아야 할지 고민이 됩니다.

그 이유가 뭐죠?

첫째는 어느 화두가 좋은지 모르겠고, 둘째는 어떤 화두를 참구해야 참 나를 깨닫는지 모르겠습니다.

정말 오직 '이 뭐꼬' 화두만 들어야겠군요,

왜 '이 뭐꼬' 화두만 들어야 합니까?

화두 명상은 이것저것 물건 고르듯이 골라서 하는 명상이 아닙니다. 그것을 깨닫지 않고서는 목에 가시처럼 걸려서 그냥 살 수 없는 것과 같이 정말로 의심이 가는 화두를 잡는 것이 명상으로 나아갈 수 있습니다. 그렇지 않으면 화두를 잡아도 잡히질 않습니다.

화두가 잡히지 않으면 '이 뭐꼬 이 뭐꼬 …' 하면서 염송하라고 했습니다.

‘이 뭐꼬 이 뭐꼬 …’ 하고 염송하는 것을 한편에서 송(誦) 화두라고도 합니다. 그러나 ‘이 뭐꼬’라는 말을 아무리 염송한다 해도 의심 없이 그냥 말만 염송하는 것은 화두가 아니라 주력(만트라 염송)과 같습니다.

사실 저는 ‘이 뭐꼬’가 뭔지 잘 모릅니다.

‘이 뭐꼬’라는 화두가 어떤 화두인지 모른다는 말씀입니까?

언젠가 어느 수련회에 갔는데 앉아서 오직 ‘이 뭐꼬’를 하라고 했습니다. ‘이 뭐꼬’가 무슨 뜻인지도 모르고 ‘이 뭐꼬’ 하면 크게 깨닫는다고 하기에 ‘이 뭐꼬’만 생각하다가 온 일이 있습니다.

당신은 참 나를 깨닫고 싶다고 했지요?

예.

먼저 가만히 자신을 바라보세요. 그리고 ‘나’라고 하는 것은 어떤 것인가? 무엇이 ‘나’인가? 하고 자신에게 물어보세요.

...

제가 묻는 대로 잘 듣고 답하세요. 무엇이 '나'입니까?

...

몸이 '나'입니까?

몸은 내가 아닙니다.

뭐가 '나'죠?

...

생각이 '나'입니까?

아닙니다.

그러면 느낌이 '나'입니까?

아닙니다.

그러면 뭐가 '나'입니까?

…

뭐가 '나'입니까?

나라고 할 것이 없습니다.

어째서 없지요?

몸도 내가 아니요, 생각도 내가 아니요, 느낌도 내가 아니기 때문에 나라고 할 것이 없습니다.

'나'라는 것이 없는데 어떤 물건이 말합니까?

…

내가 없는데 어떤 놈이 말합니까?

모르겠습니다.

어떤 놈이 모른다고 합니까?

알 것 같기도 한데….

알면 바로 일러 보세요. 알겠습니까, 모르겠습니까?

도무지 모르겠습니다.

알 것 같으면서도 도무지 모르는 그것이 뭔지 참구해서 깨달아야 합니다. 이것이 뭘까? 하고 간절히 사무치면 '이 뭐꼬' 화두가 되는 것입니다.

'이 뭐꼬'라고 하는 말이 무슨 말입니까?

'이 뭐꼬'라는 말이 무슨 말인지 잘 몰라서 묻습니까?

예. 잘 모릅니다.

'이 뭐꼬'라는 말은 '이것이 뭔가?' 하는 말의 경상도식 사투리 발음입니다.

그러면 시심마(是甚麼)는 무엇입니까?

'시심마'는 '이것이 뭔가?'의 한자식 발음입니다.

저는 '이 뭐꼬'나 '시심마'라는 화두는 뭔가 특별한 것인 줄 알았지요.

이제 아시겠습니까?

예, 잘 알겠습니다.

그러면 어떤 화두를 잡을까 고민하지 말고 '이 뭐꼬' 하는 화두를 잊지 말고 열심히 참구해 가세요.

● 화두가 1,700가지나 된다는 말씀을 들었는데 왜 그렇게 많은 명상 방편들이 생겼습니까?

그것은 과거에 명상했던 분들이 그 당시 그 시절에 그에게 깨달을 수 있도록 스승들이 직면시키거나, 자신이 직면했던 명상 과제요, 명상 방편들입니다.

방편이 많은 것은 사람에 따라서 알고 싶은 바가 다르고, 마음으로 지어서 묶여 있는 상이 다르기 때문에 깨닫게 되는 상황과 조건에 따라 달라지고 많아진 것입니다.

일제 때 3·1운동을 주도하시고 불교의 대각(大覺)운동도 주도하신 용성 큰스님께서는 끝없이 무한히 펼쳐져 있는 우주가 어떻게 해서 생겼는지 대단히 궁금해서 의심을 하다가, 어느 날 '우주와 내가 다르지 않는데, 우주를 의심할 필요가 있는가? 이놈이 어떤 놈인지 알면 되겠구나' 하는 생각이 들어서 그때 '이 뭐꼬' 하는 화두를 참구해서 깨달으셨습니다.

또한 예를 들면 일제 때 원불교를 개교하셨던 박중빈 대종사께서는 7세 때 하늘을 보시고 '저 하늘은 얼마나 높고 큰 것이며 어찌하여 저렇게 깨끗하게 보이는고?' 하고 의심이 드셨다고 합니다. 그리고 '저와 같이 깨끗한 천지에서 우연히 바람이 움직이고 구름이 일어나니 그 바람과 구름은 또한 어떻게 되는 것인고?' 하는 두 번째 의심이 드셨다고 합니다. 그리고 한 번 의심이 시작되면 온갖 의심이 꼬리를 물고 일어나 밤낮없이 모두 의심이 되고, 일체 모든 것이 의심이 되어서 이 의심을 풀기 위해 22세까지 이를 일러줄 이들을 찾아다니다가 답을 얻지 못하자 그만두셨다고 합니다.

그러나 '이 의심되는 바를 어찌할꼬' 하는 의심 하나만 남아서 이에 사무쳐 일체 생각이 끊어지고 깊은 선정에 드셨다가 대각을 이루게 되셨다고 합니다.

제가 아는 변호사 한 분은 어릴 때부터 세상의 부조리한 모습을 보고 검사가 되셨는데 일을 하다 보니 사람들이 죄를 짓고 사회적으로 갈등이 생기고, 빈부 차가 생기고, 사회적으로 문제가 되는 것을 가만히 살펴보니 문제의 핵심에 화폐라는 것이 있다는 것을 알게 되었다고 합니다. '이것이 문제의 근본이구나' 하고 화폐에 대한 인류의 역사를 살펴보기 시작했으며, 화폐를 없애면 된다는 결론을 내렸다고 합니다. 돈의 가치를 중요시하는 자본주의 사회는 돈이 모든 것을 결정한다고 할 정도로 화폐의 위력이 대단합니다. 따라서 화폐를 없애면 화폐 때문에 생긴 자본주의 사회의 모든 병폐가 해결될 것으로 믿었습니다.

그런데 화폐보다는 노동의 가치를 중요시하는 소련을 위시한 동구의 사회주의 사회들이 무너지는 것을 보면서 심각한 고민을 하기 시작했습니다. 즉 화폐보다는 노동을 중요시했던 사회가 무너진 다면 화폐를 없애는 사회를 만든다고 해도 오늘날 우리가 직면한 온갖 문제들이 해결될 수 없다는 사실은 명백하게 증명이 된 셈이지요.

그렇다면 화폐가 있어도 문제가 되고 없어도 문제가 된다면 '이를 어찌할 것인가?' 하고 아무리 고민을 해봐도 길이 보이지 않는 것입니다. 이것이 이분께는 풀리지 않는 문제였지만 그렇다고 물러설 수도 없는 문제라서 저절로 화두가 되었습니다.

그러던 어느 날 친구들과 술을 마시다가 이런 문제로 고민 중이라고 하니까 한 친구가 불경에 있는 예화를 들려주었답니다.

"어떤 사람이 길을 가다가 자신을 향해서 미친 듯이 달려오는 미친 코끼리를 만나 황급히 오던 길을 돌아서 달리다가 벼랑을 만났습니다. 그때 마침 벼랑에 있는 칡넝쿨이 보였는데 그는 생각할 겨를도 없이 칡넝쿨을 잡고 벼랑을 향해 내려갔습니다. 안도의 숨을 쉬면서 내려가는데 벼랑 밑에는 큰 독사가 입을 딱 벌리고 잡아먹으려고 혀를 날름거리고 있었습니다. 그는 내려가다가 놀라서 온몸이 굳은 채로 칡넝쿨에 대롱대롱 매달린 채로 꼼짝도 하지 못하고 덜덜

떨고 있었습니다.

그런데 그때 절벽 위에서 뭔가가 얼굴에 떨어져 얼굴을 들어 위를 보니 절벽 사이에 있던 벌집에서 벌꿀이 떨어지는 것이었습니다. 미친 코끼리를 피해 절벽에 매달린 순간에도 그는 벌집에서 떨어지는 벌꿀을 놓치지 않고 받아먹기 위해 입을 벌리고 애를 쓰면서 벌꿀을 받아먹었습니다. 자신의 처지를 잊어버린 채 말입니다.

그런데다 언제부터인지 흰쥐와 검은 쥐가 번갈아 가면서 이 사람이 잡고 있는 칡넝쿨을 갉아먹고 있는 것입니다. 그런데도 그는 꿀 먹는 것에만 정신이 팔려 이런 상황을 전혀 모르고 있었습니다."

사실 코끼리와 독뱀은 인생의 길에서 만날 수 있는 위험한 것들이며, 평탄한 길과 절벽은 인생길이며, 칡넝쿨은 생명 줄이고, 흰쥐와 검은 쥐는 낮과 밤이며, 벌꿀은 사람의 정신을 잃게 하는 감각적 쾌락에 홀리게 하는 것, 즉 욕망의 대상들입니다.

당시 검사였던 그는 '이것을 어찌할까?' 하는 고민을 하고 있던 차에 친구가 이야기를 다 들려준 후 '이놈아, 꿈 깨!' 하면서 큰소리를 쳤답니다. 이때 그 검사는 홀연히 깨달았다고 합니다. 그분의 말씀을 빌리면 '으악' 내지는 '경악' 또는 모든 것이 '와르르' 무너지는 경천동지(驚天動地)할 경험을 하게 되었답니다. 그러고 나서 옛날 읽었던 『벽암록』을 다시 읽어보니 선사님들이 하신 말씀이 무엇인지 알게 되었고, 인간의 문제가 어디에 있는지도 알게 되었다고 합니다. 진리가 무엇인지, 인간이 어떻게 살아야 하는지를 알게 되었답니다. 그리고 그다음 날 잘 나가던 검사도 그만두고 지금은 '어떻게 하면 세상 모든 사람들이 깨닫게 되고, 어떻게 하면 깨달음의 사회, 깨달음의 문명을 만들까?' 하고 노심초사(勞心焦思)하고 계십니다.

● 무엇이든지 의심이 들어 깨달을 수 있으면 화두가 될 수 있습니까?

물론입니다. 어떤 사람이 결혼하기 전에 결혼 상대자가 없어서 괴로워하다가 마침 결혼 상대자가 생겨서 결혼을 했는데, 결혼하기 전과 똑같이 괴롭다면 이 또한 화두가 됩니다. 말하자면 '결혼 상대자가 없어도 괴롭고 있어도 괴롭고, 돈이 있어도 괴롭고 없어도 괴롭고, 부모가 있어도 괴롭고 없어도 괴롭고, 자식이 있어도 괴롭고 없어도 괴롭다면 괴로워하는 이놈이 어떤 놈일까?' 하고 참구하다 보면 깨칠 수 있습니다. 실제 그런 사례가 많습니다. 또 어떤 분은 월남전에 갔다가 옆에 있던 전우가 죽어 가는 것을 보고 '죽음이란 뭘까, 삶이란 뭘까?' 하다가 생사에 대한 의문을 품고 출가를 하신 분도 있습니다.

● 화두의 묘미는 무엇인가를 해결하고자 하거나 알고자 하나 그 길을 모르거나 그것을 몰라 꽉 막혀서 오지도 가지도 못하는 데 있습니까?

꽉 막힌다고 다 되는 것은 아닙니다. 사람에 따라서는 꽉 막히면 포기하거나 좌절하거나 절망하기도 합니다. 때로는 미치거나 꽉 막힌 것이 답답해서 주변 사람들을 괴롭히기도 하고 훼방을 놓기도 합니다. 꽉 막혀서 일체 생각이 끊어지고 오히려 분심이 더 나서 '이를 어찌할꼬' 하든가, '이것이 뭘까?' 하는 의심이 간절해져서 모든 마음이 의심 하나로 모아져야 합니다.

그런데 이 상황에서 '길이 없다, 불가능하다'라는 생각을 하게 되면 좌절하거나 절망에 빠져서 깨달음과는 거리가 멀어집니다. 반면 "하늘이 무너져도 솟아날 구멍이 있다" 하듯이 꽉 막힌 가운데 참으로 길이 있음을 알고 이것을 믿고 '이 뭐꼬' 하든지, '왜 그런가?' 하든지 '어찌할꼬' 하고 참구하다가 보면 반드시 깨닫게 됩니다.

화두의 핵심은 의심에 있다는 말씀이군요.

의심만이 아니라 분심도 있어야 하고, 믿음도 있어야 하고, 간절함도 있어야 합니다. 그리고 의심하되 일체 생각이 끊어지고 오직 의심만 남아야 합니다. 그래서 언어도단(言語道斷), 즉 말문이 끊어지고 의심만 사무치게 되는 의단(疑斷)이 되어야 합니다.

● 화두 참구 중에는 선생님께 독참(獨參)을 꼭 하라고 하시는데 이유가 무엇입니까?

하나는 화두 참구를 하는 분들의 분별을 끊어 의단(疑團)이 되도록 돕기 위함이요, 다른 하나는 삿된 길로 가지 않고 바르게 참구해 나갈 수 있게 하기 위함이요, 마지막 하나는 그가 참구해서 깨닫게 될 때 바르게 깨달았는지를 확인하기 위함입니다.

혼자 화두를 잡는 분들을 보면 온갖 망상을 지으면서 앉아 있거나 어떤 경계를 경험한 것으로 깨달았다고 착각하는 분들이 대단히 많습니다. 한 예로 어떤 수행 단체에서 자신을 그 단체에서 말하는 최고의 단계라고 하는 궁극의 단계를 마쳤다고 해서 그 궁극의 단계가 뭔가 했더니 자신의 본성이 우주임을 깨달았다는 것입니다.

그래서 물었습니다. "저 우주 허공이 말하는가?" 하니까, 아니라고 하기에, "그러면 지금 우주 허공이 자신의 본성이라고 말하는 놈은 어떤 놈이며, 말이 없는 허공은 또 뭐냐?" 하고 물으니 답을 못해서 그것도 생각이니 내려놓고 다시 명상하라고 한 일이 있습니다.

● 본성이 허공과 다르지 않다는 말씀은 무슨 뜻입니까?

'우주 허공이 본성이다' 하는 것과 우주 허공과 다르지 않다고 하는 것은 그 뜻이 전혀 다릅니다. 즉 우주 허공은 우주 허공이요, 허공과 다르지 않은 자기는 그 성품이 허공과 같이 비어 있으되 그냥 허공인 것은 아닙니다. 허공은 말도 하지 않고 자기 스스로 허공인 줄 모릅니다. 본래 자기는 허공처럼 비었으되, 허공과는 달리 일체를 밝게 다 알고, 누구든지 자기 자신을 다 깨달을 수 있습니다. 그러니 이와 같음을 알고 모든 속박과 미혹에서 벗어나고 모든 분별에서 벗어나서 본래 자기를 깨달을 수 있도록 부지런히 정진해 가시기 바랍니다.

의심(疑心)·의정(疑情)·의단(疑團)

어느 선지식은 이렇게 말한다. "생사의 관문을 타파하지 못했다면 의정이 불현듯 일어나야 한다. 그것을 눈썹 위에 맺어놓고 놓아 버리려 해도 버릴 수가 없고, 쫓으려 해도 쫓을 수 없게 해야 한다."

이렇게 화두에 대한 간절한 의심이 감정처럼 솟아오르는 의정(疑情)이 생기면, 억지로 화두를 의심하지 않아도 저절로 화두에 몰입하게 된다. 의정이 여여하게 이어지지 않고 화두가 살아있지 못하면, 이는 무기에 떨어진 것이다. 무기(無記)는 고요하지만 아무 생각도 없는 상태라고 한다. 편안해서 좋기는 하지만, 생명이 없는 죽은 나무와 마찬가지다.

마음이 고요해진 상태에서 깨끗한 마음 작용이 맹렬하게 일어나야 살아있는 마음이라고 할 수 있다. 멈춰 있는 듯 고요해 보이는 팽이가 전속력으로 움직여야 잘 돌아가는 것과 같은 이치다. 따라서 고요한 가운데서 화두를 놓치지 말아야 한다. 화두가 사라지면 그것은 죽은 것이나 다름없다.

화두 삼매에 들면 화두와 내가 하나처럼 느껴지고 화두가 또렷또렷 들려오며, 그와 동시에 어디에도 동요됨이 없이 고요한 평정을 이루게 된다. 이를 전문용어로 성성적적(惺惺寂寂)이라고 하는데, 또렷또렷하고 고요하고 고요하다는 뜻이다. 즉 화두에 대한 의심이 또렷하면서 번뇌가 일어나지 않아 마음이 아주 고요하다는 것이다.

화두를 간절히 의심(疑心)해 들어가면 의정이 무르익어 한 덩어리로 뭉쳐지는데, 이것을 의단(疑團)이라고 한다. 나와 의심이 한 몸이 될 때 화두는 또렷한 한 조각을 이룬다. 화두와 내가 하나로 혼연일체가 되어 떼려 해도 떼어낼 수가 없는 것이다. 나와 화두가 단단히 뭉쳐져 타성일편(打成一片)이 된 상태를 은산철벽(銀山鐵壁)이라고 한다.

◆ **대신심(大信心)·대분심(大憤心)·대의심(大疑心)**

화두를 참구하는 데 있어 의심, 의정, 의단이 중요하듯 화두 참구에 꼭 필요한 세 가지 요소가 있다. 대신심(大信心), 대분심(大憤心), 대의심(大疑心)이다.

일체 중생이 본래 성불해 있다 혹은 나 자신이 부처님 마음과 같다는 간절하고 '큰 믿음[大信心]', 과거 부처님과 선지식들이 발견한 본래면목을 보지 못하는 자신을 스스로 채찍질 하는 '크게 분한 마음[大憤心]', 의심과 의정 그리고 의단으로 '끝까지 화두를 의심하는 마음[大疑心]'이 있어야 한다.

분별하는 마음은
참된 자기가 아니다

● 마음이 불안합니다.

불안한 마음을 내놔 보세요.

내놓을 수가 없습니다.

불안한 마음을 내놓을 수 없다고 하셨는데, 그러면 몇 가지 묻겠습니다. 그 불안한 마음이 눈에 보입니까?

보이지 않습니다.

손에 잡힙니까?

잡히지 않습니다.

형체가 있습니까?

형체가 없습니다.

형체도 없고 손에 잡히지도 않고 보이지도 않는데 불안한 마음
이라는 것이 어떻게 있지요?

느낌으로 있습니다.

그러면 그 느낌은 영원합니까?

영원하지 않습니다.

본래부터 있던 것입니까?

아닙니다.

실체가 있습니까?

실체가 없습니다.

아직도 불안합니까?

아직도 불안합니다.

누가 불안하지요?

제가 불안합니다.

불안이 자기입니까?

그렇지는 않습니다.

그러면 불안은 어디서 나왔지요?

아! 제 생각이 만들었습니다.

어떤 생각이 불안을 만들었습니까?

'일을 잘할 수 있을까? 일에 실패하면 안 돼' 하는 생각이 불안을
만들었습니다.

일에 실패하면 안 된다는 생각이 불안을 만들었다는 것이 분명
합니까?

분명합니다.

그런데 일에 실패하면 안 된다고 생각하는 것은 누군가요?

제가 그랬습니다.

일에 실패하면 안 된다는 생각이 자기 자신입니까?

제가 아니군요. 저는 지금까지 이런 생각에 잡혀 있으면서 이것이 저 자신인 줄 알고 착각하고 살았습니다.

자신은 생각을 하지 않을 때 생각하지 않는다는 것을 압니까?

예, 압니다.

생각을 하면 생각한다는 것도 압니까?

압니다.

불안이 없을 때는 불안이 없다는 것도 압니까?

예, 압니다.

불안이 없어지면 불안이 없어진다는 것도 압니까?

압니다.

그러면 불안이 없을 때나, 불안이 생길 때나, 불안이 있을 때나, 불안이 사라질 때나, 생각이 없을 때나, 생각이 생길 때나, 생각이 없을 때를 다 안다고 했습니다. 이러한 상황을 다 알고 있는 자기 자신은 불안이 있건 없건, 생각이 있건 없건 이러한 상황에 영향을 받습니까?

아무런 영향을 받지 않습니다.

문제가 있습니까, 없습니까?

아무 문제가 없습니다.

그래요, 아무런 문제가 없습니다. 불안이니 생각이니 하는 것은 마음이 일어났다 사라지는 현상이며 그림자와 같고 파도와 같고 아지랑이와 같은 것일 뿐입니다. 본래의 자기는 생각이나 느낌과는 아무 상관이 없습니다. 허공에 구름이 일어났다 사라지고 바람이 일어났다 사라져도 허공에는 아무런 상관이 없습니다. 일어나도 그 자리요, 사라져도 그 자리요, 있어도 그 자리요, 없어도 그 자리입니다.

이와 같이 참다운 자기는 일체 현상과 상관없으나 일체 모든 현상은 참다운 자기를 벗어날 수 없으며, 참다운 자기는 이러한 일체 모든 현상을 소소영령(昭昭靈靈) 하게 다 압니다. 그렇기 때문에 누구든지 본래부터 이러한 자기로 살고 이러한 자기가 참다운 주인공이며 이러한 자기를 깨쳐서 알아야 합니다.

마음에서 일어난 생각을 자기로 삼고, 느낌이나 감정을 자기로 삼는 데서 벗어나서 이러한 생각이나 감정과도 상관없는 자기를 여실히 참구해서 참으로 깨달아야 합니다. 그래서 모든 번뇌망상에서 벗어나고, 미망에서 벗어나서 미망에서 헤매는 중생들을 도울 수 있는 보살이 되어야 합니다.

그래도 일은 실패하면 안 된다는 생각이 남아 있습니다.

자신이 하고자 하는 일을 지금 하고 있습니까?

아닙니다. 사실 아직 시작도 하지 않았습니다.

아무것도 시작도 하지 않은 상태라면 무엇을 잡고 있지요? 일을 잡고 있습니까?

그런 것 같습니다.

일을 잡고 있다면 그 일을 눈앞에 내놓아 보세요.

내놓을 수 없습니다.

눈앞에 내놓을 수도 없는 일을 어떻게 잡고 있을 수 있지요.

'일에 실패하면 안 돼! 꼭 성공해야 해!' 하는 생각을 잡고 있습니다.

무엇에 묶여 있는지 아시겠습니까?

성공과 실패에 관한 생각에 묶여 있었습니다.

이 찻잔을 보세요. 이 잔은 본래 있던 것입니까? 없던 것입니까?

본래 없던 것입니다.

본래 없던 것이라면 이것이 없었을 때 이 잔이 없었다고 해서 어떤 문제가 있습니까?

없습니다.

이 잔이 있다고 해서 특별한 일이 있습니까?

없습니다.

있다가 깨져서 없어지면 문제가 있습니까?

문제없습니다.

분명합니까?

… 그 잔이 있으면 차를 마실 수 있다는 생각과 깨지면 아깝다는 생각이 납니다.

꼭 이 잔이 있어야 차를 마십니까?

그것은 아닙니다.

이 잔이 없어도 차를 마실 수 있는 방법은 아주 많습니다. 따라서 이 잔이 있다 해서 뭔가 더 특별한 일이 있는 것은 아닙니다. 그런데도 우리는 끊임없이 하나의 대상에 의미를 부여하거나 생각을 붙여 집착을 합니다. 그럼에도 불구하고 자기는 생각을 지어서 생각에 묶여 있는지 모르고 끌려다닙니다. 그래서 없어지면 아까워하고 상심하며 상처받고 실망하며 괴로워합니다.

다시 말해서 마음으로 마음을 지어서 마음에 묶여 있음을 모르고 이 찻잔이 의미가 있다고 생각하고, 일 자체에 특별한 가치나 의미가 있다고 생각을 합니다. 정말로 이것이 착각이며 무지인 줄 알고 이 착각에서 벗어나야 합니다. 이 잔의 있고 없음과 일의 성공과 실패도 분명 이와 같습니다.

꽃은 피었다고 기뻐하지 아니하고, 시들어 땅에 떨어졌다고 상심하지 않습니다. 다만 봄이 오면 꽃이 피고 가을이 되면 낙엽이 질 뿐입니다. 서산에 해가 지고 동산에 달이 뜹니다. 그냥 이러합니다. 잔이 있으면 잔으로 마시고 바가지가 있으면 바가지로 마시고 이것도 없으면 손으로 물을 떠 마셔도 상관없습니다. 참으로 생각을 지어 생각에 끌려다니지 말고 생각과 상관없는 자기를 요달(了達, 통달해 마침 혹은 깨달음에 도달)하셔서 허공과 같이 걸림이 없고 물듦이 없는 본래의 자기로 살 수 있어야 합니다. 우리가 이와 같이 살고자 하려면 생각이나 감정은 참다운 자기가 아닌 줄 알고, 생각과 감정이 아닌 참다운 자기를 깨달을 수 있도록 열심히 정진해야 합니다.

● 선생님은 교회도 다니시고 절에도 다니셨다 들었는데 예수님과 부처님 중에 어느 분이 더 훌륭합니까? 선생님 생각을 알고 싶습니다.

질문하신 분은 엄마와 아버지 중에 어느 분이 더 훌륭합니까?

아버지가 더 훌륭합니다.

아, 그러면 엄마 자식일 때는 못난 사람이 되고 아버지 자식일 때는 훌륭한 사람이 되는군요.

딱 (죽비를 쳐 보이면서), 이와 같습니다.

…

아시겠습니까?

모르겠습니다.

예수님은 예수님이시고 부처님은 부처님이십니다.

물론 그렇지요.

이제 아셨습니까?

그래도 어느 분이 더 훌륭한지 알고 싶습니다.

어떤 분이 훌륭한지 비교하는 마음을 내려놓지 못하는군요. 이 비교하는 마음을 내려놓지 못하는 한은 부처를 알았다 해도 부처님을 참되게 아는 것이 아닙니다. 제가 묻겠습니다. 부처님과 자기 자신을 비교하면 누가 더 훌륭합니까?

부처님이 더 훌륭합니다.

그러면 못난 것이 자기입니까?

부처님과 비교하면 저는 못난 사람입니다.

어떤 것이 못난 것입니까?

저는 화내고 욕심부리고 무지합니다.

그것이 본래의 자기입니까?

아닙니다.

그러면 본래의 자기는 어떤 것입니까?

부처와 다르지 않다고 생각합니다.

그러면 비교할 수 있습니까?

없습니다.

비교하는 마음이 분별하여 망상을 짓습니다. 이 망상을 버리지 않는 한은 진불(眞佛)을 보아도 부처로 보이지 않으니 아무리 명상한들 소용이 없습니다.

그러나 자기가 부처라고 생각하면 아만이 높아져서 명상으로부터 멀어진다고 생각합니다.

물론 그렇지요. 그렇다면 자기가 부처라고 생각하면 부처입니까?

아닙니다.

아만은 본래의 자기입니까?

아만도 망상입니다.

높다, 낮다, 훌륭하다, 훌륭하지 않다 하는 마음을 놓아 버리라고 했는데 왜 놓아야 하는지 이제 알겠습니까? 그래도 둘로 나누어 비교하는 마음을 내려놓지 못한 분이 있다면 이런 분들을 위해 말씀 드리겠습니다.

예수님께서 말씀하셨습니다. "네 이웃을 내 몸과 같이 사랑하라. 이 세상 가운데 고통받는 가장 작은 이웃마저도 섬겼다는 마음 없이 섬기는 것은 참으로 하느님을 섬기는 일이다"라고 하셨습니다.

그리고 부처님께서는 이렇게 말씀하셨습니다.

"이 세상 가운데에서 작은 것이든, 큰 것이든, 멀리 있는 것이든, 가까이 있는 것이든, 살아 있는 모든 생명을 자비로써 대하라"고 하셨습니다.

그래서 테레사 수녀님은 인도의 콜카타 거리에서 죽어가는 사람들을 예수님이 말씀하신 사랑으로 돌보았습니다. 달라이 라마께서는 부처님의 자비로 자신의 나라를 침략하고 자기 민족을 죽인 중국 사람마저 자비로써 용서하시고, 세계의 평화를 위해 가는 곳마다 자비행을 실천하십니다. 이 두 분의 사랑과 자비를 비교할 수 있습니까?

본래 중생과 부처도 둘이 아닐진대 무엇을 나누어 이거다 저거다 구분하고, 좋다 나쁘다 분별할 일이 있겠습니까? 예수니 부처니 하는 것도 다 이름하여 예수이며 부처입니다. 이름이나 형상으로 비교하여 따지는 것은 따지는 것 자체가 망령된 일입니다. 아무튼 모든 분별을 놓고 분별을 넘어선 참된 이치를 깨달아야 합니다.

불안함도 참된 자기가 아니요, 비교하는 마음도 참된 자기가 아니요, 아만도 참된 자기가 아닙니다. 무엇이 참된 자기일까? 이 참된 자기를 알고자 한다면 간절한 마음으로 일체의 사량 분별을 다 놓아 버리고 부지런히 참구해 가셔야 합니다.

탐심과
집착 놓기

● 집착심도 말씀하셨는데 집착심은 어떻게 알 수 있습니까?

　자신의 마음을 내려놓아 보시면 바로 알 수 있습니다. 마음을
내려놓을 때 바로 놓아지면 집착이 아주 적거나 집착이 붙지 않은
상태이지만, 마음이 바로 내려놓아지지 않으면 집착이 있는 증거입
니다. 그리고 집착은 어떤 대상을 소유하고 있거나 가지고 있을 때
생겨서 붙은 마음이며, 탐심은 그것이 없을 때 가지고 싶은 마음이
일어나는 것입니다. 집착이 있는지 없는지를 알아보는 방법은 자신
이 이미 소유하고 있는 물건이나 직위나 명예나 자신이 가지고 있는
능력들이 사라진다고 명상해 보는 것입니다.
　사라지는 것에 대하여 구름이 흩어져 없어지고 강물이 흘러가
는 것을 아무 마음 없이 보듯이 볼 수 있으면 집착이 없는 것이며, 사
랑하는 사람이나, 같이 살던 사람이거나, 자신이 함께 일하던 사람
들이 떠나가도 있을 때와 같이 마음이 평화롭다면 그는 집착이 없다
하겠습니다. 그뿐만 아니라 자기가 하던 사업이 무너지거나 할 수

없는 상황이 와도 요동치는 마음이 없다면 집착이 없다 하겠습니다.

명상을 통해서 집착을 끊을 경우는 흔히 두 가지로 나타나는데 하나는 정말로 집착이 끊어진 경우이며, 또 다른 하나는 생각은 끊어졌지만, 마음의 뿌리는 뽑히지 않은 경우입니다. 그렇기 때문에 명상 중에 집착이 놓아진 분은 자신이 집착하고 있는 것을 실제로 놓아 보면 알 수 있습니다. 즉 자신이 가지고 있는 것을 타인에게 줘 보면 잘 알 수 있으며, 상대가 원하는 것에 응해 보면 알 수 있습니다. 말하자면 명상할 때와 같이 실제 상황에서도 마음이 없으면 집착이 없는 것이며, 실제 상황에서 마음이 일어나는 것은 마음의 뿌리에 집착이 남아 있는 것입니다.

● 평소에 보시를 잘하는 사람은 집착이 없다 할 수 있습니까?
  자신이 집착이 있는지 없는지 어떻게 알 수 있는지요?

많은 사람들 중에는 보시물에는 집착이 없으나 보시하는 행위에 집착하는 경우가 있는데, 이것은 자기 자신이 집착하는 줄도 모르고 보시하는 경우입니다.

보시한 결과에 대해서 자신이 뜻한 대로 되지 않았을 때 마음이 일어나면 집착하고 있다는 증거입니다. 많은 분들은 보시를 하면서도 그냥 하지 않고 복을 바라거나 자기도 모르게 자신의 뜻을 세워 놓고 바라는 대로 되기를 바라는 마음으로 보시를 합니다. 예를 들면 자식이 좋은 학교에 가기를 바라거나 시험에 합격하기를 바라거나 집안이 잘되기를 바라거나 부자가 되기를 바라거나 사업이 잘되기를 바라는 마음으로 보시를 합니다.

보시 자체에는 잘되고 못 되고가 없습니다. 다만 보시하는 마음에 따라서 그 공덕이 영원한가? 영원하지 않은가? 하는 공덕의 차이가 있습니다. 즉 무엇인가를 바라는 마음으로 보시를 하면 그 결과가 영원하지 않으며, 결과를 바라는 만큼 한정 지어 내어놓기 때문에 공덕의 결과도 한정 지어집니다.

이를테면 보시를 행하면서 자식의 행복을 바라는 마음으로 행하면 공덕이 자식한테 한정되어 버리고, 모든 중생의 행복을 바라는 마음으로 행하면 공덕이 중생의 수만큼 많아지고, 바라는 바가 없이 행하면 보시 자체가 이미 공덕이라서 그 결과 또한 정함이 없이 한량없다 하겠습니다.

● 뜻을 세운다는 것은 무슨 의미인가요? 그런 경우는 왜 문제가 됩니까?

이것은 특정한 사람한테 보시한다는 마음이거나 특정한 일을 위해서 꼭 쓰여야 한다는 생각을 가지는 경우를 의미합니다.

명상을 하면서 확인해 보면 알 수 있습니다. 다 같이 마음을 고요히 하고 제가 말씀드리는 것을 가지고 자기 자신에게 묻도록 합니다.

첫째, 자신은 생활비를 아끼고 아껴서 모은 돈으로 어느 단체에 보시를 했습니다. 그런데 그 단체의 대표가 개인적으로 착복했습니다. 그러면 자신은 어떻게 하는지를 명상해 보세요.

둘째, 가정의 행복을 위해 절이나 교회에 가서 시주도 하고 헌금도 했습니다. 그런데 남편과의 다툼이 끝이 나지 않습니다. 그러면 자신은 어떻게 하는지를 명상해 보세요.

화가 나거나 원망심이 일어나거나 따지고 싶은 마음이 일어나는 분들이 계실까요?

보시는 누군가를 돕거나 기부를 하는 행위인데, 결과는 화가 나고 원망하며 따지고 싸우는 결과가 되었습니다. 돕는 일이 결국은 원망하고 따지고 싸우는 일이 된다는 이야기가 됩니다. 물론 모든 일이 꼭 이와 같이 되는 것은 아닙니다. 사람에 따라 받는 사람이 주는 사람의 뜻을 잘 살펴서 쓰는 경우도 많고 바라는 바대로 되는 경우도 있습니다.

앞의 경우는 보시하는 사람과 보시받는 사람의 뜻이 다른 데서 생기는 문제이며, 후자의 경우는 두 사람 사이에 생긴 불화의 원인을 찾아서 그 원인을 없애야지, 불화의 원인은 놓아두고 절이나 교회에 가서 기도하고 헌금하고 보시한다고 하여 해결되는 문제는 아닙니다.

● 명상이 집착을 끊는 데 어떤 도움이 됩니까?

탐욕을 부리고 집착을 하는 것도 마음이 대상에 대하여 마음을 일으켜 마음으로 탐욕을 부리고 집착을 하듯이, 탐욕과 집착을 내려놓는 것도 역시 마음이 하는 일입니다. 따라서 명상 중에 탐욕과 집착을 내려놓는 명상은 마음으로 지어서 마음으로 잡고 있던 것을 내려놓는 것입니다.

그러나 마음을 일으킬 때는 보통 그 대상을 보고 일으키지만, 명상을 할 때는 그 대상을 보는 것이 아니라 다만 자신의 마음을 보고 마음을 내려놓는 것이기 때문에 명상 상태에 따라서 그 뿌리까지 뽑힙니다. 하지만 그렇지 못한 경우도 있습니다.

그래서 실제 상황이 되면 마음속 깊이 있던 마음이 드러나게 됩니다. 그럼에도 불구하고 명상을 통해서 탐욕과 집착을 놓았던 사람은 명상을 통해서 탐욕과 집착을 놓아 본 일이 전혀 없는 사람과 비교하면, 실제 상황에 부딪혔을 때 명상을 한 사람이 마음의 상처나 변화에 적게 영향을 받습니다. 즉 명상을 한 만큼 도움이 되는 것입니다.

● 대상을 봐야 마음이 일어나나요?

대상을 보지 않고도 마음속으로 상상을 하면서도 온갖 마음을 일으키고 만들고 집착하고 매달리고 빠지기도 하고 묶이기도 합니다. 오히려 대상을 보고 일으키는 것보다도 마음속으로 짓는 망상이 오히려 고치기 더 어려운 고질적인 망상이 됩니다.

● "보시를 잘하는 사람들이 보시물에는 집착이 없다"라고 하셨는데 정말 그런가요?

보시를 잘하는 사람들을 보면 일반적으로 자신이 보시하는 보시물에 대하여 집착이 없는 경우가 많으나 보시를 하면서 아까운 생각이 들든지 자신이 베푼 보시를, 이를테면 자신이 아끼던 물건을 친한 사람에게 선물을 했는데 상대가 그 물건을 소홀히 다룰 때 화가 난다든지 하면 그는 아직도 보시물에 대하여 집착을 하고 있다는 증거입니다.

● "탐심은 '좋다'는 생각에서 생긴다"라고 하셨는데 그러면 좋다는 생각은 어디서 어떻게 생기게 됩니까?

좋다는 생각은 흔히 즐거운 느낌에서 생기게 되며, 이 즐거운 느낌은 안·이·비·설·신·의 6가지 감각기관을 통해 보고 듣고 냄새 맡고 음식을 맛보고 몸으로 사물과 접촉을 하고 마음이 만든 현상과 만날 때 생기게 됩니다.

그렇다면 결국은 감각을 잘 다스리라는 말씀이 되는군요?

사람들은 누구든지 사물을 보고 듣고 냄새 맡고 맛을 보고 몸이 사물과 접촉하거나 마음이 만든 현상을 만날 때 느낌이 일어나고 그 느낌에 따라서 생각을 짓게 마련이며, 이것이 좋다 할 때는 갖고 싶은 탐심과 탐욕을 일으키고, 좋다 하는 것이 자기 것이 되었다는 생각이 들면 잃지 않으려고 집착하게 됩니다.

● 탐심이 왜 화두 참구를 하는 데 방해가 되나요?

탐심이 화두 참구를 하는 데 방해가 되는 경우는 살펴보면, 첫째는 마음공부가 아닌 바깥 대상, 이를테면 놀이나 섹스, 돈, 권력, 지식, 명예 등을 얻고자 하는데 마음이 많이 간다면 대상에 탐욕이 있기 때문이며, 이런 마음으로는 화두를 들었다가도 화두는 온데간데없어지고 탐욕이 있는 대상으로 마음이 달려가기 때문에 화두 참구와는 당연히 멀어지게 됩니다.

둘째는 마음공부 자체에 대한 탐욕입니다. 마음공부 자체에 대한 탐욕이라 함은 명상을 해서 대접받고자 한다든지, 또는 어떤 능력을 가지고자 한다든지, 다른 사람보다 공부를 더 잘하고자 한다든지, 뭔가를 얻고자 하는 마음으로 명상을 한다면 이러한 마음 자체가 이미 욕심이기 때문에 화두를 참구해도 모든 망념이 끊어지고 의정(疑定)이 분명한 화두 삼매가 이루어지지 않습니다.

이런 마음이 있으면 명상을 해도 뭔가 특별한 능력을 바라게 되고, 자신의 본성을 깨치고 나서도 뭔가 또 다른 특별한 자기나 특별한 깨침의 세계가 있는 줄 알고 망상을 피우게 됩니다. 아니면 화두를 들고서 뭔가 특별한 능력이나 체험을 생각하고 화두를 참구합니다. 이것은 화두를 참구하되 실은 화두를 참구하는 것이 아니라 망상을 만들어서 망상에 집착하고 있는 것입니다.

● 구체적으로 어떤 경우가 있는지 말씀해 주십시오.

조주 선사의 '무(無)'자 화두를 참구하는 분이 있었는데 이분은 '무'자를 참구하는 데 2년이 지나도 아무런 진척도 없고. 화두를 들고 있을 때는 마음이 고요해지면서 뭔가 체험을 할 것도 같은데 체험도 안 되고 화두를 참구해도 명상이 되는 것 같지도 않고. 나중에는 화두를 들면 답답하기만 하고 막막해서 명상하기가 싫어졌습니다. 화두 명상하면서 발버둥 치고 애를 쓰기에 불러서 화두 참구하는 이유를 물었습니다.

그랬더니 "첫째는 깨닫는 데 목적이 있고, 둘째는 깨달으면 특별한 능력을 얻고, 셋째는 특별한 능력을 얻으면 대단해진다"라는 것입니다. 그래서 "그와 같은 마음이 망념이니 추호도 남기지 말고 다 버리고 그 마음을 잡고 있는 마구니를 소멸시키고 나서 화두를 참구하라"했습니다.

그래서 이 마음을 소멸시키고 나서 '무'자 화두를 참구했는데, 그 후에는 '무'자 화두를 참구하는 것이 성성(惺惺)해지면서 의정이 분명해졌습니다.

그런데 '무'자 화두를 잡고 뭔가 나오기를 기대해 보세요. '무'자 화두에서 특별히 무엇인가가 나오게 되는지 말입니다. 만약 화두 자체에서 뭔가 나오기를 바라고 참구한다면, 손가락으로 달을 가리키는데 손가락에서 달이 나오기를 바라는 것과 같은 경우가 됩니다. 그뿐만 아니라 깨달음의 세계가 특별하기를 바라는 사람들은 달을 보고서도 달이라는 것은 뭔가 특별히 다를 것이라는 생각 때문에 달을 보고서도 달이 아닌 줄 알고 또 다른 달을 찾아 헤매게 되는 경우와 같은 이치가 됩니다.

생활 속에서 할 수 있는

명상법과 그 효과

1. 걷기 명상

1) 걷고 있는 자기 자신을 바라보고 걷고 있음을 알아차립니다.

   지금 어디에 있는가?

   어디로 가고 있는가? 스스로 묻고 자각합니다.

2) 발바닥에 마음을 두고 걷습니다.

3) 걸으면서 지금 자신이 걷는 것에 충실한지, 주변 상황이나 경관들에 마음이 빼앗기는지, 외부 경계에 따라 마음이 떠다니거나 움직이지는 않는지 살펴봅니다.

4) 마음의 움직임을 알아차리고, 자신이 무엇에 끄달리는지 알아차립니다.

5) 자신이 끄달리는 경계가 있으면 무엇에 집착하고 있는지를 알아차리고, 다시 걷기에 집중합니다.

6) 오직 걷는 것만 남을 때 당신은 참 자기를 만날 수 있습니다.

◆ **효과**

   멀다, 가깝다 하는 마음에서 벗어나 먼 거리를 걸어도 즐겁게 걸을 수 있습니다. 걷는 것에 몰두하면서 걷는 것 속에서 참 자기를 볼 수 있습니다. 보고 듣고 닿는 모든 사물과 느낌이 궁극적으로 실체가 없음을 스스로 자각하면서 걷는다면 더욱 편안하고 조화로운 일상을 얻을 수 있습니다.

2. 달리기 명상

1) 달리기 전, 자신의 마음에서 일어나는 감정을 모두 알아차리고 내려놓습니다.

2) 오직 달리고자 하는 마음만 남을 때 시작합니다.

3) 먼저 운동장 한 바퀴를 걸으면서 남은 마음이 있으면 모두 버립니다.

4) 처음에는 자신의 신체적 상황에 따라서 1~5바퀴에서 시작합니다.

5) 하루에 한 바퀴씩 늘려서 달리며, 한 달이 지나면 한 바퀴씩 줄여갑니다.
   30바퀴를 달린 뒤에 줄여도 좋습니다. 20바퀴로 줄어들면 다시 한 바퀴씩 늘려 갑니다. 바퀴 수를 늘려 달리는 것이 힘이 들면 자신이 할 수 있는 만큼 합니다.

6) 달리면서, 생각이나 감정이 일어나면 그대로 알아차리고 인정합니다. 화가 나면 '화가 난다', 힘이 들면 '힘이 든다' 등 큰 소리로 말을 해도 좋습니다. 일어나는 생각이나 감정, 느낌들을 거부하거나 저항하지 않습니다.

7) 오직 발바닥에 마음을 두되, 통증이 느껴지면 그 부위에 마음을 두고 달리고, 통증이 사라지면 다시 발바닥에 마음을 둡니다.

8) 달리고 있는 운동장이나 대지, 또는 주변 사물과 하나가 되어서 달립니다.

9) 일정한 속도로 끝까지 달립니다. 서두르거나 늦추지 않습니다.

10) 달린 뒤에는, 다시 한 바퀴를 걷고 오리걸음을 스무 걸음을 걸어 몸을 풀어 줍니다. 끝으로 말타기 자세(무릎을 살짝 구부리고 어깨를 늘어뜨린 엉거주춤한 자세)로 온몸의 힘을 빼고 아래위로 전신을 흔들어 줍니다.

◆ 효과

삶의 활력을 키우고, 몸의 건강을 유지하며, 자신감을 회복하고, 자기 속에 쌓인 이런저런 부정적인 면들이 소멸됩니다. 6개월을 꾸준히 한다면 웬만한 장애는 스스로 극복할 수 있으며, 특히 게으르거나 귀찮아하는 마음이 많은 사람에게 좋습니다. 움직임 가운데서 자기를 살피는 힘이 생깁니다.

3. 청소 명상

1) 청소하기 전에 집안을 구석구석 살펴보며 자신의 마음을 바라봅니다. 정돈과 흐트러짐에 대한 마음을 모두 내려놓습니다. 혹 깨끗함을 위해 치우려 하는 것은 아닌가? 하기 싫은데 억지로 습관적으로 하고 있지는 않은가? 자신의 마음 상태를 그대로 느끼면서 내려놓기 합니다.

2) 몸을 바람이라고 상상해도 좋습니다. 바람이 허공을 가르듯이 가볍게 움직여 봅니다.

3) 먼지를 털 때는 자신의 마음에 있는 번뇌의 먼지를 터는 마음으로 합니다.

4) 미워하는 사람이 떠오르면 방바닥에 온통 그 사람의 이런저런 모습이 가득 있다고 생각하고 걸레로 벅벅 문지릅니다.

5) 생각이 많은 날에는 방바닥에 자신의 생각을 도장 찍듯이 찍으면서 하나하나 문질러서 내려놓기 합니다.

6) 청소를 마친 후 다시 자신과 집안을 바라봅니다. 이 모든 것이 즉시 엉망이 되어도 웃을 수 있는가? 늘 하는 일이라 지겨움이 일어나지는 않았는가? 아직도 남아 있는 마음이 있다면 걸레와 함께 빨아 봅니다.

7) 청소 명상의 핵심은 더러워진 것을 깨끗이 하려는 데 있는 것이 아니라, 본래의 자리와 본래의 모습으로 환원시키는 데 있음을

숙지합니다. 마치 숨을 들이쉬고 내쉬듯이 반복하는 일상의 청소가 삶 자체임을 깨닫습니다.

◆ 효과

더럽다, 깨끗하다 하는 관념에서 벗어날 수 있습니다. 삶과 환경을 항상 청정하게 유지할 수 있으며, 모든 물건이 항상 제자리에 있도록 할 수 있습니다. 청소 명상을 통해 청소하는 즐거움을 맛볼 수 있고, 자기 주변을 정리 정돈함으로써 마음을 정리 정돈할 수 있는 기본을 갖추게 됩니다.

4. 설거지 명상

1) 설거지하기 전에 어떤 마음과 느낌이 있는지 살펴봅니다. 예를 들면 '하기 싫은 마음'이 있으면 '싫다' 하고, 그런 마음이 있음을 충분히 인정합니다. 여러 번 마음속으로, 또는 소리를 내어 반복하면서 그런 자신의 상태를 인정하고 내려놓습니다.

2) 자연스러운 자세로 두 다리를 어깨너비만큼 벌리고 개수대 앞에 섭니다.

3) 머리부터 발끝까지를 마음으로 살피면서 힘(딱딱하다고 느껴지는 것)이 들어간 부분은 힘을 빼고, 긴장되고 굳어진 부분은 이완시킵니다.

4) 설거지를 하는 두 팔과 양어깨를 바라보면서 힘이 들어가 불편한지, 이완이 되어 편안한지를 살핍니다.

5) 흐르는 물과 함께 떠오른 생각, 영상, 기억들을 흘려버립니다.

6) 설거지를 하며 닦고 있는 자신도 그렇게 사라지게 해 봅니다. 자신의 몸과 마음, 일체의 것들이 사라지고 오직 설거지만 합니다.

7) 설거지를 끝낸 후 곧장 쉬려 하지 말고, 그 자리에서 자신의 몸과 마음을 천천히 살피면서 느낍니다. 몸과 마음에 남은 긴장이나 현상, 생각 등이 있으면 완전히 사라질 때까지 끝까지 바라봅니다.

8) 싫다 좋다 하는 마음 없이 설거지하는 것에 대해 행복해질 때까지 계속합니다.

◆ **효과**

하기 좋은 일과 하기 싫은 일, 가치 있다거나 보잘것없다는 등의 상대적인 개념들에서 벗어날 수 있습니다. 스스로 지어놓은 '허드렛일'이라는 개념, 뒤처리를 귀찮아하는 마음들이 참으로 망상임을 알게 되면, 다시 쓰이기 위해 깨끗해지는 그릇들 속에서 자신의 참가치를 발견할 수 있습니다.

5. 요리 명상

1) 음식을 만들기에 앞서 요리에 대해 자신이 가진 모든 마음, 유난히 좋아하거나 귀찮아하거나, 맛 내기에 대한 부담스러움, 두려움, 멋진 상차림에 자신감 없는 마음들을 살펴보고 버립니다.

2) 자연으로부터 온 것들에 대해 감사하고, 오늘 만들어지는 이 음식이 먹는 사람들에게 양약이 되고, 밝은 생활을 해 나가는 데 힘이 되기를 발원합니다.

3) 재료와 하나 되기를 느끼면 그 재료의 마음을 느낄 수 있고, 기운이 변화될 수 있습니다.

4) 야채를 씻거나 다듬을 때는 자신의 마음을 씻거나 다듬는다 생각하고, 재료를 썰면서는 일어난 생각들과 기억, 영상, 느낌들을 함께 잘라버린다고 생각합니다.

5) 육식 상차림을 할 때는, 먼저 재료로 쓰이는 고기나 물고기에 대해 맺힌 마음에서 벗어나고 축생의 몸 벗기를 기원하고, 감사하는 마음을 갖습니다.

6) 손끝에 사랑과 정성을 담아 음식을 만들면서, 이 음식을 먹고 사람들이 행복해지고 건강해지는 명상을 합니다.

7) 맛에 탐닉하는 것이 아니라 삶의 힘이 되기를 기원합니다.

8) 음식을 만드는 것뿐만 아니라 뒷정리까지 자신이 어떤 마음으로 하고 있는지 살핍니다.

◆ 효과

맛이 좋고 맛이 없다 하는 마음에서 벗어날 수 있습니다. 끝없이 혀끝의 쾌락을 좇는 마음의 실체를 알아차릴 수 있으며, 자비심을 고양할 수 있습니다. 남을 위해 자신의 몸을 내어주는 모든 동·식물과 함께 어우러져 살아가는 조화로운 삶을 살 수 있습니다.

6. 산행 명상

1) 산을 오르기에 앞서, 산을 대할 때 산에 대해 좋고, 싫은 마음들을 살펴 내려놓기 합니다. 예컨대, 정복하고자 하는 마음, 두려워하는 마음, 힘들다 하는 마음 등.

2) 다 버려진 상태의 겸허한 마음으로 오르되, 오른다는 마음도 내려놓습니다.

3) 산을 오르면서, 산이 주는 느낌이나 나무, 새, 계곡의 물 등 모든 자연현상이 주는 느낌들을 온몸으로 느끼면서 걸음을 옮깁니다.

4) 발걸음을 뗄 때, 억지로 많이 떼거나 빨리 오르려 하지 말고 몸이 움직이는 대로 발에 몸을 맡겨 오릅니다.

5) 한두 시간 내 오를 거리라면 중간에 쉬지 않고 그대로 갑니다. 쉬게 되면 쉬는 마음을 바라보고 인정합니다.

6) 내려올 때는 내려오면서 기억이 있을 경우, 가령 언젠가 떨어졌다거나 다쳤다거나 미끄러졌다거나 놀랐다거나 하는 일체의 마음을 다 버리고, 온몸의 긴장을 풀고 몸을 산에 맡기면서 걷습니다.

7) 정상에서는 눈 앞에 펼쳐지는 산들이 파도와 같음을 바라보는 명상을 하고, 또는 텅 빈 허공을 바라보는 명상을 합니다. 나아가 자기 자신이 산의 파도로 이어지는 대지가 되는 상태를 명상하고, 자신이 텅 빈 허공 자체가 되는 명상을 합니다.

◆ 효과

산과 100% 계합(契合)되면 오른다 내려간다 하는 일체의 마음이 사라지게 되며 산과 하나가 되었을 때의 느낌과 에너지를 그대로 느낄 수 있습니다. 높다 낮다, 오른다 내려간다 하는 마음에서 벗어날 수 있습니다. 산을 오르내리면서 힘든 마음 없이 가뿐하게 오르내릴 수 있으며, 자연의 평화로움과 조화로움을 통해 자연이 주는 깨달음을 얻을 수 있고, 호연지기를 기를 수 있습니다.

7. 목욕 명상

1) 물에 대해 가진 모든 생각들을 살펴봅니다. 가령, 찬물이라거나 더운물이라거나 좋다 싫다 하는 일체의 생각들이 일어나고 사라짐을 바라봅니다.

2) 간단히 온몸을 씻고, 먼저 찬물로 들어갑니다. 들어가면서 차다는 느낌, 거부하거나 좋아하는 마음들을 바라보고 알아차립니다. 1분간 물속에 있으면서 온몸에 느껴지는 느낌들을 그대로 바라보고 알아차립니다.

3) 찬물에서 나오면서 나올 때의 마음을 살피고, 더운물로 들어가면서 들어가는 마음을 살핍니다.

4) 더운물 속에서도 1분간 있으면서 일어나는 느낌, 생각들을 그대로 바라보고 알아차립니다.

5) 10회 동안 반복합니다.

6) 11회째에는 3분간 있고, 마지막으로는 찬물에서 나옵니다.

7) 익숙해지면 찬물과 더운물에 들어가 있는 시간을 1, 2분씩 늘려도 좋습니다.

8) 목욕 명상의 핵심은 찬물과 더운물을 나누는 마음, 그에 따라 좋다 싫다 하는 마음들이 올라오는 것을 그대로 바라보고 알아차림으로써 좋은 것에 집착하고, 싫은 것은 거부하려는 마음들을 버리도록 하는 데 있습니다.

◆　효과

　　바깥 경계에 따라 마음이 움직이는 데서 벗어나고, 차다 덥다 나누고 시비하는 마음에서 벗어날 수 있습니다. 살아가면서 닥칠 수 있는 부정적인 상황 속에서, 그것을 거부하는 마음이 더욱 힘들게 하는 실상을 여실히 알 수 있습니다. 또한 좋고 싫은 것에 끌려다니지 않는 흔들림 없는 마음을 체득할 수 있습니다.

이번 생의 마지막 순간을 네팔에서 보내신 선생님을 가슴에 모시고 다시 네팔에 왔다. 앰뷸런스를 타고 카트만두 공항으로 향했던 길들을 지나 선생님이 머무셨던 파르핑의 소릭센터에 도착하니 가슴에 남아 있던 슬픔 한 줌이 햇살처럼 흘러내린다.

가슴이 시리고 아프다. 스승이 계시지 않으니 스승의 은혜 더욱 감사하고 천지가 선생님 그림자로 한 발짝도 벗어나질 못하는 것 같다.

어떤 법이든 법을 찾아 헤매지 않고 물을 수 있었던 분,

혜봉 스승님.

이런 분이 나의 스승이시니 천하가 부럽지 않고 어떤 사랑도 필요하지 않았다. 참으로 복이 많은 사람이다.

10년이 채 안 되는 스승과 제자의 인연이지만 한 생도 스승과 제자 아닌 적 없는 선생님을 다시 뵙고 잘 모시기 위해 파드마 삼바바께서 바라보시는 네팔의 저 푸른 파르핑 하늘처럼 티끌 한 점 없이 청정히 계를 닦고 명징한 보리심으로 모든 존재들이 고통과 고통의 원인에서 벗어나고 행복과 행복의 원인을 갖게 되는 위없는 깨달음에 회향합니다.

2023년 9월 네팔에서 제자 김향진

참
고
문
헌

『깨어 있는 마음』 1, 2, 3, 4권

『서울특별시 초등학생을 위한 마음 돌봄 교육 매뉴얼』

『시민행복명상 프로그램 개발 용역사업 보고서』

삶을 바꾸는
5가지 명상법
ⓒ 혜봉 오상목, 2024

2003년 8월 21일 초판 발행
2024년 5월 22일 개정판 2쇄 발행

지은이 혜봉 오상목
발행인 박상근(至弘) • 편집인 류지호 • 편집이사 양동민
책임편집 최호승 • 편집 김재호, 양민호, 김소영, 하다해, 정유리 • 디자인 쿠담디자인
제작 김명환 • 마케팅 김대현, 김선주, 이선호 • 관리 윤정안
콘텐츠국 유권준, 정승채, 김희준
펴낸 곳 불광출판사 (03169) 서울시 종로구 사직로10길 17 인왕빌딩 301호
        대표전화 02) 420-3200 편집부 02) 420-3300 팩시밀리 02) 420-3400
        출판등록 제300-2009-130호(1979. 10. 10.)

ISBN 979-11-93454-37-4 (03220)

값 20,000원